吉野作造選集 10

社会運動と無産政党

岩波書店

編集
松尾尊兊
三谷太一郎
飯田泰三

凡例

一　本巻には、一九一八年九月から一九三二年一二月に至る社会運動・無産政党に関する論説を収録した。排列は発表年代順とし、初出の新聞・雑誌等を底本とした。

二　底本を可能な限り尊重したが、次の諸点については整理をおこなった。

1　漢字は原則として新字体を用い、異体字等はおおむね通行の字体に改めた。

2　合字は通行の字体に改めた。

3　句読点、中黒などについては基本的に底本のあり方を尊重したが、特に必要と認められる箇所に限り補正した。傍点については極端に多用されているものは省いた。

4　底本の明らかな誤字・誤植は正した。

5　振りがなについては、原文を尊重しながら、編者によって新かなで付した。

6　底本にある引用符は慣用に従って整理したが(引用文や論文名などは「　」、書名・雑誌名などは『　』)、引用符が原文にない場合はそのままとした。

三　編者による注記は次の原則によりおこなった。

誤記等によって文意が通じ難い箇所には、行間に〔　〕を用いて注記を加えた。また、脱字及び特に注記が必要な場合は、本文中に〔　〕を付して補った。

目　次

社会運動と無産政党

米騒動に対する一考察

米が一升二十五銭台を突破したと云つてさへ非常な騒ぎな事がある。如何に戦乱の余波として物価騰貴が普通の現象であるとは云へ、又如何に下層階級一般の景気が好いとは云へ、一升五十銭の声を聞く迄生活の圧迫を受けては黙つて居られないのも無理はない。八月十六日農商務省に開ける各府県内務部長会議に於て、仲小路農相の訓辞の如きは白々しく事実を糊塗するの甚だしいものであつて、之を読んで予輩は言ふべからざる不快を感じた。民衆も恐らく却《かえつ》て反感を激成したかも知れない。何故なれば農相は例年五月より八月に至る間は、米価の最も騰貴する時だから予《あらかじ》め備を為して置かざるべからずと考へ、外米輸入其他いろ〳〵の注意を加へて遺憾なきを期した為め、「幸にして一時は漸次下落の傾向を現はし、一般をして稍々《やや》愁眉を開かしむるの状態を見たりしは社会の為めに深く喜ぶ所なりしに」其後出兵問題や其他各種の風説の為めに再び昂騰の徴候を表はしたから、極力種々の手配りをなし、「漸く八月に至りて玆《ここ》に転換の機も近からんとするのみならず、幸にして本年の天候極めて順調にして、先づ全国豊穣の見据も付き、将来漸く安堵《あんど》の思を為さんとせし時に際して、地方に於ける不穏の状況を耳にするに至りたるは、本官の呉々《くれぐれ》も遺憾とする所なり」と云つた事である。親爺がいろ〳〵心配してやつと無事に納り懸けた時に、心無き若い者が軽挙盲動して飛んでも無い事になつたといふ態度であるが、我々は斯《こ》う云ふ親爺に万事を任《まか》して、果して一升五十銭の米を四十銭三十銭に下ることを期待し得たであつたらうか。現に米価暴騰の原因の大半は在米の不足にあらず、一部奸商の買占めにあらず、全く政府の措置宜しきを得ざるに在りとの有力なる説もある（八月廿日時事新報所載岩崎清七氏談）。米価の騰貴を防がんとする誠意は之を諒《りよう》とするも、遣《や》り損つたら遣り損つたと事実を明白にした方が寧《むし》ろ国民を安心せしむる所以《ゆえん》である。何にしろ昨今の如き不自然なる暴騰を抑へ切れずして、民衆の生活を斯くまで圧迫するに任かして居つては、天下多少の事あるも亦已《またや》むを得ないではないか。と云つて決して暴動其事を弁護するの意は毛頭ない。

生活の圧迫に反抗して民衆運動の起るのは世界普通の現象である。前世紀の初め以来民衆は其要求を貫徹する為めの最後の手段として動《やや》もすれば団体的行動に訴ふると云ふ方法を執る事頻繁となつたが、其初めは多く政治問題に就いてゞあつた。最近でも選挙権の拡張とか又は選挙権の公平なる分配とか云ふ問題で民衆運動の起る例は少くない。今より十一年ばかり前の墺太利《オーストリア》の選挙法改正の如きは全く此運動の結果である。白耳義《ベルギー》などでは戦前まで此意味の運動は頻繁にあつた。然し二十世紀に於ける民衆運動の普通の標目は政治問題よりは寧しろ経済問題となつた。中には社会党の運動の如く主義の主張を貫かうと云ふ者もあるけれども、それよりも一層適切に民衆を動かすものは此物価の騰貴をどうして呉れると云ふ問題である。運動の主催者は社会党たる事を常とするが、然し社会主義の直接の主張ではない。予輩も欧米留学中民衆運動を見たる一再ならずあるが、多くは皆食料品昂騰と云ふ問題に就いてゞあつた。人生に執つて何よりの実際的の問題であるから圧迫が強く来ればどうしても黙つては居られない。

此等の運動が一方に於ては政府に反抗し、他方に於ては貴族富豪に反抗するの形を執る事も亦世界普通の現象である。社会主義者の主張するが如く、今日の政府は即ち資本家の政府であり、資本家は法律と権力とを擁して自家の利益の為めに下層階級を犠牲にして顧みないと云ふ説が乱暴な説明であるとしても、兎《と》に角《かく》今日の政治法律が貴族富豪の階級を偏愛し、下層階級の利益と発達の為めに考ふる所比較的に薄いと云ふ非難は決して免る丶ことは出来ない。就中《なかんずく》下層階級の生活の問題に就いては政府に決して怠慢の罪無いではない。政府が怠慢にして何等為す所ないからこそ彼等は最後の手段として自分の力に訴へんとするのである。民衆の要求する所の者其事が毎《つね》に正当なりや否やは姑《しばら》く別問題として、政府が民衆の要求に耳傾くる事比較的吝《やぶさか》なりと云ふ共通の事実が、民衆騒動の主たる原因をなす事は先づ事実として之を認めなければならない。西洋でも一般民衆の利益と発達に関する諸般の施設は、民衆の側より来る此種の事実上の強要の結果として表はれたものが多い。政府当局者が進んで民衆の為めに計つたと功名顔して誇る所のものも其根を敲《たた》けば多くは民衆の要求の結果である。

必要に迫られたる民衆の結束は案外に強いと云ふ事実と此事実に対する民衆彼自身の自覚とは又民衆運動の頻々《ひんぴん》として行はる丶形勢を馴致した事も亦見逃してはならない。

斯く考ふれば、物価特に主要食品の価格騰貴を問題として民衆の騒ぐのは西洋特有の現象ではない。今頃我国で斯んな運動が初まつても之を西洋思想の余毒と思ふのは誤りである。禍の源は西洋思想其物に非らずして寧ろ民衆を度外視した短見なる為政者にある。

口では何と云つても我国歴代の当局者が国民一般の生活問題に対して如何に無神経であつたかは我国の生活品の物価の高い事が世界無比なる事実を見ても明白である。日本の食物の代価と西洋の食物の代価と其儘比較しても日本の方が頗《すこぶ》る高いが、若《も》し之を西洋が一般に物価が高いと云ふ事実を念頭に置いて考ふれば、日本の食品が素敵滅法に高い事に驚ろかされる。ステーシヨンに手荷物の一時預りを二銭で出来る日本で、一夕の簡単なる食膳に五六拾銭を要するのに、一時預りの料金が四十銭もする米国でも同じ程度の夕食を五六十銭で出来ない事はない。欧羅巴《ヨーロッパ》大陸に行けば尚一層安く食へる。之れ皆為政家の心を用ひた結果である。而《しか》して斯くするには為政家に可なりの苦心があつた。何故なれば斯くするが為に取り易い民衆の懐に租税を免じて、取り難《にく》い少数富豪の懐に重き負担を転嫁したからである。日本では租税を取るにも一番抵抗力の弱い所のみを漁《あさ》る。斯くして民の曚昧に乗じて少数富豪の気に入るやうな政治をする事が敏腕なる政治家の仕事となつて居つた。其外彼等がいろ〳〵施設経営をなすに当つても彼等の専《もつぱ》ら意とする所は、如何にして民衆の幸福と発達とを計る可《べ》きかに非らずして、如何にして元老の擁護を得るか、如何にして枢密院や貴族院の反対を切り抜けるかと言ふ事である。我々は先づ之れ丈けの事実を承認した上で今日の米価暴動と云ふ現象に対して見たい。国家の責任を双肩に荷つて西伯利《シベリア》に出征した某将軍の放言せる如く、民心の最緊張を要する今日の場合徒《いたず》らに軽挙盲動して譏《そしり》を外に招ぐのは誠に慨嘆に堪えないと云ふ丈けでは余りに時勢と懸け離れた物の見方である。

我々の今度の暴動に於て更に一層深く感ずる事は一旦激発した民衆の力の非常に怖るべきものたる事である。場所によつては剣戟も銃砲も之を奈何《いかん》ともする事が出来なかつた所すらある。こんな事が再々あつては我国の将来が気遣はれると云ふ人もあるが、其心配には誠に同情に堪へない。併しながら民衆と云ふものは一遍やつたからと云つて之に味を占めて翌日も明後日もやると云ふ風にさう軽々しく動くものではない。或意味に於て民衆は非常に激し易い一面があると共に又存外激せしめ難い一面もあるものである。そこで騒動が長くて一週間も続けば又元のやうに鎮《しず》まるを例とするではないか。さればと云つて又民衆の騒動は何時《いつ》でも竜頭蛇尾に終る一時的の根柢のない空騒であると云ふ風に見るのも亦大いなる誤りである。永くは続かないが然し竜頭蛇尾に終る根柢のない空騒丈けではない。畢竟《ひつきよう》するに之を憂ふ可きものと見ねばならぬ事になるか、或は空騒として軽蔑して可なるものとなるかは民衆夫《そ》れ自身に非ずして当局者の施設如何にかゝるものである。後《あと》の遣方《やりかた》が良ければ先の運動が竜頭蛇尾の空騒ぎに終るならんも、後の遣方が悪るければ時を隔てゝ二度も三度も繰返さるゝ。為めに国家は之が為めに非常な不利益を蒙る事になる。只今度の暴動に就いて一つ遺憾に堪へないのは一旦起り出すと動もすれば暴動の形を執り常軌を逸して自他を損ずるを顧みざる事である。予等は民衆運動の起るに至つた理由に就いては厭《あ》くまでも同情する。又かゝる運動にでも拠《よ》らなければ達せられない至当の要求を彼等が有《も》つて居ることをも承認する。けれども此要求をいよ〳〵事実に表はすとなると彼等のなす所は丸で当初の要求とは何等の関係もない滅茶苦茶な運動になる。之が実に識者の痛嘆して措《お》かざる所である。そこで政府でも力を尽して之が鎮圧を試るのであるが之が又十分に其効を奏するものでもない。何故なれば暴動の鎮圧は又其已むを得ざる余弊として正当なる要求其物をも抑圧するの形を執るからである。茲に民衆運動は処理に非常に困難な所がある。茲に於て我々は応急的方策は別として根本の解決としては宗教教育の社会的勢力の振興を念《おも》はざるを得ない。蓋《けだ》し民衆の要求は之を抑ふる事が出来ない。而して之を強いて抑ふ可からずとすれば、出来る丈け合理的方法に拠つて之を訴へしむる途を開かなければならない。西洋に於て民衆運動が、殊に昨今正々堂々極めて猛烈に而かも極めて着実に行はるゝ所以のものは一に宗教々育の力が隠然として一般民衆を支配して居るからである。宗教家と教育家の最も尊敬せらるゝ国程民衆の運動は常に規律と節制とに富んで居る事は争はれない。根本の培《つちか》はれて居る国は何事が起つても危気がない。

〔『中央公論』一九一八年九月〕

民衆運動対策

（一）

米騒動によつて端なく民衆運動の怖るべきに驚いた識者階級の対応策中最も哂《わら》ふべきものは、所謂《いわゆる》ヽヽヽ救済施設である。尤《もっと》も之によつて目前の動揺は大いに鎮つた。併しながら問題の全部が之で解決したと安心してはならない。何となれば他の一部に於て却《かえ》つてかゝる施設に不平と反感とを抱いて居る者が少からずあるからである。蓋《けだ》し彼等は今度の騒動に於てあらはれた問題は、臆病なる富豪のいや〳〵乍《なが》ら企てる慈善的救済に依つて解決せらるべきものではない、社会的公正の主義により、法律上の制度によつて、換言すれば貧民の富豪に対する要求を法律的権利と認むることによつて解決すべきものなりと主張する。

救済的施設によつて問題を解決し得べしとするは、恰《あた》かも彼の温情主義を以て労働問題を解決すべしとするの愚論に等しい。温情主義は之を雇主の服膺すべき道徳的教訓と見るならば妨げない。只此美風あるが故に若《も》しくは此美風を奨励する事に依つて、社会政策的設備を不必要とし、若くは労働者の主張を法律的権利として認むるの必要なしと云ふならば、予輩は其議論の乱暴なるに驚くの外はない。尤も封建時代の君臣の関係の如く、又此時代に於ける主人と丁稚《でっち》との関係の如く、広汎なる相倚《そうい》共済の人格的関係に結ばれて居るものならば、温情主義で妨げない。併しながら今日の経済組織に於ては、雇主と被雇人との関係は漸次非人格的関係になりつゝあるではないか。否雇主の方から進んで人格的関係を否認せんとして居るではないか。今の地主は小作人に対して何と云ふ。事情は気の毒だけれども店の規則として小作料を負ける訳には行かないと云ふ。甚しきに至つては、地主が協同して小作料の取立を血も涙もない営利会社に托して居るものすらある。近頃大都市には家賃や地代の取立の請負を営業とする会社が盛んに起つて居るが、之によつて中産以下の階級がどれ丈け苦しんで居るか分らない。斯くして上の方から已《すで》に総てを非人格的法律関係で捌かうとする。而かも仍《な》ほ温情主義を楯にとつて下層階級の権利の主張を抑へんとするのは、自ら易きに居つて難きを他に責むるものではないか。下層階級は常に団体生活の舞台に於ける弱者である。社会全体の健全なる発達の為めに、弱者は特に之を保護するを必要とする。昔は温情主義が実に此等弱者の保護者であつた。而して現代は温情主義の過去に於てなせる仕事を、法律が代つて勤めなければならない。法律によつて労働者の主張を権利として認むるの外に、今日彼の弱きを扶《たす》くるの途はない。

(二)

更にもう一つ必要なのは下層階級の自由開放である。今日我国の国法は十九世紀半ば以前の欧洲諸国の国法の如く、余りに下層階級の自由を拘束して居る。之に依つて社会の安全を保ち得べしとするの果して正当なりや否やは姑《しばら》く別問題として、現在に於ける実際の勢としては、どんなに之を抑圧しても民衆の活動は之を阻止する事は出来ない。厳しき制裁を以てする国法の厳禁も、結局民衆の運動を抑ふるに成功し得ないではないか。我々は先づ此事実に着眼する事を必要とする。而して民衆的運動が事実上抑へんとして到底抑ふべからざるものとすれば、寧ろ平素之に訓練の機会を与へて、危険なる異変の勃発を未然に防ぐの用意をなす事が必要であるまいか。

民衆運動が常に無政府的暴動を伴ふものと考ふるは誤りであるのみならず、又欧米諸国の実際にも戻《もと》つて居る。仏蘭西《フランス》革命の当時には、民衆の運動は即ちモッブの暴動に相違なかつた。之れ民衆に予《あらかじ》め何等の訓練が与へられて居なかつたからである。今日に於ては民衆に自由が与へられたと共に、自然集合運動の経験を積み、其間に自ら節制するの訓練を積んだ。従つて最近文明国のストライキなどを見ると、規律整然として実に敬服に値するものがある。予輩の現に目撃した有名なる一九一一年の墺太利《オーストリア》の大示威運動、一九一三年の白耳義《ベルギー》の大同盟罷工の如き幹部の節制に服して秩序整然一糸紊《みだ》れざるの行動は、殆ど軍隊以上なるを思はしむるものがあつた。民衆運動は到底阻止する事が出来ないとすれば、之によつて蒙る社会の危害を避くるの途は、唯彼等に訓練の機会を与ふるに在る。訓練の機会を与へさへすれば、民衆運動其物に何等の危険が無い。

（三）

民衆運動の対策として更にもつと根本的なものは選挙権の拡張である。結局此処まで到らなければ此問題を根本的に解決する事は出来ない。

米騒動によつて促されたる物価問題の一解決案として、東京市に公設小売市場設置の提案が表はれた。公設市場の必要なるは今日一点の疑はない。市民に生活の余裕を与ふる方法として此等は一番有効なる設置なる事は已に世間の定論である。然るに此頃になつて之れ程明白な問題の実行が行悩んで居るのは何の為であるか。新聞の伝ふる所に拠れば、公設市場が設けられると小売商人乃至問屋・仲次が困るといふので、同案撤回の請願に及び、市会議員の多数も選挙の関係から之に同情せざるを得ず、為に折角の名案も立消えにならんとする形勢にありといふ事である。之れ選挙権の狭きに限られて居る結果が、如何に少数者の利益の為に、天下の生民の幸福に関する重大問題の解決が累せられて居るかの最も明白なる証拠ではないか。

東京帝国大学で、学生の利益の為めに或る条件を設けて構内に床屋の営業を許した。すると本郷、下谷、小石川の床屋の組合は、猛烈な抗議を大学総長に提出したと聞いて居る。先年警視庁が私娼撲滅を断行した時、従来許して居つた商売を俄《にわ》かに禁止する事によつて数千人の無職の婦女子を作るは由々しき社会問題であると怒鳴り出した市会議員もあつた。どんないゝ事でも、新しい計画には必ず多少の反対を伴ふは免れない。此等少数者の反対を怖れては何等の改革も行はるゝものではない。而かも此等の少数者が法律上与へられたる地位を利用して有力なる反抗を試る時に、我々はどうしても多数民衆の力に訴へて改革を断行し、以て国家永遠の利益を計るの外は無い。此点から見ても、所謂社会問題の解決に選挙権の拡張が如何に重大の関係あるかを知る事が出来よう。解決の断行は識見手腕の非凡なる政治家に之を期待し得べしとするは専制時代の夢想である。今日の時勢に於ては、此種の偉人の役目は、唯彼の識見によつて天下の勢を指導するに存し、而して之が実行は天下の勢の自ら動くを待たねばならない。而して此勢は選挙権の拡張を外にしては如何にして作ることが出来るか。選挙権を現在のまゝにして置いては、民衆騒動の形にあらはるゝ不平の声は、到底絶ゆる時が無いだらう。

〔『中央公論』一九一八年一〇月〕

青年学生覚醒の新機運

最近青年学生の間に潑溂たる生気の勃興しつゝあることは極めて著しき現象である。予輩の主として接触するは高等の諸学校に於て政治法律等を研究する方面の青年であるが、恐らく他の方面に於ても同様の現象を見ることが出来るのであらう。而して之が主として欧洲戦争の影響に出づるものたるは言ふを俟《ま》たない。

従来の青年学生の専《もっぱ》ら憧《あこが》れ且つ努むる所は、概して浅薄なる社会的成功に外ならなかつた。就職難の叫ばれ且つ強く感ぜらるゝ十余年このかたは、殊に此点が著しかつた。之が為めにどれ丈け青年学生の元気が徒《いたず》らに消耗されたか分らない。何となれば我国に於ける所謂《いわゆる》立身出世は、其人の真の能力によるよりも寧ろ一定の学校を卒業し、繁文縟礼を極むる一定の方式に順応するの巧拙によつて定つたからである。学校で教へる事も概して此種の形式的智識に外ならなかつた。即ち教育の実際的方針は開発にあらずして詰込みである。学生の努むる所も亦理解にあらずして暗誦でなければならなかつた。此教育によつて日本の青年は其最も優秀なるものでも、精々日本といふ巧みに作られた形式的器械の運転手以上に出づることは出来ない。従つて日本には通用するけれども、日本以外の変つた組立の社会には全然通用しない。之れ彼等には真の能力が開発されて居ない、従つて全然創造的才能を欠いて居つたからである。

斯くの如くしては日本其物の進歩発達も亦覚束ない。之れ已《すで》に夙《つと》に多くの識者の憂慮して居つた所であり、其結果屢々《しばしば》諸種の改革が企てられたけれども、未だ要点に当つた本当の真面目な改革案は現はれなかつた。而して他の一方から観れば日本が東洋の一隅に惰眠を貪つて居る間は、先づ之れでも怎《ど》うか怎《こ》うか行けたのである。それでも世界の大勢の圧迫は争はれないもので、不知《しらず》不識《しらず》幾分の進歩改善はあつたに相違ないが、今度の欧洲戦争に至つて初めて日本は積極的に世界の大勢の渦巻の中に投じ、或意味に於ては所謂揉まれに揉まれて此処にやつと否でも応でも眼が醒めねばならぬ時期に到来した。勿論未だ醒め切つて居ない。故に今現に大いに迷つて居るものはある。所謂思想界の動揺は観やうによつては覚醒の曙光なりと云つてい丶。何《い》れ《ず》にしても今や我々は上下を挙げて大いに覚醒すべく世界の大勢から迫られつ丶ある。青年学生の最近の奮起は即ち之れが当然の結果と見なければならない。

斯くして最近の青年学生は如何なる風に動いて居るか。兎に角いろ〳〵の方面に潑溂たる生気を以て突進せんとする緊張した態度を持して居る事丈けは疑ない。而して就中《なかんずく》特に著しく吾人の眼に触る丶のは、彼等が国家社会の制度文物を批評的に観察せんとするの態度である。之れ蓋《けだ》し世界的知見の開発の結果、自ら彼我の文明を比較観察する所から来るものであらう。

更に此事からどういふ結果を生ずるかと云ふに、思索の方面をいへば即ち自由討究である。盲目的に遵奉を強ひられて居つたあらゆる権威に対し、囚へられざる自由の精神を以て合理的批判を加へんとするのが、今や彼等の已む能《あた》はざる学術的良心の発露である。更に実行の方面からいへば即ち社会的活動である。制度文物の合理的批判の結果、必然に発見せられたる幾多の社会的欠陥に対し、彼等は啻《ただ》に不満を抱くのみならず、更に之が改善を計らんとするの熱情を有するに至つた。欠陥の認識に加ふるに改善の熱情を有するに至つた事は、実に世界変局の賜物であらねばならぬ。
かゝる風潮の起つた事の国家社会の為めに誠に喜ぶべき現象たるは言ふを俟たないが、只茲《ここ》に吾人の特に注意を要するは、此等青年学生の思索上並びに実行上の活動に対しては親切なる指導を要する事である。

自由討究其物には何の非議すべき点はない。併しながら青年学生の之に動くもの、動《やや》もすれば陥る弊害は、在来の因襲乃至権威に対する自由批判の域を超えて徒らに之に反抗する事である。此事は為政者が新機運に盲目にして妄《みだ》りに思索の自由を圧迫する場合に殊に激しい。而して此種の過激なる批判は大勢に盲目なる頑迷者流と共に、社会国家の健全なる進歩を害するは即ち一である。同じやうな事は学生の社会的活動についても云へる。特に我国に於ては従来青年学生を余りに社会から離隔する方針を取つて居つた。彼等は社会に実際的効果を及ぼすべき仕事に与《あず》かるの地位にあらざるは勿論だが、然し我国のやうに全然社会の事物に興味を持つことすら禁ずるやうな遣り方は余りに無謀である。それ丈け社会に対する不満を自覚したる青年の社会的活動は、動もすれば只徒らに古習旧慣に反抗するといふ事になり易い。
之を総括するに青年学生の動もすれば陥る弊害は、思想上に於ても実行上に於ても反抗其物に堕することである。其国家社会に取つて不祥事たるは言ふを俟たない。

然らば何を以て青年学生を適当に指導し得べきか。曰く、彼等の自由討究をして飽《あ》くまで科学的・合理的ならしむる事である。曰く彼等の社会的活動をして厭《あ》くまで献身的奉仕の精神に基かしむることである。此二つの外に適当な途はない。之を以て彼等を導けば初めて溌溂たる生気と熱情とを失ふことなくして、而も彼等を誤らざらしむることが出来る。青年学生は兎角常軌を逸し易いからと云つて、生気と熱情との迸《ほとばし》るをも阻止せんとするが如きは、所謂角を矯《た》めんとして牛を殺すの類ひである。古来大事を決行したものは生気に燃ゆる青年ではないか。今度の戦争で仏蘭西《フランス》が予期以上の奮闘に堪え得たのも、モロッコ事件に激発されたる同国青年の元気恢復にあることは人の已に知る所である。青年の活躍には常に多大の危険を伴ふとは云へ、之を抑ふるは即ち結局に於て国家の元気を将来に消耗せしむる所以《ゆえん》である。故に我々は青年学生の間に起つた最近の新機運を大いに助長せしめたい。否、更に鞭韃を加へたい。而して是と共に熱心なる監視を加へつ丶親切に彼等を指導することに努めたい。此文字には語弊があるかも知れないが、予の所謂指導といふのは一日の長あるを以て任ずるものは、自分自ら科学的精神を以て思索し、献身的奉仕主義を以て活動することである。青年を指導するには、青年に求むる所を先づ吾人自ら之を実行することの外に途はない。

〔『中央公論』一九一九年一月〕

過激思想対策

過激派と云へば誰しも之を憎むべきものとして居る。併《しか》し乍《なが》ら彼等の思想の如何なるものなりやを理解して居るものは存外に少い。西伯利《シベリア》方面では往々日本軍に反噬《はんぜい》するものを悉《ことごと》く過激派と呼ばるる事すらあると聞いて居る。朝鮮の暴動も過激派の影響であると説くものあるも誰も怪しむものはない。甚だしきに至つては、予輩の如く民心の開発の為めに些《いささ》か微力を尽さんとて同胞に苦言を呈するものをまで過激派など〻呼ぶものもある。是れ過激思想の我国に於て著るしく誤解せられて居ると云ふよりも、寧ろ殆ど全く諒解せられて居ない事を証するものである。

過激思想の憎むべきは誰しも知つて居る。そが当今の流行として非常の勢を以て世界の各方面に拡がりつ〻あることも公知の事実である。従つて我国に於ても如何にして其流す所の蠹毒《とどく》に対抗すべきやは最近殊に識者の頭を著るしく刺戟して居る所である。併し乍ら適当なる対策の論究は先づ事物の正当なる諒解から始らなければならない。故に我々は先づ過激派思想とは何ぞやといふ問題から出発せねばならぬ事を主張する。

予輩は之より過激思想の主もなる主張を説き、其主張が何《ど》う云ふ社会的事情に基ゐて起つたかを明かにして、兼ねて之に対応すべき方策を考へて見ようと思ふ。

予輩の考ふる所に拠れば、所謂《いわゆる》過激思想の特徴たる主張は大約四つあると思ふ。一つは労働者の支配である。

二は直接行動である。三は国際主義である。四は非国家主義である。

過激派の主張の一番根本になるものは、天下を労働者の完全な支配の下に置かうと云ふ事である。此考も細かく分類をすると、更に次の三つの要素から成り立つて居ることを認めなければならない。第一は資本主義の否認である。近代の産業組織が資本家並びに労働者の固定的二階級を発生し、玆に困難な資本対労働の問題を生じた事は今更ら説くを要しない。兎に角両者の間に於ける富の分配が不公平であるといふ事実、而して此不公平なる分配を支持するものが資本主義であるといふ事は何人《なんぴと》も之を疑はない。カール・マルクスの如きは此不公平なる事実を経済学上から説明せん事を試みたが、よしんば富の分配に関する経済学上の正義が明白に論証せられないまでも、今日のやうな状態に放任して置くことは、少くとも社会的正義の容認せざる所である。此処に於て資本主義に対し、或は其制限を説くものあり、更に進んで其廃止を唱ふるものあるに至る。而して所謂社会主義は後者に属するが、此点に於て過激派の主張は全然社会主義と其立場を同じうする。今理論の問題として資本主義は之を撲滅すべきものなりや否やと云はゞ、或は之に幾多の異論もあらう。只最小限度の要求として之に大いなる制限を加ふるの客観的必要ある以上、此種の思想の起るは止むを得ない。只実際上一般民衆の思想が制限論に止るか、或は廃止論まで進むかは、政府当局並びに資本家自身の態度如何に依るものと言はなければならない。温情主義などゝ云ふ事を資本家自らも唱へ、政府当局も之を裏書すると云ふやうな状態では、資本主義に対する態度の過激に流るゝを防ぐことは出来まい。

第二の要素は資本家階級の撲滅と云ふ事である。社会主義は資本主義の廃止を主張するが、其根拠は社会的正義の実現にある。而して社会的正義の実現はもと社会を作るすべての人の共通の問題たるが故に、少くとも其範囲に於て資本主義の廃止は、又資本家の問題たるを妨げない。貴族自身と雖《いえど》も、社会公共の問題として貴族廃止論を唱ふるを妨げないと同様である。併しながら過激派は資本主義の廃止を資本家労働者共通の問題とする事を肯《がえ》んじない。資本家は資本主義の上に立つもの、資本主義の廃止には当然反対するに極つて居るものと看做《みな》し、所謂社会的正義の実現を、資本家と共に計るは猶ほ木に縁《よ》つて魚を求むるの類なりとして居る。否、寧ろ彼等は資本家は本来資本主義の廃止による社会的正義の実現を極力妨害するに極つて居るものと認むる。之れ彼等が更に進んで資本家階級の撲滅を主張する所以《ゆえん》である。斯う云ふ考の正しいか正しくないかは姑《しばら》く別問題とする。只斯う云ふ思想の広く民衆の間に勢力を得るに至つた所以を考へて見ると、其主たる原因は資本家の方が余りに労働者を馬鹿にした結果であるは疑を容れない。賃銀の協定に於て資本家は曾《かつ》て労働者の意嚮を参酌した事があるか。況《いわ》んや事業の経営等の問題に於てをや。甚しきに至れば急激に賃銀を上げれば却《かえっ》て労働者の為めでないなど、説くものすらある。斯くては労働者が一転して資本家を目するに一緒に話の出来ぬ輩《ともがら》、利害感情の何等共通点のない連中と諦めるに至るのは当然である。斯かる思想の流行を妨ぐと言ふ点に就いても、吾人は寧ろ資本家側により多くの要求をなす必要を認むる。

第三の要素は階級闘争である。一般に社会主義は資本対労働の階級闘争を説くが、併し此闘争は資本家の覚醒を促し、労働者と共に公正に共同の問題を考ふるに至らしむるの手段として行はるると云ふ事もあり得る。予輩と雖も資本家一般の態度が労働問題に対して余りに頑迷なるを思ふ時に、一種の階級闘争は最後の目的たる資本労働の調和の為めに必要であらうと考へる事もある。労働者の結社権を認むべしといひ、更に進んで同盟罷業《ひぎょう》権を認むべしといふが如き議論も、要するに此根拠に立つものであらう。然るに過激派は前段にも述べた如く、資本家と労働者との間には何等共通の要素がないといふのであるから、資本家は結局撲滅して完全に労働者の天下にする事が必要である。そこで彼等に取つては階級闘争は手段にあらずして目的である。玆に過激派の最も著るしい特徴が現はれて来る。斯う云ふ立場が理論の上で正しいか否かは固《もと》より一個の問題たるを失はないが、現在の不公正なる分配制度の改善を社会的正義の問題として、胸襟を披《ひら》いて相談するといふ誠意の欠缺《けんけつ》を資本家に見る以上、而して政府当局者又動《やや》もすれば資本家の言分のみを立てて労働者を抑ふるを常とする以上、労働者の態度が終《つい》に常軌を逸して右の如き極端に走るのも避け難いと思はるる。昔は無理に労働者を抑へ得た時代もある。今はなか〳〵さうは行かぬ。戦後に於て殊に甚だしくなるだらう。而してかゝる過激な思想の流行を阻止せんとせば、一方に於て労働状態の改善に勉むると共に、他方に於ては強ひて労働者の言動を抑ふるなからん事に注意しなければならない。

過激派の主張の第二の特色は所謂直接行動である。前にも述べた如く彼等の根本の主張は所謂労働者の支配であるが、其主張を如何にして実現するやと云ふに、従来の社会主義者の普通に取つた方法は議会主義《パーラメンタリズム》であつた。近代立憲国に於て実際政界の中心勢力は常に議会にある。故に「労働者の支配」は議会に於て之を実現するの外はない。斯くして彼等は一方には普通選挙を要求し、他方には労働者の政治的結束を計つて彼等の要望の近き将来に於ける実現を期待して進んだ。其期待は実際上裏切られては居るけれども、併し今日諸国の社会党は尚此立場を取つて居る。然るに過激派は斯う云ふ微温《なまぬる》い方法では彼等の希望は到底実現せられ得ないとして居る。所謂合法手段に拠る主義の実現に断念して、彼等は革命的非常手段即ち彼等の所謂直接行動に訴ふることを主張する。此点に於て彼等の主張は全然彼のサンヂカリズムと其立場を同じうする。彼等惟《おも》へらく、主義の実現、換言すれば社会的正義の実現は直接に労働者自身の行動によつて社会を改造する事によつてのみ期せらるる。今までのやうな間接の代議制では駄目だ、所謂政治的活動は代議政体の基礎の下に立つものなるが故に、労働者の幸福とは何の係はりもないと。斯くして彼等の間には政治(ポリチック)に対する極度の軽蔑が一種の風潮をなして居る。今日我国でも普通選挙要求の政治運動なぞの価値を不当に低く見るの議論をなすものがあるが、之は恐らく此種の考から自然に誤られたものであらうと思ふ。更に進んで過激派は主張する、直接行動は主義の実現の唯一の手段なるが故に、其前途に横はる障礙《しようがい》は何物と雖も之を破壊する事を辞せないと。而して最も有力なる障礙物は国法の秩序と云ふことであるけれども、もと〳〵法なるものは資本家連中が彼等の利益を擁護する為めに勝手に作つたものであるから、労働者に取つては取りも直さず一種の威嚇である。暴に酬ゆるに暴を以てするを妨げずとせば、我等が腕力によつて法の秩序を紊乱《びんらん》するは資本家の横暴に対する、謂《い》はゞ一個の正当防衛であると。斯くして彼等は此確信の上に傍目《わきめ》もふらず、非妥協的に一本途を突進する。過激派の特徴は其主張の根本をなす思想其ものよりも、其実現の為めに取る所の手段並びに態度にありと言ふべきである。

斯う云ふ考の起つたに就いては、彼等自身にはそれ相当の説明はあらう。併し我々が歴史家としての客観的立場から説明するならば、畢竟之れは議会主義に対する失望の結果に外ならない。故に若し今日の代議政体の下に於て労働者の言ひ分がもつとよく通り、社会政策的立法が一層よく行はれ、更に一般の政治がより多くデモクラチックになつて居つたならば、右のやうな過激思想はそれ程の勢力を得なかつたらうと想像さるる。況んや今日尚労働者の大多数は議会主義に執着して居るに於ておや。故に議会主義の下に行はるゝ政治を何時までも今日の儘に放任して置いて、而かも尚過激思想の発生を妨げんとするのは大いに困難である。過激派自身の主観的見地よりすれば直接行動には大いなる理論上の拠り所があると云ふ訳だが、我々の客観的見地からすれば之れ亦社会の欠陥が産んだ一つの病弊に過ぎない。

第三の特色は国際主義である。過激派は何故に国際主義を取るかは、此処に直接の関係が無いから説かない。又国際主義を採ると云ふ事夫《そ》れ自身は必ずしも排斥すべき事ではない。只過激派の思想行動が国際主義と連繋すると、此処に注意すべき二つの現象は、極端個人主義に奔《はし》つて国家主義に反抗する事と、労働者支配主義の世界的宣伝を目論《もくろ》んで一種の思想的侵略主義を実行する事である。現に露西亜《ロシア》の過激派は自ら世界のプロリタリアートの代表者を以て居るのみならず、日本にも態々《わざわざ》人を派して主義の宣伝を試みたのである。

併し彼等の国際主義が単純な理論上の要求に止る間はそれ程危険はない。併しながら労働運動に伴ふ国際主義の裏面には、実際的必要もあると云ふ事を見逭《みのが》してはならない。何となれば、甲国で八時間労働制を布いたり、最低賃銀法を制定したりしても、乙国では之を認めないとすれば、甲国の経済界は必ずや乙国の圧迫を蒙つて結局当初の決心を貫くことが困難になるからである。故に労働者に取つては斯う云ふ規則は世界共通になつて居なければいけない。之れ今度の国際聯盟規約の中にも特に労働法規統一の一項を設けられたる所以である。此理を推して考へると、例へば過激派が露西亜に於て折角労働者の天下を見るに成功しても、隣りに労働保護の規定の不完全な国があれば、それは彼等に取つて一種の大いなる威嚇に相違ない。従つて彼等は自国の労働界の安全の為めに隣国に同主義の宣伝を試みねばならぬと云ふ実際的必要に迫らるる。之を反対の側から云へば労働保護の不完全な国ほど過激思想宣伝の手を伸ばさるる危険が多い。此点よりして予輩は過激思想の宣伝に対しては警察上の取締りを厳重にすると共に、労働の保護を十分に完全にすると云ふ根本的施設を怠るなからん事を希望せざるを得ない。

終りに第四の特色は非国家主義である。前にも述べた如く、過激派は現在の国家組織の下に於て主張の実現に断念せる結果直接行動を説くに至つたのであるから、彼等が一転して非国家主義になるのは怪むに足らない。併しながら彼等の当初の非国家主義は人類の生活が国家的団結に於て成さるゝと云ふ事実を否認し、又は反対したのではない。現在の国家的諸制度が悉く資本家の作る所であり、左右する所であり、其利用する所であるから、少くとも現在に於ては国家の名に於てなさるる総べての事に反対しようと云ふのである。此点に於て彼等と無政府主義者との間には尚若干の距離がある。然るに過激派に至つては更に進んで我々が余りに国家に執着する事が即ち資本家等に瞞着せらるる所以であり、為めに主義の実現を誤るに至る所以であるから、主義の実現と云ふ根本目的の為めには思ひ切つて国家を捨てよと唱へ出した。彼等は之れまでの改革主義者が愛国と云ふ空名の為めにどれ丈け主義の実現を誤つたかを説き、人々をして十分此迷から覚めしむる為めには戦争などの場合には却つて負けた方がいゝと云ひ出した。所謂敗北主義とは此事を言ふ。此見地から観て此度の露西亜の革命は従来の革命とは全く其選を異にするものである。何となれば従来のは其結果の如何は兎も角として、其動機は悉く愛国にあつたからである。支那の革命然り、土耳古《トルコ》の革命亦然り。而して愛国抜きの革命は実に今度の露西亜のそれを以て空前とする。之れでも純然たる無政府主義とはまた若干の距り《へだた》はあるけれども、其実際に顕はるゝ所から見れば殆んど之に近いと言つていゝ。斯うなると、過激思想の危険な点はいよ〳〵明白になる。

併し斯う云ふ思想は露西亜を除き西洋諸国に一般に行はるゝ所のものではない。斯る思想は非常に著しく眼に着くと、又其実行の結果がなか〳〵軽微なものでないから非常に世界の耳目《じもく》を聳動《しようどう》しては居るが、併し其実際の勢力は決してそれ程恐るべきものではない。一部の人は独逸《ドイツ》を殪《たお》したものは過激思想であるとか、または独逸は今に過激派の天下になるだらうなどゝ云ふけれども、予輩は断じて斯く信じない。過激派と同じ系統の思想が独逸を殪したとか、独逸を支配すべしとか云ふのなら、承認は出来るけれども、所謂過激思想の勢力は独逸に於ても、又露西亜に於けると同じやうだと見るのは、両国国情の差を弁《わきまえ》ざるの議論である。此見地よりして右のやうな過激思想は又容易に日本に於て勢力を占むべきものではない。堅実なる国家主義に特別なる執着を有つて居る日本国民の頭脳は、過激思想の培養所としては極めて不適当である。けれども平素慎重に警戒するの必要あるは言ふを俟たない。然らば如何にするが警戒の途であるかと云へば、そは民をして不平不満なからしむるにある。

之を要するに過激思想は近代産業組織の変革に伴ふプロリタリアートの発生と、資本家乃至《ないし》支配階級の盲目的利己心との成り合ひから生れた私生児であつて、国家組織の実質的に弱い所に特に著しく成長発達したものである。幸にして我国は国家組織の堅実鞏固《きょうこ》なる事世界に其類がない。けれども近代産業革命の影響はまた著しいものがあるから、資本家乃至支配階級にして思を致す所なくんば、過激思想の幾分か拡まるのは到底之を避け難いだらう。事後に於て警察的取締りを厳重にするが如きは抑々《そもそも》末である。政府並びに資本家の覚醒に俟つは、事前に弊竇《へいとう》を予防するの唯一の途であらう。若し夫れ之を以て純然たる外来思想となし、新たに思想的鎖国主義を取つて之に対せんとするが如きものあらば、之れ二重に誤りを重ぬるものである。何故なれば思想的鎖国主義の不可能なるは言ふ迄もなく、過激思想発生の主たる原因は社会の状態其のものにあるからである。

〔『中央公論』一九一九年五月〕

労働不安の世界的流行に覚醒《めざめ》よ

此頃西洋から来る電報の中、講和会議に関するものを除いて、最も我々の注意を惹《ひ》くものは各国に亘る労働不安の報道である。而して人多くは此現象を解してボルシエヴイズムの流行となすけれども、之れ必ずしも全局の真相を道破したものと云ふ事は出来ない。

所謂労働問題を従来のまゝに放任して置く以上、或は之に関して僅かに小刻みの微温的施設をなすに止る以上、益々自覚を強め勢力を張りつゝある労働階級夫《そ》れ自身から不平不満の声を叫ばるゝは当然である。必ずしもボルシエヴイズムの感染を俟《ま》たない。

労働者の騒ぎが少し強くなると漫然として之をボルシエヴイズムと罵《ののし》る。当然の要求を相当の方法で主張することは如何に猛烈にやつてもボルシエヴイズムではない。ボルシエヴイズムのボルシエヴイズムたる所以《ゆえん》は秩序を無視し、進化を無視し、一足飛びに希望を達し、理想を実現せんが為めに革命的直接行動を取る所にある。少くとも此考に人々を昂奮せしむるが為めに、秩序を重ずる心、進化の理法に従ふの気持を排斥し、之に対する不信嫌悪の念を鼓吹せんとする所にある。労働運動は何時《いつ》でも斯《こ》う云ふ方法でなさるゝとは限らない。尤《もっと》も労働階級の当然の要求に対して社会が余りに頑迷な態度を取れば自然に彼等の説が過激になり、従つて社会も亦《また》益々之を容れ悪《にく》くなり、両者の距離が遠くなれば遠くなる程暴行に訴へても其目的を達せんとする労働者の決心が強くなる。労働運動がボルシエヴイズムとなるか否かは大部分労働者の要求に対する社会の態度如何によると云つてい丶。今の所英米仏伊等の労働運動がボルシエヴイズムの色彩を帯びて居ると云ふ断定は未だ下し難いやうだ。尤も此等各国に於ける労働運動に気勢を添へたと云ふ点に於ては露西亜《ロシア》の過激派与《あずか》つて力ありと云はねばならぬ。只併しながら今日の労働階級の要求は、其根本に於て資本家階級の無下《むげ》に反対し得ざる程公明正大なものである。昔の労働問題は資本家に対する自家利益の主張であつた。今は労働者にも亦人としての完全なる待遇を与へよと云ふ社会的立場に主張の根拠を置いて居る。少くとも此主張の正当と認められて居る以上、労働運動はボルシエヴイズムまで行かなくて済む。現に昨今の労働不安の根本要求も或は労働条件の改善とか、或は労働組合幹部の専制的組織に対する改正の要求とか、兎に角対手方《あいてがた》の絶対的撲滅を目的とする運動ではない。実際運動として之がボルシエヴイズムたらずして終るかどうかは、非常に昂奮して拳を握りつめて争論して居るものが、つひに腕力に訴へずして済むか否かと云ふと同じく、局外者の容易に断定し得ざる所であるけれども、対手方が露西亜の旧官僚のやうな頑迷なものでない以上、我々に多少前途の見定めが付かない事もない。

併し何《いず》れにしても昨今労働問題が世界的に大いに矢釜《やかま》しくなりつ丶あることは疑を容れない。

労働不安は右の如く各国共通の現象であるけれども、吾人は此間に自《おのずか》ら強弱の差別あることを見逃すことは出来ない。之も矢張《やは》り一般経済界の発達の程度に伴ふので、此点に関する所謂後進国は労働問題に就いてまだ夫れ程形勢が逼迫《ひっぱく》してゐない。斯くして我国に於ては此点に就いて識者の多くは稍々《やや》安心して居るやうな傾向のある事も亦隠し難い。成程近頃資本対労働関係の問題が、頻《しき》りに言論界を賑はして居る。世界大勢の影響は遠い我国も免れない。とは云ふもの丶果してどれ丈け真剣の討究と解決が彼等の間から提供されたか。之を考へると、我国の識者は流行に乗つて問題を問題としたと云ふ事以上に此問題をどれ丈け痛切に考へて居るかゞ疑はれる。併しながら之が果して安心して居らるべき問題であらうか。

現今世界を不安ならしめて居る労働問題は見様に依つては各国個々の内政上の問題である。けれども労働問題なるものは本来其運動を国内的に限つては断じて成功するものではない。何故なれば彼等は彼等の要求が幸にして国内に容れられても隣りの国が依然旧態を改めざる以上、労働条件の改善に伴ふ生産費の増加、之に伴ふ経済的競争上の不利と云ふやうな事情から其国全体が隣りの国から著しく圧迫さるゝ事になる。隣りの国が果して同じやうな態度に出るかどうかの懸念が何時でも残念ながら各国労働運動の鋒先を鈍らしめて居つた。故に労働運動は恰度《ちようど》戦前に於ける仏蘭西《フランス》の社会党が予《かね》ての党是たる「軍器弾薬工場に於ける同盟罷業《ひぎよう》」の断行を決議するに方《あた》つて、世界各国が同時にやるならばと云ふ条件を附け加へたと同様である。従来は何事につけても国際協同と云ふ事はなか〳〵六《む》づかしかつた。併し今日のやうに曲りなりにも国際的精神が勃興する事になれば、彼等が彼等の問題を世界的に解決しようと努むるのは当然である。其最も極端なる例は露西亜過激派の世界的宣伝の運動であり、之に次いでは講和会議に於ける労働規約の国際的制定の企てがある。此等は何も労働者の道楽にやつて居ることではない。労働者の自覚に伴ふ彼等の独立人格の主張と云ふ極めて深い所に根柢を置くものである。何となれば労働問題を世界的に解決せなければ彼等に与へらるべき「人として完全なる待遇」は常に威嚇を蒙るからである。巴里《パリ》の会議に於て我国の委員は国情の異を説いて労働規則の除外例を求めたと云ふ事であるけれども、例令《たとえ》一応は通つたにせよ、労働問題を全体として考へる時に除外例の承認は畢竟《ひつきよう》自家撞着である。若《も》し余りに強く除外例を主張せんか、彼等は労働条件の不完全なる国の製品に対し関税を課すると云ふやうな方法で自衛の途を講ずるかも知れない。先頃倫敦《ロンドン》駐在帝国総領事の報告に依れば同国の労働党は日本の労働状態に関して質問書を出したとの事である。之れ如何に自覚せる一国の労働者が他国の労働条件に深い利害を感じて居るかを示すものである。斯う云ふ点からして予輩は牧野男の除外例の主張が認められたと云ふ事に安心して、今日尚労働問題の講究解決を等閑に附して居るのを見て、将《まさ》に来らんとする大暴風雨を前にして何等準備する所なき暢気《のんき》さに驚かざるを得ない。

労働問題が本質上世界的性質を帯びて居ると云ふ事は当然労働者階級に最も深き世界的精神を植えつけなければ止まない。此点に関して案外に蒙昧な日本の労働者を観て欧米のそれを類推してはいけない。欧米の労働社会は斯う云ふ所からして何の問題であれ、彼等が国際的に共働し得る機会があれば直ちに之を捕まへることを過《あやま》たない。斯くして更に彼等は一層其国際的精神を強める。此点に於て見逃すべからざるは、最近彼等の間に対独講和条件に対する共同の反対運動が猛然として起つたと云ふ事である。一体今度のやうな過酷な条件はウイルソンの素志でもなかつたし、又国際協調主義の精神にも背《そむ》く。国際協調主義の精神に促されて開かれた講和会議に各国から派遣された政治家の多数は国家的争覇時代の旧夢から全く醒めないと見えて講和条件の討議を目茶苦茶にした。されば今度の対独要求の如きは或意味に於て国際主義に対する軍国的国家主義の横暴を示すものと言つていゝ。之れ国際主義を以て初めて自家階級の満足を徹底せしむべき各国労働階級の堪ゆる所ではない。之れ彼等が期せずして反対の運動を起した所以である。而して今や段々各国の此等の運動は互に相聯繫して侵略的支配階級に挑戦せんとするの趣あるが、予輩は之を指して横断主義の縦断主義に対する対抗と云つて居る。国と国との縦の対立観を基礎としての議論が勝つか労働階級と資本的階級との横の対立観を基礎としての議論が勝つか。孰《いず》れが勝つても資本家階級の連合の出来る見込はないが労働階級の世界的連結は斯くして大いに促進さるゝ事丈けは疑を容れない。而して此事が一般労働問題の世界的共同解決の機運を更に大いに増進すべきや又疑を容れない。

何れにしても労働問題のもっと適切な襲来は極めて近き将来に之を期待すべき理由がある。労働者の智識も低いとか、資本家と労働者の間には温かい古来よりの美風があるとか、一般経済界の発達もまだ其程度に達してゐないとか、我国特有の原因を数へて労働問題解決の真の切迫を見るまではもう少し間があるなど、安心して居るならば大いなる誤りである。

〔『中央公論』一九一九年七月〕

労働運動の人道主義的指導

本誌前号に出た久米正雄君の「ある医師の良心」は特別の意味で著しく僕の感興を唆つた。ふとした間違から叔父さんの大事な娘を妊娠せしめた一人の青年が、対手の少女を連れて来て、いろ〳〵訳を話して秘密に堕胎して呉れとの切なる頼みを聴き、主人公の医師は腹の中で二人を夫婦にしてやるのが正当だと決め、表向き願を聴き届けた事にして両人を帰し、後から密かに娘の親を招んで事を別けて自分の意見を述べたのが悲劇の始まり、とう〳〵娘は身を投げて死んで了《しま》つた。「かう云ふ悲劇になるのだつたら、あの時彼等の願ひ通りに、所置してやるのが本当ではなかつたか。自分のやくざな常習的《コンベンショナル》な良心が却《かえ》つてより多くの人々に不幸を与へる原因となりはしなかつたか」と医師の考はそろ〳〵動揺を始めて来る。それから約半年も経つた頃、貧乏な年寄夫婦の一人息子が不治の病に罹つて命旦夕《たんせき》に迫つて居るのに出会はした。老父は何《ど》うせ死ぬと決つて居るものなら早く楽に死なして呉れ、当人が之を望み、親達も亦之を望んで、而かもそれが何方《どっち》にも幸福であつたら悪い事ではあるまいと云つて、頻《しき》りに特別の投薬を迫つて止まない。而して初の事件で考の動揺して居つた医師は遂に此願を聴いて、所謂《いわゆる》楽に病人の往生を早めてやつた。そして其後時折り之を思ひ出すが「少しも医師としての良心に疚《やま》しい所なく〳〵」死者の霊に対することが出来ると云つて居る。

主人公の医師の良心が所謂常習的良心から段々功利的道徳観に覚醒して行く所に作者の同情があつたのであらうと思ふが、然し之が人間の良心の本当の覚醒であるか否かは問題である。流石《さすが》に此医師でも病人に最後の投薬をした五六分の間「何となく見て居るに堪えぬやうな気が」したとある。それでも彼が患者の家を辞して「静かな満ち足りた思ひで歩みを移した」とあるから、余程意思の強い性質の人と思はるゝが、併し「治癒の見込はないと知りつゝ、それ以来手を尽して熱心に其療養にかかつた」といふのが、啻《ただ》に親子の情愛に根差す本能である計りでなく、人命其物に対する人類の本能的執着の流露であるから、仮令《たとえ》理屈ではどう云ふ結論に達しても、最後の投薬と共に永久に無限の煩悶を感ずるといふのが普通の人情でなければならない。僕は最初青年少女の頼みを聴かなかつた医師に同情があつて、瀕死の患者に投薬した彼を怖ろしく思ふ。

僕は所謂常習的良心に拘泥《こうでい》するのを好いとは思はない。けれども浅薄なる功利的道徳観に動かされて人性の自然に根柢する美はし〔い〕情味が段々荒《すさ》んで行くのを限り無く残念に思ふ。近代の教育が此方面の本能的情味を純化するに努めずして、寧《むし》ろ之に反感を持たしむるやうにしたと云ふ事は、之れ亦我々の甚だ残念とする所である。先達《せんだつ》て、或人の依頼でリデル嬢の癩病療養院の寄附を貰ひに某富豪を訪ねた。何うせ助けた所で社会に何の役にも立たない癩病患者の為に金を投ずるよりも、もつと〳〵力を入るべき仕事は幾許《いくら》もある。唯外に伝染しては困るから、消極的に社会の迷惑を防禦すると云ふ意味で少し計り寄附しやうと云ふ事であつた。理屈としても争つて争へぬ事が無いが、人命に対する本能的温情が今日の識者の間に斯うも荒んで居るかと云ふ事を考へて、僕は云ひ難き淋しさを感じたのであつた。

僕は斯う人性の段々荒んで行く傾向に反抗して、何処《どこ》までも自分自ら人性の自然に根柢する本能的温情を楯にとつて行きたいと思ふ。之にいろ〳〵理屈の説明を附て僕は人道主義と云つて見たこともある。併し僕に取つて之は推理的結論ではなくして、謂はば殆んど自分の性格である。今までゞも僕は此立場から凡《すべ》ての問題を観て来たと思ふのであるが、昨今労働問題が段々矢釜《やかま》しくなるに連れて、更に一層此同じ立場を堅く守つて、自分の態度を明白にする必要を感じつゝある。

自分の立場を便宜上暫く人道主義と云つて置く。そこで僕は労働問題は其総ての点に於て人道主義に立脚して居なければならないと主張する。従来斯う云ふ事を言ふと世人は直ぐに、「労働者の境遇は実に悲惨ではないか。之に無限の同情を寄せるのは当然ではないか」と云ふ立場から労働運動を持ち廻るもの、即ち斯くして労働問題に対する理解と同情とを資本家に求めんとするものと解して来た。成程労働問題に対する一つの使命は資本家の覚醒を促すにあることは言ふを俟《ま》たない。所謂人道主義の労働問題に対する従来の貢献が主として此方面に限られて居つたことも事実である。けれども熟《よ》く考へて見れば、何も之は資本家に哀れを乞ふと云つた方面にのみ活動を制限さるべき筈のものではない。労働者階級に対しても人道主義は亦大いに活動すべき余地はある。何となれば今日の労働運動に於て、労働者階級の言動には僕の観る所に拠ると人道主義的の分子が頗《すこぶ》る欠如して居るを見るからである。早い話が、近き将来に於て資本家階級が一朝地を代へて労働階級の圧迫を蒙る弱者の境遇に陥つたと仮定せんに、今現に労働者が資本家に対して有《も》つて居るやうな態度其儘を資本家に対して継続しても、我々は安んじて之を傍観することが出来るだらうか。今は資本家が強者だから其強を挫《くじ》く為めに労働者はいろ〳〵の武器を執る。其同じ武器を労働者が強者になつた時にも振り廻はすと云ふ事では、第三者の眼から見れば一方の横暴に代ふるに他方の横暴を以てするに過ぎない。玆《ここ》に僕は今日の労働問題に対して人道主義の入つて行くべき余地があることを思ふ。強弱其地位を換へたからとて俄《にわ》かに又態度を改むるの必要の無いやうな、其同じ気持ちを我々は常に持つてゐたい。

僕は所謂労働者では無い。又労働問題に直接関係して居るものでもない。実際問題としての労働問題に就いては謂はゞ全く門外漢であるが、併し国民の一人としては常に之を念頭に置いて居る。而して之が根本的解決の帰着点として所謂社会主義の説に多大の共鳴を感ずるものであるが、唯実際界に於て此問題の適当なる解決を得しむる為めには、兎《と》も角《かく》も先づ労働者階級をして凡《あら》ゆる意味に於て、資本家と対等独立の地位に居らしむることが必要だと考へて居る。労働問題解決の案として僕は必ずしも温情主義や労資協調主義を排斥するものではない。資本家の態度としては温情主義頗る可なりで、資本労働の衝突が双方の協調によつて円満なる解決を見んことは、如何なる場合に於ても好ましい事である。併しながら此等の事が本当に理想的に行はるゝが為めには、先決問題として凡ゆる意味に於ける奴隷的境遇から労働者を解放して置かなければならない。結局に於て法廷で黒白を争ふと云ふ権利を国家の制度が認めて居ればこそ、双方共に満足な示談和解と云ふ事も出来る。昔の武士と町人との間のやうでは所謂示談は常に屈従に了《おわ》り、所謂和解は其実圧迫に畢《おわ》らざるを得ない。今日の法律は親子の間でも権利の問題に就いては裁判所に訴へ出づることを認めて居るではないか。法律の前に平等なりとする制度上の原則は、必ずしも常に争は法律を以て決せよと云ふ事でなく、従つて亦決して親子の間の円満なる関係を阻礙するものではない。否、却つて斯う迄強く権利義務の関係を立てゝ居ればこそ時に横暴頑迷な親爺があつても話は円満に定まるのである。労働者に完全なる団結権を認め又同盟罷業権を認むると云ふ事は、必ずしも労働問題の解決に当り、労働者をして常に喧嘩腰の態度に出でしむると云ふ趣意のものではない。兎に角先決問題として労働者に自由対等の地位を明白に保障しなければ、温情主義も協調主義も活動する余地が無いのである。此点に於て我々は今日労働運動に熱中して居る人々と全然其観る所を同じうするものである。

更に進んで僕は労働運動に関係する人々と共に、今日の資本家階級が案外に頑迷横暴にして労働者の言ひ分に理解無きは勿論、斯くして来るべき社会の悲むべき影響に対して亦著しく不関心無責任であることに驚かざるを得ない。一々労働者の言ふ事を聞いて居つては、自分としても又国家としても之れ〳〵の不利益があると云ふ説明には、多少の理由あるを認めないではない。而して社会国家の大局より観て又国民の永久なる生命より観て、彼等の泣言の殆んど取るに足らざるは今日まで已《すで》に十分説き尽された点である。それにも拘《かか》らず同じ事を繰り返して依然として其横暴を改めざる以上は、遂に茲に階級闘争と云ふ現象を喚び来る事になるのも已《や》むを得ないと思ふ。之は資本家の態度如何に依つて免れ得ること丶は思ふけれども、資本家階級の態度今日の如くなる以上、社会の幸福と其健全なる進歩との為めには已むなく其必要を認めざるを得ない。我々は門外漢であるとは云へ、此闘争に於て労働者側に味方するものであることは言ふを俟たない。

只茲に我々の特に一言したいのは階級闘争其物に対する我々独特の立場である。我々は資本家の横暴を憎む。併しながら絶対に度すべからざるものとして、彼等を永久和すべからざる敵と見る気にはなれない。茲にも我々の人道主義の立場は、如何なる場合に於ても不倶戴天の敵なるものの絶対に存在せざることを忘れざらしむる。従つて階級闘争は大いに遣るが、然し之は対手方の反省を求むる為めの手段であつて、決して闘争其事が目的ではない。闘争其事を目的として対手方を撲滅するにあらずんば、自分の為めに途が開かれないとする考は、人道主義と両立し得ない。尤《もつと》も表面に顕はれた所から云へば、どの途《みち》階級闘争を遣るのだから同じ事になるやうだけれども、根本的態度の差は又いろ〳〵の点に於て重大な差を生ずるものたる事を看逃してはならない。然るに不幸にして今日労働問題に熱中して居る人の多数は、何うも此点に於いて我々と色合が違ふやうに感ぜらるる。或人は曰ふ、お前のやうな其麼《そん》なまぬるい事では迚《とて》も資本家との闘に勝つことは出来ない。畢竟《ひつきよう》さう云ふ考の起るのも、労働者が如何に資本家の横暴の為めに苦んで居るかの実況を知らないからであると。然り、それもあらう。熟く知つたら資本家に対する敵愾心も起つて一層労働問題に熱を有つやうになるかも知れぬが、併しそれかと云つて度を超えて極端に奔るといふのは、事情之を恕すべしとするも断じて健全な遣り方ではあるまい。又或人は曰ふ、そんな微温《なまぬる》い事を云つては闘争に熱が起らない。而して労働者を此上何時《いつ》までもあのやうな境遇に止らしめて置く事は、労働者自身の為めにも亦社会の為めにも忍び得ないと。之も其通りである。一日も早く改善の実を挙ぐることは必要であるけれども、不自然な急速な転換は決して健全な発達と云ふことは出来ない。何処までも自然な順序を追うてコツコツ努力する所に本当の進歩の礎が築かるるのである。

其処《そこ》で僕は労働運動の緊急の必要事なるを認め、場合によつては身を挺して一半の力を之に傾倒しても可《よ》いと思ふ事もあるが、唯行《や》るならば自分と同じやうな人生観を有つ人と提携したいと考へて居る。説の如何は必ずしも問はない。唯人生に対する其人の本能的情味が何う動くかの見当が着きさへすれば、自分は悦んで此等の人と提携したいと考へて居る。若《も》し此処に斯う云ふ同じ傾向の人が相当に集つて団結を組むなら、自然其風潮に動かされて全体としての労働運動も頗る健全なものと成り得ると信ずる。労働運動と云ふと兎角世人は革命的行動を聯想する。少くとも資本家に対する荒々しい喧嘩を聯想する。当節荐《しき》りに労働問題を叫んで居る人々の言説から推しても、此想像は尤もと思ふが、併し労働運動は何時でも斯う云ふ風なるものと限つたものではない。

是に於て僕は一九一三年白耳義《ベルギー》に起つた大労働運動を憶ひ起さざるを得ない。其原因等に就ては茲に諄々《くどくど》しく云はないが、兎に角同国の労働党は前年の六月末日大同盟罷業の決意を為し、用意周到なる準備を調《ととの》へ、翌年の二月央に至つて愈々《いよいよ》実行期日を定め、而して四月十四日正午を期して約四十万の労働者をして罷業を断行せしめた。其時の態度の堂々たる而かも常に中正穏健を失はざるは実に世界の敬嘆せる所であつて、之れ畢竟同国労働運動の中心人物が一面に於て熱心なる人道主義者であつた結果であることは疑を容れない。彼等は一面に於て最も有効に同盟罷業の効果を収めんと欲して、前年の六月から綿密なる準備に力を尽した。所謂実行準備委員は一方には檄文小冊子等を頒布し、又は演説会を開いて労働者の昂奮を促すと同時に他方には過激粗暴の事無きやういろ〳〵注意する所を懈《おこた》らなかつた。其為めに日曜大祭日等を選んで所謂試験的動員を郊外でやつた事も尠《すくな》かつた。会計委員は資財の豊富を図る為めに最も苦心した。消費組合の売品を一割方高くし、買主たる労働者をして同盟罷業実行の為め一割宛《ずつ》の貯蓄を為さしめた。労働者救護委員は又各々分担して其所管内の労働者の状態を精査し、他日其救護に遺漏なからん事を期した。児女保護委員は罷業参加者より罷業期間中児女を引取り、之に厚き保護を加へて後顧の憂なからしめんとした。之を以て観ても如何に周到細密の用意を以て事に当つたかを知ることが出来る。それにも拘らず彼等は何処までも総同盟罷業の決行は最後の手段であるといふ立場を離れず、出来得べくんば相互の推譲によつて平穏の解決に達したいと云ふ態度を明白にして居つた。故に愈々妥協の途尽きて二月央罷業実行の期間を定めた時でも、愈々実行までに二ケ月の長き期間を設けたのは、畢竟其間に妥協交譲を容るるの余地あらしめんとの用意に出でたものである。現に彼等は其機関新聞をして決行前に調停を試むものあらば何時でも之に応ずべきを公表せしめて居る。無智無産の労働者を擁して事を起すには、出来る丈け疾風迅雷の勢を以てするを得策とすべきに、此麼《こん》な風では却つて気勢を挫くの憂があらうと思ふのに、幹部は其後七市長の調停に応ずるとか、又其交渉に於ても対手方にも増して穏和な態度を執るとか、其態度や傍から見て寧ろ歯痒い程であつた。彼麼《あん》な風では本当にストライキをやる意思が無いのではあるまいかと思はれる程であつたのに、愈々罷業の断行を見るや、四十万の労働者は幹部の指図に手足の如く動いて少しも弛頽の色が無かつた。而かも幹部は出来る丈け社会の蒙る直接の損害を少からしめんと欲し、鉄道、電車、瓦斯、電灯、水道等の従業員には成る丈け罷業に参加せしめないやうにした。それでも社会の蒙る損害の頗る著大なるは蔽《おお》ふ事が出来なかつた。何れにしても参加人数の夥《おびただ》しきに拘らず、其訓練自制の行き届き、極めて安穏静平の裡《うち》に運動を終始せしことは世界の人の敬嘆して措《お》く能《あた》はざりし所であつた。而して僕の観る所に拠れば、畢竟斯くの如くなるを得たりし所以のものは、人道主義が実に同国の労働運動を指導して居つた結果に外ならないと思ふ。

理屈から云つても労働運動に対する本当の熱は、人道主義の信念から起るものだと僕は考へて居る。蓋《けだ》し労働運動の根本の動機は、虐げられて居る労働者階級に人らしい生活を保障して遣りたいと云ふ考にある。苟《いや》しくも人間として生れた以上は、人らしい生活をすると言ふ事は当然の要求であつて、虐げられて居ると云ふ眼前の事実に立脚する利己的主張ではなくして、狭くしては社会国家に対し、広くしては宇宙人生に対する我々本来の任務を全うする為めの必要欠くべからざる要求である。尤も人らしい生活をすると云ふ事は、特に不当に虐げられて居るもの丶立場から言へば、自分自身の権利を主張するのだと云ふ利己的方面も無いではない。而して一般卑近の低級な考へ方から言へば、自己の権利の主張なるが故に熱を有つとも言へる。少くとも其利己的方面を高調して労働者の熱情を此の運動に昂奮せしめんとする所謂運動家も少くない。併し凡《およ》そ人は直接自分の利害に関する問題に就いてのみ熱するものだと云ふ考の絶対的真理ならざる以上、之に依て全体としての国民的運動を起す事は出来ない。現に他の一方にはトルストイ一流の無抵抗主義のやうに、右の頬を批《う》つものあらば左の頬を批たしめよと主張するものすらある。自分の直接の利害問題には出来る丈け淡泊なれと云ふのは、せち辛い今日の世の中でも尚有力なる個人道徳の一大教訓たるを失はない。斯う云ふ教訓が勢力を有つやうでは労働運動の鋒先を鈍らすと云ふのであらう、従来の運動家は兎角トルストイ一流の人道主義者を罵倒し、果ては宗教を罵倒し、道徳を罵倒し、出来る丈け此等に対する不信侮蔑の念を無理に造らして、以て労働運動の勃興を助成せんとした傾きがある。尤も彼等が所謂宗教道徳を罵倒し排斥するに就いては、従来の宗教道徳が動《やや》もすれば資本家側の利用する所となり、専《もつぱ》ら労働者の鋒先を鈍らす為めにのみ役立つて居つたと云ふ事実にも起因する。併しながら之は利用するもの、並びに利用さるゝもの、罪であつて、宗教道徳が本質上資本家の友にして労働者の敵なりと云ふ訳はない。過去の歴史に拘泥して労働運動が強《し》ひて人道主義に遠ざからんとするのは、国民的社会的の全体の問題たるべきものをして、強ひて労働者と云ふ特殊階級の狭い問題たらしむるものである。

且つ又労働問題を労働階級の利己的主張とする立場を取ればこそ、トルストイ一流の人道主義を排斥する必要があるが、若し労働運動の主張が社会の為め、人道の為めだと云ふ立場に立てば、人道主義に依つて何等煩ひさるゝ気遣ひはない。否、トルストイ一流の人道主義により利己的階級的主張としての労働運動の成り立ち得ざることに覚醒して、初めて労働運動は本当の間違ひのない立場を見出し得るのではあるまいか。僕の考ではトルストイの無抵抗主義に特別な共鳴を感じ得る人が本当の熱を労働運動に有ち得るのであると思ふ。換言すれば労働運動が本当のものとなるには一度トルストイズムの洗礼を受けて利己的立場を葬つて来ることが必要であると考へる。

匆卒《そうそつ》の際に筆を執つたので僕の考を適当に表し得たか何うかは疑ひあるが、併し僕の意の在る所は大抵明かにし得たと思ふ。而して今日我国の所謂労働運動家の多数が此僕の立場を何う観るかは知らないが、僕自身彼等に対して有つて居る感じを卒直に述べることを許すならば、今日の所僕は容易に彼等と此運動の為に提携する気にはなれない。勿論此運動に関係して居る人の中には、多数の友人あり又間接にいろ〳〵同じ志で事を共にして居る人もあるから一概には云へないが、唯何となく彼等の多数が果して僕の所謂人道主義に徹底して居るか何うかゞ疑はるゝのである。労働運動に携はる為めの必要な資格として、博愛を罵倒し、人道を斥《しりぞ》け、殊に宗教道徳を迷信呼はりするを必要と見る論者は云はずもがな、然らざるも労働運動を熱心に主張すると云ふ事の以外に於いては、更に社会国家に熱し又宇宙人生に対する自己の道徳的責任を痛感しない人が多いからである。鹿を追ふものは山を見ずと云ふ事がある。労働問題に熱中するは可いが、山を見落しては不可ない。医者は人の病を治し、社会から疾病と云ふ禍を出来る丈け取除くが為めにある。けれども狭い了簡の医者は一人でも病人の多からんことを希望する。平賀源内は物を洗ふ水を容るゝ水甕にも水の垢が附くと云つたが、常に人道主義に徹底して居ないと、水の垢を洗ひ落すことを忘れる。労働問題に熱中する人も動もす〔る〕と此弊に陥るの嫌《きらい》がないか。現に最も此方面に活動して居る我々の周囲の人の中にも、悪く云へば労働運動を売物にして随分我儘を働いて居る者もある。斯う云ふ人が一朝地を代へて強者の地位に立つたら、飲んだり食つたりで社会の富を蕩尽して了ふやうなことが無いかと危ぶまるゝ。此種の連中は殊更に人道主義を罵倒する人に多い。大酒を飲まうが放蕩をしやうが構ふものかと云ふ勢で、故《ことさ》らに宗教道徳に反抗的態度を採るのが若し彼等の本音であるならば、彼等が如何に労働運動の進歩に熱心貢献する所あつても、他の一面に於いて人としての本分を全うして居るとは云へない。労働運動に浮身を窶《やつ》すと云ふことが同一でも、我等は東京から大阪に行くに偶々《たまたま》同じ汽車に乗り合はしたと云ふこと以上に、此等の人と事を共にする気にはなれない。気の弱い人は本来労働運動に相当に熱を有つても此等の人と同じ途を行くのが困ると云ふので、暫らく手控へすると云ふやうな事がないとも限らない。斯くして若し労働運動が此等の好ましからざる人々の一部分の運動として畢るならば、之れ寔《まこと》に労働問題の為めに遺憾此上もない。

〔『中央公論』一九一九年七月〕

労働運動に於ける政治否認説を排す

去年の暮から本年の春に懸けて我国政界の大問題であつた普通選挙論は、昨今跡形も無く消え去つて、今や天下の耳目は国民の生活といふ実質問題に集中して居る。物価騰貴の底止する所無き趨勢に連れて、国民が現実に生活上の圧迫を痛感するに至つた結果とは謂へ、形式的問題より実質的問題に耳目を鋭敏にするやうになつたのは、兎に角喜ぶべき現象と云はざるを得ない。

併し乍ら如何に実質問題の解決を急要とするからとて、形式的問題を全然等閑に附するのは又た決して喜ぶべき事ではない。尤《もつと》も段々政治季節に近づかうと云ふので、其準備の為めにや再び普通選挙の運動を盛返さうとする企てもあるやうだが、併し生活問題乃至《ないし》労働問題の非常な勢を以て勃興するに就て、論壇の一部には所謂政治は閑問題だ、それよりも経済問題が先きである、普通選挙がどうの彼《こ》うのと云ふのは時勢後れの甚だしきもので、我々は一挙に経済的正義の獲得乃至実現の為めに奮闘せなければならないと云ふやうな説が相当に根強く信ぜられて居るやうに見える。我々は之に対して政治否認説といふ名称を与へて居るが、若し之が今後永く多くの人々に信奉せらるるやうになるならば、此間に我々は憂ふべき一抹の陰翳を認めざるを得ない。何故なれば政治を否認するものの実行方法は、先づ革命に依るの外無いからである。

所謂政治否認論の流行し出したに就ては、予が之まで種々の機会に於て述べた通り、一つの原因は西洋の反動的学説の無批判的信奉であり、又も一つの原因は資本家的支配階級の頑迷によつて作られたる、而して誤つた此西洋の思想を十分に裏書きするに足る社会の事実である。

西洋で労働運動を起さんと努めたものが、其運動に対する労働者の興味と熱を挑発する為めに、故《ことさ》らに資本家階級に対する不信反感を誇張した事は予が已《すで》に之まで度々説いた。畢竟《ひつきよう》極端なる資本主義の頑迷横暴に対する他の極端な対応剤に外ならない。而して此説は事実資本家的支配階級が頗《すこぶ》る頑迷横暴を極めて居つた所から、如何にも尤《もつとも》の説のやうに受取られたのであるが、之と同じやうな事実は今日正に我国に於ても亦《また》顕はれて居る。詳しい説明は聡明なる読者に向つて其必要を見ないのであるが、唯一二の例を挙ぐるなら、今日の政党は此重大な労働問題や或は朝鮮問題等に就いて何《ど》れ丈け国民の良心に触るゝ意見を発表して居るか。先月初め以来政友会も憲政会もそろ〳〵動き出して、将《まさ》に来るべき政戦の準備に懈《おこた》りないやうであるが、彼等の最も力瘤を入れる所の政戦が何れ丈け国民の生活と国家の進運とに関係あるかを思ふ時に、常に深き失望の感を催うさざるを得ない。憲政会では政友会の高知支部が誤つて幸徳秋水に感謝状を送つたと云ふ失態を捉へて、鬼の首でも取つたやうに喜んで居る。政友会としては驚くべき重大の失態に相違ないが、之を公然政界の問題とする事が我々の生活と理想とに何の係はりがあるか。もう一つの例を挙ぐるならば、青森県弘前に市長の教員殴打事件がある。此事自身教育界の為めに決して軽々に看過し得べからざる問題と思ふが、更に暴行を加へた当の市長某が社会の擯斥を受くる一匹夫の身を以て唯政友会員なるが故を以て代議士となり、市長となり、地方の風教を擾《みだ》つて恥ぢざるの一事は、決して不問に附する事は出来ない。今の政友会内閣が従来の政府に比し何れ丈け善い事をして居るか知らないが、彼が今日の勢力を贏《か》ち得んが為め有《あら》ゆる手段を尽して地方的党勢拡張を計り、所謂党の功労者であれば不逞悖徳《はいとく》の徒と雖《いえど》も傲然顕要の地位を占めしむるが如きは、之れ許すべからざる罪悪にあらずして何ぞや。政友会といひ憲政会といひ、今日の政党の態《てい》たらくは皆斯くの如きものであるとするならば、此等が政権の争奪の為めに東奔西走するも、少しく心あるものの何等の感興を惹き能《あた》はざるは怪しむに足りない。政治とは畢竟此等の連中の運動によつて取扱はるる仕事であるとすれば、即ち政治を否認し国政の運用は須《すべか》らく此等の連中の手より奪還せざるべからずと考ふるに至るも亦怪むに足らない。

更にもう一つ最近の政治否認説の起因は、国際問題に対する現代政治家の態度である。例へば今度の講和会議の始まる頃、一部の世界主義者乃至人道主義者はウイルソンやロイド・ジヨーヂの人格に信頼して、会議の前途に多大の光明を投じて居つた。然るに出来上つた結果は彼等の予想とは甚だ遠いものである。是に於て彼等はウイルソン、ロイド・ジヨーヂの徒を以て矢張《やはり》資本主義的衝動に動くものとなし、彼等の所謂正義公道は結局に於て我々の信頼に値するものではない、といふ見地から所謂現代の政治家といふものには全然信頼する事が出来ないといふ結論を為すに至つた。啻《ただ》に之ればかりではない。我国政治家の言論に就いて見ても、事一度び渉外の問題になると、直ちに理否を弁《わきま》へず対手方を憎み且つ罵る。今度の寛城子事件に就いてもさうだが、前の鄭家屯事件に就いても、或は朝鮮の問題にしても、最初の電報に接して我が政治家論客の先づ発する所の言葉は、曲彼に在りと云ふ断定である。さればと云うて予は寛城子事件に就いて支那を弁護する意味は無い。理否を明かにして争ふべくんば大いに争ふを主張するに躊躇しないが、兎に角外国関係の問題になると、直ぐに盲目的に昂憤するの態度は人道主義者平和主義者をして著しく顰蹙《ひんしゆく》せしむるものである。斯う云ふ方面からも政治否認説の出て来て居ることは、最近特に注目すべき現象である。

最近の所謂政治否認説の由つて起る所右の如しとすれば、そは従来の政治、更に詳しく云ふならば従来の政治家によりて取扱はれたる政治を否認するといふなら分るけれども、一般に政治といふものに失望するといふのは些《いささ》か早計ではあるまいか。若し右述べたやうな事実から政治否認説といふ絶対的結論を導き出す為めには、次の二点を許容しなければならない。一つは今日の政治学は到底資本家的政治学であるといふ事、も一つは今日の政治は到底資本家のものであるといふ事である。彼等は曰ふ、政治とは畢竟資本家階級内の遊戯に過ぎない。又或者は曰ふ、政治の起原は掠奪である、資本家階級が労働階級の掠奪を如何にして永続し得べきかを考ふる所に政治の起原があると。従つて彼等が此目的を達するが為めにいろ〳〵研究考察した結果が今日の政治学であるといふのである。果して然らば今日の政治学の教ゆる普通選挙論とか責任内閣論とかは、彼等に取つて何等の福音でないのみならず、之を支持する事が却《かえ》つて敵の勢力を強むる所以《ゆえん》であると。彼等の所謂一般国民全体の利益幸福の為めには、是非共資本家階級を撲滅しなければならない、階級闘争其事を直接の目的として奮起しなければならないといふ事になる。

併し乍ら今日の政治学は果して資本家階級の為めの学問であらうか。今日の政治学は政治上の根本主義としてデモクラシーといふ事を唱へる。政治否認説を取るものは、デモクラシーとは資本家階級が昔の貴族階級から政権を奪ふ事であると云ふ。併し乍ら之はデモクラシー発展の一の階段であつて、決して本質ではない。故にアリストクラシーから実権をブールジョアジーに収め得しめた其デモクラシーの趨勢は、今日更にブールジョアジーの手から之を一般国民に引渡さんことを要求して居る。今日の政治学の教ふるデモクラシーは所謂天下を以て天下の天下とするの全人の国家の理想に立ち、総ての人に完全なる精神的並びに物質的の生活の保障を与へる、又完全に総ての人に合理的な自由を与へんことを主眼として居る。即ち一方には国内の総ての人の生活上の実質問題の要点を明かにし、更に之が徹底的実現を可能ならしむべき形式的組織を吟味して行く。両々並び行く所に政治の本領がある。斯《かく》の如き政治学は之れ一般国民と何等の交渉なき資本家階級の学問なりと罵倒する事が出来るか。今より六七十年前の政治学ならいざ知らず、時勢の進歩と共に学問にも亦進歩発達がある。之を唱へ之を研究するものが資本家階級の出だとしても、今日の政治学は決して一部階級の御用学ではない。

今日の政治が殆んど資本家的支配階級の玩弄物に過ぎないと云ふ批難は遺憾乍ら大いに当つて居る。従つて此上何時までも国家の政治を彼等に托するに堪へざるは我々も亦其感を同じうする所である。然らば之を彼等から奪つて政治否認論者の言ふが如く、プロリタリアートの手に奪還すべきやと云ふに、我々は其意味と其方法に就いて大いに彼等と其観る所を異にせざるを得ない。

予輩は今日の政治が今日の資本家階級の手に依つて運用せらるゝを痛苦となし、一日も早く之を一般民衆の手に回収せんことを熱望する一人である。併しながら一般民衆の手に回収すると云ふ事は資本家と云ふ階級から移して、之を例へば労働者と云ふ階級の手に収むることではない。政友会が失敗したから憲政会が政府を乗つ取ると云ふ具合に更迭すると云ふ意味なら、之は政権の国民的回収にあらずして依然として階級間の争奪に過ぎない。我々は全人国家の理想に立つが故に資本家階級も労働者階級も自由なる発言権を有する有機体其物に最高の権能を認めたい。さればと言つて予輩は近頃流行の労働資本協調主義に賛同するものではない。具体的の問題としては、多数を占むる労働者が有機体に於て特に優勝の地位を占むべきは言ふまでもなく、唯少数なる資本家階級も十分なる発言の機会を有する其有機的組織に最高の権能を認めようとするのである。斯う云ふ仕組を作り上げる順序として今の資本家の勢力を挫くと〔云ふ〕事が先決の急務であるが、然し乍らその資本家の勢力を挫くと云ふ事が何処までも労働階級の利己的動機に出でゝは不可《いけ》ない。此意味に於て我々は資本家に対抗し、資本家と闘ふの必要を認むるものであるけれども、彼等を撲滅するが如きは寧ろ努めて避けんとする所である。否、寧ろ資本家階級を征服して更に其上に彼等の能力を十分に全体の進歩の為めに利用したい。

斯う云ふ立場を取るの自然の結果として、我々が資本家と闘はんが為めに取る所の手段も亦自ら彼の政治否認説論者等と異ならざるを得ない。政治否認論者は資本家の撲滅に依つて実権の奪還を企てる以上、目的の成功の為めには手段を選ぶの遑《いとま》がない。我々は資本家労働者協力の有機的関係に於て両者当然の地位を明確にせんと欲するものなるが故に、闘争の武器は一つは説得であり、一つは政治である。前者は純然たる道義問題であるから今姑《しばら》く詳説しない。後者は即ち例へば所謂労働問題等に依つて今日の法律並びに道徳意識の許す範囲に於て正々堂々の歩武を進め、一歩一歩踏み固めつゝ、労働階級の地歩を確立して行くのである。而して斯くする事が即ち自家階級の為めであると同時に、亦社会全体の為である事を忘るべからざるは言ふを俟《ま》たない。

唯茲《ここ》に一つ問題となるのはこんな微温《なまぬる》い方法で果して我々は資本家階級の蒙を啓《ひら》き其金城鉄壁を突破する事が出来るかと云ふ事である。成程過去に於て資本家階級は頗る頑迷であつた。彼等は已に嶮要の地位を占め、之を利用して労働者階級の抵抗を苦もなく撃破する。尋常一様の手段で彼等を屈服する事は殆んど不可能の観がある。併し乍ら過去の短かき経験に立脚する不可能は決して本質上の不可能とは限らない。資本家階級が過去に於て頑迷度すべからざりしとするも、人は一に其物質的境遇によつて支配さるとの唯物論的立場を取らざる以上、我々は結局に於て説いて彼等と共通の感情に立ち、人生経営の途に提携し得るを信ぜざるを得ない。労働問題は階級的利害に即して観れば労働者のみの問題である。人道的立場より観れば明かにまた資本家の問題でもある。

今日我国の資本家階級の頑迷貪欲は不幸にして隠れもない事実である。之を背景として政治否認説に隠くるゝ革命的労働運動の起るは止むを得ざるの情勢なるべしとするも、我々は深く之を国家の将来の為めに憂ふるが故に、一方には資本家の反省と共に他方には労働運動に関係するものゝ慎重なる考慮を促すを繰返さざるを得ない。幸にして政治否認説に対しては已に論壇の一角に反対の声も挙つて居る。けれども従来の資本家階級に失望し、又労働者を牽《ひき》いて革命的運動をなすに賛同するを得ないからとて、一転して官僚と提携し以て予《かね》ての理想の実現を計らんとする所謂国家社会主義の一派にも賛同することは出来ない。我々は厭《あ》く迄労働運動の盛ならん事を希望するが故に、従つて又之に与るものゝ成功を急いで中正の途を踏み誤らざらんことを希望して已《や》まない。

〔『中央公論』一九一九年八月〕

労働代表としての高野博士の選定について

先月十五日に第一回の会合を見た全国協議員総会の波瀾以来、世□〔間〕の視聴を聳《おどろ》かした労働代表の選定も、廿三日高野博士の快諾によつて辛《よう》やく臬《けり》が附いた。政府代表の他の一名の選定が今日の所まだ決まつてゐないやうであるが、兎に角之れで主たる代表者が確定した訳で、来るべき米国の労働会議に於て我国が如何なる態度を採るかの大勢は已《すで》に明かになつたものと見てい丶。而して今日労働問題の大勢に通ずるもの丶眼から観れば、今度の会議で如何なる問題が如何様に議せらる丶かは略《ほ》ぼ明白であり、且つ原則として日本は独り強く特殊孤立の地位を主張し得ざるのみならず、又大勢に従ふことが大体に於て日本の結局の発達の為めに必要であると認めて居るから、此等我党の士が労働会議代表者諸君に期待する所も亦《また》今日略ぼ一致して居る。只我々の予測にして誤らずんば、政府代表と資本家代表とは帰する所如何にして此大勢の侵入を日本に於て阻止し得んかに努むるに過ぎざるべきが故に、真に日本の全斑の利益の為めに殊に多年虐げられたる弱者の為めの憚《はばか》る所なき代弁者としては専ら之を高野博士に期待せざるを得ない。此点に於て高野博士の選定は最も其人を得たものである。それ丈けまた高野博士の選定は他の鎌田、武藤両氏のそれに比して更に重要の意義がある。

労働代表として斯くの如き恰適《こうてき》の選定を見たにつけても、返す〴〵も遺憾なのは、博士の選定を見るに至るまでの順序に重大の欠陥があつたことである。尤《もつと》も我輩は世間一部の人が云ふが如く、今度政府の執つた労働代表選定の方法は、労働規約の規定に反し、従つて之を不法の決定として華盛頓《ワシントン》会議に争ひ得べき性質のものとは思はない。労働規約は明白に代表任命の権を各国の政府に認めて居る。只国内労働者の多数を代表する労働団体ある場合には之と協議して代表を選べとある。協議の方法等については特に何等指定する所は無い。政府の今度採つた方法は精密を欠いたといふ点はあらう。けれども右の規定に対する抵触と認むべき点は少くとも表面上に之を見出し難い。然らばどの点に政府の手落ちを責むべきやといへば、一つには前にも述べた如く方法の精密を欠いた点であり、又一つは已に定めた方法によつて事を進むるに当り忠実を欠いたと云ふ点である。方法の精密を欠いた事は、突嗟《とつさ》の場合深く責むるのが寧ろ酷である。只忠実に事の進行を計らざりしの一事に至つては大いに之を責めなければならない。政府が折角出来る丈け多数の労働者の希望を参酌して代表者を挙げしめようとの考から兎も角もあれ丈け細かな方法を立案したのだから、各府県に於て之を実行するに方つても、出来る丈け其趣意の通るやうに親切に監督すべきであつたのに、規則を作つた事によつて一切の責任が免れたといつた風に、後はどうなるかといふ事を全然放擲すると云ふ例の官僚式を遺憾なく発揮したから、或は地方長官の指名によつたり或は会社の重役の勝手次第に労働者と何の係りなきものを臆面もなく代表者として送つたと云ふ失態を見るに至つた。所謂《いわゆる》筋肉労働者でなければ代表者たるの資格が無いとか、協議員たるの資格が無いとかいふの必ずしも取るに足らない事は云ふ迄もないが、兎に角協議員中の大部分が、所謂隔意なき諒解を労働者より得たるものにあらずして、友愛会其他の労働団体の反対を叫ぶのは決して不当の挙では無い。若《も》し夫《そ》れ砲兵工廠の同盟罷業其他最近の労働運動に対して政府の執つた苛酷辛辣なる対労働政策が如何に政府に対する労働者の反感を高めたか、従つて又代表選定に関聯する政府の方針に対しても動《やや》もすれば不当の推測を逞《たくまし》うせしめたかは茲に管々《くだくだ》しく論ずるまでもあるまい。

代表選定の方法に重大の欠陥があると云ふ事は自ら我々をして適当なる人物の挙げられざるべきの結果を予想

せしめた。友愛会其他の団体の早く已に政府反対の気勢を挙げたのも畢竟《ひっきょう》此為めでは無かつたらうか。然るに事実は意外なる回転を見て、幸にも高野博士の如き又と得難き適任者の選定を見た。是に於て曩《さき》に政府反対の声を挙げた連中が此決定に対して如何なる態度を取るべきかが問題となる事と察する。此点が又我々局外者に取つても最も興味ある問題である。

此問題に関して我々は天下の労働者諸君に向つて次の四事を希望したい。

第一は我が帝国全体の利害より見て、今度の労働会議には是非共然るべき人物を送らなければならぬ事である。第一回の労働会議に日本の労働者が全然発言権を放棄するといふ事は実に国家の一大不利である。此国家的大問題の為めには労働団体の面目の如きは勿論、労働者の階級的利害と雖も一時之を犠牲にするの覚悟がなければならない。兎に角当面の問題に対する諸君の態度を決するの第一の出発点は是非共誰かを米国に送らねばならぬと云ふ事でなければならぬと思ふ。

第二に前項の当然の結論として労働代表の送否問題については諸君の態度は断じて破壊的であつてはならぬ事である。何とかして誰かゞ行けるやうにする事は労働者の国家に対する当然の義務である。代表選定に際しての政府の処置に不都合な点のあつた事は斯くして挙げられたる代表者を絶対に否認するの理由とはならない。定められた方法を忠実に実行しなかつたといふ事は国会議員の選挙にもある。地方長官が其権力を濫用して大干渉を遣ることは今日と雖も決して珍らしくないが、それでも我々はサンヂカリストの如く全然当選の代議士を否認するの態度に出でない。我々はたゞ力を尽して不当の圧迫と戦ひ、多数国民の後援により遠からず政界を廓清し得べきの希望を抱きつゝ奮闘しつゝあるではないか。労働者は政府の干渉に厭《あ》くまで反抗するはいゝ。已に挙げられたる代表に対しては出来る丈け積極的の態度を採りたい。況《いわ》んや偶々《たまたま》其人に最良の適任者を得たるに於てをや。

第三には政府の不当の処置に対しては飽くまで反対の態度を採るべきことである。仮りに国家的義務の観念に一歩を譲つて、已に挙げられた労働代表を後援し且つ彼をして成績を挙げしむる為めに相当の積極的助力を惜まないと云ふ事に極《き》めても、政府の執つた不当な処置は之れ啻《ただ》に労働者に対する侮辱たるのみならず、労働運動の国家的意義を没却するものなるが故に、労働者の名によつて、又実に国家の名によつて大いに争はなければならない。偶々高野博士の如き適任者を挙げ得たといふても、満足すべき結果を挙げた事は全く偶然で、普通に期待すべきは不満足なる結果で無ければならない。之も反対の一つの理由であるが、よしんば満足な結果を得るにしても労働運動の本質を擁護する見地から諸君は断じて不当を不当として争ふの勇気を鈍らしてはならない。

第四には労働者は以上の如き当面の問題に没頭しながらも又常に労働者の開発を計り、並に其結束を堅うするといふ根本問題を等閑に附すべからざる事である。当面の問題に熱中するもの、動もすれば陥る欠点は、根本問題の閑却によつて遂に自ら智識的並に道義的に荒《すさ》み行くことである。労働者が動もすれば政府並に資本家の乗ずる所となるも多くは此為めだ。よしんば乗ずる所とならないとしても智識的並に道徳的の荒廃は識者の同情を繋ぎ得ざるのみならず、延《ひ》いて其最も大事な文化的使命の達成を過るの結果となる。労働運動に於て最も肝腎な点の此処に伏在するは改めて云ふの必要はなからう。

〔『中央公論』一九一九年一〇月〕

治安警察法適用の問題

治安警察法第十七条は、(一)暴行脅迫、(二)誹譏《ひき》、(三)誘惑煽動を罰して居る。(一)と(二)とは全然同一ではないが、普通の刑法でも罰して居るから治安警察法所掲の目的の為めに之を為して罪せらるゝは致方が無い。只(三)が普通刑法の放任して顧ざる所なるに拘《かか》わらず独り治安警察法が之を罰するが故に世上の問題となる。

何を以て誘惑煽動と認むるか。学者の説にはいろ〳〵寛厳広狭の差はあらうが、今日我国裁判所の公権的解釈は所謂宣伝《プロパガンダ》の意に解して居るやうだ。而して単純なる宣伝は今日我々の団体生活に於て必要欠くべからざるものなるは云ふ迄もなく、又如何なる方面に於ても之が犯罪の理由となつてゐない。独り治安警察法第十七条は其目的が資本家にあつては同盟解雇、労働者にあつては同盟罷業なる時、誘惑煽動を罪すべきものとして居る。而して実際上資本家に対して本条の適用を見ること絶対に無かるべきが故に、畢竟《ひつきよう》本条は労働者が同盟罷業をなすの目的を以てする誘惑煽動を罪せんとするものである。換言すれば誘惑煽動を罪することによつて同盟罷業を禁ぜんとするものである。同盟罷業を禁ずることによつて労働組合の成立を困難ならしめ、少くとも其発達を不可能ならしめ、以て所謂労働者の解放運動を沮止せんとするものである。

同盟罷業の不祥事なるは云ふ迄もない。併しながら法の制裁を以て之を禁ずるは、主人の許しがなければどんな事があつても女中が暇を取れないと云ふと同じく、雇主にとつて此上もない好都合ではあるが、斯くては雇人に永久奴隷的地位より浮び上る望みはない。

此点が実に今日治安警察法第十七条の適用に反対するもの丶主たる理由である。反対者は必ずしも労働者にストライキを慫慂《しょうよう》するものではない。ストライキを有効になし得る独立対等の地位を労働者に保障せよといふのである。之は果して不当の要求であらうか。

原内閣成立の当初内務当局は民間の要求に答へて、治安警察法第十七条は抜かずの太刀にして置かうと云つた。多くの人も之を信じて疑はなかつた。然るに最近砲兵工廠同盟罷業事件の起るに会して当局者は遂に抜かずの太刀を抜いた。之について責任ある某官吏は云うた。軍需品の如き公益事業にまでストライキをやるやうになつては打棄て丶置けぬ。而かも之のみを罰して他を放任すると云ふ訳に行かないから遂に本条を適用することになつたと。之も一理がある。軍需品製造の如き公益事業には我々も亦《また》該官人と同じくストライキを絶対に入れたくない。どうすればい丶かは飽くまで十分に研究もしたい。併しながら角を矯《た》めんとして牛を殺すは達識あるもの丶常に慎んで避けざるべからざる所である。斯くして我々の前には次の問題が提供されざるを得ない。曰く国家は公益を理由として如何なる程度まで労働者の虐使を黙過することを得るか。若し公益を理由としてストライキを否認すべしとせば、其代りに解雇を差控へ、法律を以て最小限度の生活を保障せなければならぬ、之をやらないで只ストライキが悪いと云はれては労働者に立つ瀬がない。国家は公益を理由として斯くまで労働者を虐使し得るものか。又曰く労働者の解放による国家精力の見えざる伸張と所謂公益を理由とする一時の利益と何れを重しとすべきか。

尤も右の問題は抽象的には決められない。労働者の智識道徳の発達の程度如何によつては、積極方針を可とする事あり又消極方針を執らざるべからざる事もある。此点に於て今日我国の労働者の状態が問題の解決に最も重きをなすものであるが、たゞ玆に予輩の断言し得る点は、(一)今日の支配階級の人々は労働階級の進歩の程度を不当に低く見て居る事と、㈡労働階級の開発の為めにする社会的努力の殆んど欠けて居る事である。予輩は不完全なる今日の状態の下に於ける労働者階級の驚くべき速度の進歩を見て大体前途の光明を信じて疑はざるものであり、従つて治安警察法第十七条の撤廃は世間の輿論と共に其必要を認むるものである。が姑《しばら》く此点に関する積極的の議論にまだ多少争ふべき余地ありとするも、今日同法の存置を主張するもの、論拠が余りに資本家本位に偏し、又余りに不健全な盲目的国家主義に僻《へき》して居る事丈けは明白疑を容れない。

〔『中央公論』一九一九年一〇月〕

労働運動に対する予の態度

『我等』の十月号に、坂口喜一氏の「吉野博士に呈す」と云ふ一文が載つて居る。労働運動に対する予輩の態度についての真摯《しんし》なる詰問で、予は其好意に対し沈黙を守り得ざるを感じた。のみならず同じやうな考を有つて居らるゝ方が外にもあるだらうし、而して又此種の考が予以外の所謂《いわゆる》智識階級に向けられて居ると云ふ事もあらうから、之を機として一言予の立場、而して又予と態度を同じうする多くの同志の立場を明かにするは無用の業にあらずと考へる。

最初此答弁は『我等』に寄せようかと思つたが、坂口氏は本誌「労働問題号」に出た予の論文（本巻所収「労働運動の人道主義的指導」）を主にして論じて居られるから、矢張《やはり》本誌を藉《か》りて答へた方が便利だらうと考へた。此点は特に坂口氏の諒解を得て置きたい。

坂口氏の難点は要するに予の所謂人道主義は、それは資本家の人道主義では無いか、予の態度は人道主義を振り翳《かざ》して労働者の運動を抑へんとするのではないか、さう云ふ態度は巧妙に仮装した資本家の犬が従来屢々《しばしば》執つた所であるが、それを真似るのは心外に堪へないと云ふやうな事に帰すると思ふ。細目に渉《わた》れば外にもいろ〳〵の事があるが、此等を一々弁明するは煩に堪へない。坂口氏の主として難ぜらるゝ点を眼中に置き、予輩の本当の態度——曩《さ》きの論文に於て明かにせんとした、又明かにした積りであつた所の——を更に積極的に明かにして置かうと思ふ。

第一に明かにして置きたいのは、予は人道主義と云ふ言葉の意味を坂口氏の解するやうには使つてゐなかつた。此言葉が坂口氏の解せらるゝが如き意味に資本家側から悪用せられた事実は之を認める。之が為めに人道主義が誤解を受け、不当の侮辱を受けたのであつたが、其誤解に謬《あやま》られず本当の人道主義に立つべしと云ふのが予のあの論文に於て主張せんとした本旨であつた。此点を十分諒解せられなかつたのは或は罪予の立言の不完全なるにあつたかも知れぬが、兎《と》に角《かく》予の大いに遺憾とする所である。

云ふ迄もなく人道主義と云ふ言葉は労働運動に対する一つの牽制方法として資本家側から唱へられた事が久しい。斯う云ふ方面から人道主義を観ると、資本主義の存在を寛仮して徒《いたず》らに労働階級の正当なる要求を抑へんとするものと云つても間違はない。又坂口氏の云はるゝやうに彼等の云ふ人道主義は寧《むし》ろ資本家側にこそ欠けて居るではないかと非難されても仕方がない。併し斯う云ふ人道主義は本当の人道主義ではない。いはゞ資本的利己主義の巧妙なる変装に過ぎない事は云ふ迄もない。予の人道主義を説くのは斯う云ふ変装的利己主義に味方して、労働者にトルストイ流の無抵抗主義を奉ぜよと云ふ意味でない事は、相当に明白にした積りであつた。

予輩の所謂人道主義は資本家と同じやうに労働運動を故なく危険視して之を牽制せんが為めに唱へたのではない。寧ろ労働運動に大いなる同情を有つの結果、それが有効に、正当に、又確実に其行くべき所に達せしめんが為めに、一言にしていはゞ、労働運動を正しき軌道の上に安全に馳せしめんが為めに唱へたのである。従つて予の人道主義は資本家の道徳とか労働者の道徳とか、さう云ふ特殊の階級を超越した一段高い普遍的の立場から説いた積りであつた。従つて予の人道主義は、資本家の為めに都合のいゝものでないと同時に、また労働者と云ふ特殊の階級の為めに都合のいゝものであつてもならない。即ち予の人道主義はすべてのものに正しきを求むるものであり、又すべて正しきもの、味方たらんとするものである。従つてまた斯う云ふ人道主義の立場を取る予自身は資本家の味方でないと同時に、又必ずしも労働者の味方でない。すべての正しきもの、味方たらんとするが故に、概して労働者の味方であるけれども、労働運動が正しき軌道を脱するの虞《おそれ》ありと見れば、時として之に反対するを辞せない。又概して資本家の敵であることを公言するを憚《はばか》らないが、正しきものに味方すると云ふ範囲に於て、場合に於ては資本家の味方たることを厭《いと》はないものである。

斯くして予の人道主義は資本家と労働者とに対しては先天的に味方でもなければ敵でもない。敵とするものは不正であり、味方とするものは正である。而して今日の資本主義は明白に不正なるが故に之を排斥するに於ては一歩も仮借《かしやく》しない。而して予が概して資本家を敵とする所以《ゆえん》は畢竟彼等が資本主義の不正を悟らず、悟つて而かも移ることをなさず、甚しきはあらゆる方法を講じて資本主義の横暴を労働者に加へて平然たるが故に外ならない。只夫《そ》れ此《この》理由に於て資本家に反対するのであり、而してすべての資本家はすべて皆斯くの如き圧制者と限らず、中には真面目に自己の立場を正しくせんとして深刻なる煩悶を嘗《な》めつ、あるものもあるから、之を諒とせずして無下《むげ》に彼等に反抗せんとしない。而して予輩の人道主義的信念は資本家と雖も人としては労働者と同じ魂を有つて居るものと見るから、結局に於て説いて訓《おし》ふべからずとは思はない。併しされぱと云つて予輩は資本主義其物を少しでも大目に見ようと云ふ考は断じてない。資本主義其物に対する反感と資本家に対する反感とを混同するは、坊主を憎んで袈裟を捨てるの類にして、勢止むを得ずとしても理に於て之を是認すべからずとするものである。

予の人道主義は資本主義其物に絶対的反対を表すると同時に、労働階級の解放乃至独立の主張には絶対的賛同の意を表するに躊躇しない。何故なれば、此要求は労働者の権利の主張としても、又一般社会の正義の確立としても其当然なること一点疑を容れないからである。併しながら労働階級の其正〔し〕き主張に味方すると云ふ事は、必ずしも労働者其物のすべての要求に味方すると云ふ事ではない。労働運動の根柢には右に述べたやうな正しいものがあるから我々は之に味方する。斯くして社会を正しく改造することは社会の一員としての我々の義務であるとも考へて居る。併しながら労働運動が労働者其人の具体的運動とすると其実際の要求は該運動の真の要求のみに止らない。労働運動の味方だからと云つて、労働者のすべての要求に味方せねばならぬと云ふのは、痘面《あばた》も笑靨《えくぼ》の類で識者の厭ふ所であるのみならず、生中《なまなか》盲目的同情を寄するの結果、慈母の偏愛が折角の愛児を誤るが如き愚は最も戒心して避くべき所である。此意味に於て予輩が人道主義を執つて労働運動に警戒せるは、決して労働者に資本家の横暴に屈すべきを勧めたのではなくして、大いに資本家と戦ふべきではあるが、只其戦に於て守るべき道を踏み外づすなと戒めたに外ならない。

坂口氏は労働運動は元来が一の反抗運動であるといはるゝ。斯くなるのは必然であるといはれて居るが、此点には異議がない。労働運動は労働者の運動でなければならぬ。従つて資本家に対する反抗としてあらはるゝのは必然の勢であらう。併しながら必然は必ずしも当然ではない。労働運動は反抗運動としてのみ有効に起り得ると云ふに誤りはないが、併し反抗運動で固まつてはならない。其上に労働者とか資本家とか云ふ区別を超越した、高い普遍的の立場を摑むことを忘れてはならないと云ふのが予の人道主義の立場である。人道主義を説いたからと云つて労働者に無抵抗主義を取れと勧めるのでは断じてない。要するに資本家があゝ出たから労働者は斯う出るといふ風に差別に拘泥《こうでい》しては、労働運動は決して純なるを得ない。予の人道主義を資本家の武器といふ風に、差別的に坂口氏は解して居らるゝが、予の真意は差別を超越した高い立場から、折角起つた労働運動の純真を維持し、近頃段々附き纏つたやうに見える幾多不純の分子を洗滌せんとするにあつた。

労働運動は本来何処までも労働者の運動でなければならない。智識階級の之に干与するは坂口氏のいはるゝ如く労働者にとつて有難迷惑でもあらうが、また一般の見地から見て正しいことでもない。併し今日の所、有難迷惑といはれても知識階級の入つて行くべき余地もあれば必要もあり、否な労働者自身大いに之を歓迎して居ると云ふ事実は争ひ難い。予輩は我国の労働運動が智識階級の参与を必要とせざる日の一日も速に来らんことを希望するけれども、併し若し当分彼等の入つて行く余地ありとすれば、彼等の労働運動の指導乃至助成の方針は予の茲に述ぶる所と同一でなければなら〔な〕い。斯くして予は最後に断言する。智識階級は労働運動の熱心なる味方たるべくして労働者の味方であつてはならない。労働者も亦智識階級に俟《ま》つに自分達の正しい要求の味方を以てすべく、一から十まで自分達の要求を聴いて呉れる友人と狎《な》れてはいけない。

〔『中央公論』一九一九年一一月〕

日本社会主義者同盟

社会主義者同盟の計画があると云ふ噂を聞いた時、予は自分も或意味に於ては社会主義者だ、若し誘はれたら之に参加すべきであるかどうかを私《ひそ》かに考へて見た。

今日の如く少しでも現在の制度に変更を加へようとするあらゆる改造論を圧迫して居るやうな時代に於ては、社会主義者の大同団結は焦眉の急務に相違ない。苟《いやし》くも社会改造を説く以上、現制度の根本に触れるは避け難い。之を一から十まで抑圧するやうな事では何処に改革の実を挙げることが出来るか。而して当局と並びに之を後援する社会多数の頑迷者流は、只熱心な改造論者の結束した努力によつてのみ覚醒することが出来る。して観れば我々も亦《また》之に参加して少しでも同盟の威力に加ふる所あらしむることが必要のやうにも思はるゝ。

併し又翻《ひるがえ》つて考へると、同じく社会主義の立場を取つて居る人の間にも、我々と根本的に人生の観方を異にして居る人がある。さう云ふ人々とは到底社会改造の大事業を共にすることは出来ない。社会主義者だと云ふ事は只一所に高等学校の入学試験と云ふ関門を突破することに一致したと云ふまでゝある。更に大学に入つて如何なる専門を選ぶかは人々によつて必ずしも同一ではない。況《いわ》んや根本的に人生観を異にするものは、改造の意味をどう観るか、従つて改造実現の為めに如何なる手段を取るか皆段々違つて来る。此等の点を顧慮せず、只第一歩の踏み出しが同じいからとて提携をしては早晩必らず相乖離《かいり》するに極まつてゐる。伝聞する所によれば、堺利彦氏の如きは、我々はブールジヨアジーと戦ふと云ふ目前の急務を控へて居る、根本の人生観がどうのかうので争ふて居る暇がないではないかと平素いはれて居るさうだ。文化学会の島中君は『精神運動』と云ふ雑誌で社会組織の改造は、精神問題などを考ふる暇ない程急迫した問題だと云ふやうな事を書かれて居つた。斯う云ふ立場に我々は全然同意することは出来ない。

尤も唯物的人生観を取れば、争其物、改造其物が根本目的だから其上人生観がどうのかうのと云ふ問題の起る筈はない。けれども我々は繰り返して述ぶるが如く、根本の立場が違ふのだから同じく社会改造の為めに実際運動を起すにしても、根本の人生観を同じうするもの丶み結束するを必要と考へて居る。此点を顧慮せずして軽率に結束しても、其結果は決して永く続く事は出来ないだらう。

之によつて思ひ起すことは今より二十年許《ばか》り前に、予輩が当時の社会主義者の団体と小論戦を試みた事である。当時予は大学の学生で、社会主義に関し余り深く知る所はなかつたけれども、折角出来た大同団結から安部磯雄氏が脱退されたのを観て、氏に対する予の尊敬と又団体に対する同情とが、延《ひ》いて此事件を非常に深く考へさせられた。而して一方彼等の団体の中には木下尚江、石川三四郎氏の如き基督《キリスト》教を信奉する闘将があるかと思へば、他方には幸徳秋水の如き無神論を力説するものがある。此重大なる人生観の相違が如何にして社会改造と云ふ重大問題に永く彼等を提携せしむることが出来るかと云ふのが予輩の疑問であつた。後安部磯雄氏の脱退の理由が、仲間の某々一二氏に係る道徳問題であつたと云ふ事を聞き、同時に又安部氏は其事を重大視するに反し、他の某々氏は当面の主義には何の関係なき微細な出来事と観て居つたと云ふ風説を聞き、玆《ここ》に相容るべからざる二大潮流の現存することを観て、社会主義者の団体が早晩分裂せざるべからざる所以《ゆえん》を或雑誌で論じたのであつた。之に対して専ら弁難の衝《しょう》に当られたのは木下氏で、我々は主義の為めに結束した以上、些々《ささ》たる感情の行違で決して分裂するものではないと説かれたのであつたが、其後の形勢を観ると、内情はどうであつたか、又表面の理由は何であつたか知らないが、理想主義者と目《もく》すべき連中は、一人一人段々に脱退して、遂に幸徳氏の如き無神論者のみが残ること丶なつたのである。表向きの理由が何であるにしろ、予輩は之を以て今尚根本的の人生観の差は、決して我々を永く同一事業に提携せしむるものではないと思ふ。況んや社会改造事業の如きに於ておや。

して観れば社会主義者の大同団結の如きも畢竟《ひつきよう》極めて限られたる範囲に於てのみ、即ち官憲と資本家と闘ふと云ふやうな、一時的の又消極的の仕事に於てのみ提携し得るので、事少しでも永久的な、積極的な問題に入ると決して提携し得べきものではない。外国と戦争するといふやうな非常の場合に労働者は一時資本家の政府を援《たす》けたけれども彼等は依然として敵味方であつたやうに、社会主義者も亦少くとも之からは多少永久的に結束するなら、少くとも二つの集団にならなければならない。大同団結は二つの集団が出来た上で初めて一時的に之を試みることが許され得る。我国ではまだ何等の結束も試られてゐないが、併し二大集団に分立すべき要素は十分にある。此意味に於て結束の機運已に熟して居ることを認めながら、漫然たる大同団結には其儘参加し得ずとする所以であり、又私かに其成功をも危む所以である。

〔『中央公論』一九二〇年九月〕

権利の主張と実行の責任

東京帝大山川総長病の故を以て辞され、去月下旬内規による後任総長の公選は行はれた。法律上の制度ではないが、従来の天降り任命を斥け兎も角も教授間の公選に依るといふ内規を決めるに到るまでには、幾多の難関曲折のあつた事と察せらるゝ。然るに愈《いよいよ》、此内規を実行する段になると、教授間の打合をするでなし、大学の内外に於ける輿論を喚起し且つ之を参照するといふでなし、例により秘密の裡《うち》に突嗟の決定を見んとする官僚的慣行を踏襲するに過ぎざるは、我々の甚だ意外とする所である。由来権利を主張するに勇にして其責任を充実するに怯なるは、近代日本人の常とは云ひ乍ら、最高学府の教授諸君までが這《こ》の軽薄なる風潮を脱し得ずとは、鈍感なる我々ですら一寸呆《あき》れて物が言へない。

取る丈けは取つて置け、之を如何《どう》処分するかは後の問題だ、といふ流儀は朝野の到る処に見ゆる。其弊は過分不当の主張と云ふ事にもなるが、仮令《たとえ》正当なる主張でも、之を適当に処置するの準備と覚悟とを具《そな》へずしては、少くとも未だ主張するの時機に達しないと謂《い》はれても仕方がない。這の準備と覚悟となくして余りに早く主張の満足を得た者は、試験の楽になつた学生が惰《なま》ける様に、賃銀の上つた労働者が欠勤勝になる様に、自己の道徳的責任を怠るの傾《かたむき》を呈する。近頃西洋の労働運動は頻《しき》りに産業管理といふことを主張するが、日本の労働者などに果して自ら産業を管理するの能力があるだらうか。

要求は正しいかも知れぬ、只之を求め得て後十分に其責任を完《まつと》うし得るか。責任を完うし得る程度の発達を遂げた者が要求の声を放つのならいゝ。隣りが要求するから己も要求して置かうと云ふのでは、安心が出来ない。我国のやうな後進国の労働運動などには多少斯の不安が伴はないだらうか。

さうすると反動論者は得たり賢しと附け込んで曰ふ。さればこそ労働者の要求は軽々しく聴くべきでないと。併し之は飛んでもない間違だ。やつても如何始末するか分らないことは明だが、やるべきものをやらずに置くは到底不正たるを免れない。我々は思ひ切つてやつて仕舞《しま》つて、さて夫《そ》れから徐《おもむ》ろに間違の起らぬ様自ら警《いまし》め又互に導き合ふべきである。

十分なる訓練を欠く労働者の現状に鑑《かんが》み、右の如き反動説の起るは怪むに足らないが、そが往々資本家階級の利己的主張の道具に利用さるゝ事実に対しては、亦大に警戒するの必要がある。けれどもまた警戒の余り、此種の論は悉《ことごと》く資本階級の利己的言説だときめて仕舞ふのも正しくない。

尤も世間には制度さへ変れば能事了《おわ》ると観る人もある。制度の変更だけで駄目な事は、帝大総長公選の結果に付ても明ではないか。産業管理権を取つた斗《ばか》りでは駄目だ、取つた権利を如何運用するかの訓練と教養とを労働者に与ふる事が最先の急務である。今までは此種の議論は労働階級の主張に対抗する目的を以て資本階級から頻りに説かれたので、労働階級はとかく之に与《あずか》り聴くを厭《いと》ふの態度があつた様だけれども、之を説くの動機は孰《いず》れに在れ、言ふ事其自身の真理たることに疑はない。

吾人は労働者の権利を主張する人の口より、最も痛切なる労働者訓育の必要の絶叫を聞きたい。資本家階級の逆襲武具としてのみ此種の事が説かるゝ間は、社会改造も労働運動もまだ本物ではない。

〔『中央公論』一九二〇年一〇月「巻頭言」〕

我国労働運動の一大欠陥

此春以来各労働組合同盟の分裂の噂が高かつた。新聞では穏健派と過激派の分裂だとか、理想主義と直接行動主義との対立だとか、社会問題に対する左右両翼の思想の当然の別れだとかいろ〳〵に説明する。此等の説明は何《いず》れも正しい。我国の労働運動は、昨今いろ〳〵の問題について二つに分るゝ傾向の顕然たるものがあるからである。而して之を総括すると、一つの問題で別れた同じ顔触れが又他の問題についても又別れると云ふ傾向があるから、矢張り此分裂の根柢には思想の相違と云ふ事が横《よこた》つて居ると観なければならない。斯う云ふ意味で労働運動が二派に分れると云ふ事は、之れ寧ろ当然の順序であつて怪むべきことでも憂ふべきことでもない。只遣り方の如何によつては資本家に乗ぜらるゝ危険はある。夫《そ》れ丈《だけ》又外形的に観れば労働運動の頓挫のやうにも見ゆる。が併し実を云ふと、盲目的に資本家対抗戦に結束した初期の華々しき運動よりは、此方に本当の強味があるのだ。労働運動は斯く一旦分裂することによつて引緊まるのだといへる。

労働運動の分裂が、其発達の当然の順序として止むを得ないものであるが、すべての分裂が皆此意味のものであると云ふのではない。労働運動の分裂と云ふ現象があらはれた時、そが果して此意味のものか或は単純な喧嘩に過ぎないか、之をよく識別する必要がある。而して予輩は我国の労働運動の分裂に第一種の意味のものあると共に、又第二種の不純の争ひも含まれてゐはしないかを憂ふる者である。何故かと言へば分裂の起る度毎にお互の間に時々醜穢な罵倒の声が交換さるゝからである。

近頃労働運動の或る機関雑誌を見た。此中に友愛会の幹部に対する激しき罵倒の言葉が載つて居つたが、其文字の醜陋を極めて居るには思はず極度の反感を催すを禁じ得なかつた。友愛会幹部諸君の立場が正しいかどうかは今論ずるの必要はない。只之に反対する自家の立場を堂々たる主義の争として弁明せずして、無頼漢の好んで用ふるが如き言辞を弄するの必要が何処にあるか。而かも彼等はつひ最近まで相提携して居つた仲ではないか。

予輩は又時々労働運動の中堅となつて居た人から次のやうな愁訴を聞くことがある。自分等は労働者の先頭に立つて運動する場合には無暗に担ぎ上げられて何も彼も任《ま》かされた。時として仲間からは神の如く尊敬と信頼を受くる。けれども一旦何かの拍子に誤解を受けて人望を失すると、裏切り者の如く罵倒さるゝ。毀誉褒貶の此位激しく変る所はない。一生懸命犠牲的努力をやつて居つても安心が出来ない、と。此訴を聞いて予輩はつく〴〵我国の労働者間に相互信任の甚しき欠乏を思ふて、労働運動成功の前途尚頗《すこぶ》る遼遠なるを感ぜざるを得なかつた。蓋《けだ》し此種の運動の真の成功は理義を明白にすることゝ、幹部の誠意との外に、一般民衆の信任と云ふ事が欠くべからざる要件であるからである。

一体我々の間には人を本当に信任するといふ態度が甚だ欠けて居る。昨日までは神の如く尊敬すると云ふて居りながら、今日は掌を翻すが如く犬畜生の如く罵倒する。往年政治運動に憲政の神と呼ばれた犬養・尾崎氏が、忽ち変節漢にこきおろされた事あるは、今尚人々の記憶する所であらう。昨日までそれ程尊敬したと云ふ事が本当なら、只一朝の過失によつて直ちに其人を罵り得る道理がない。今日其人を罵るのが本当なら、昨日の尊敬は甚だ軽卒であつたと言はなければならない。軽々しく之に信頼し、軽々しく又之を見棄てると云ふやうでは、到底茲《ここ》に健全なる団体運動の発達しようがない。信頼するに足る人物がないのだと云へばそれ迄だが、民衆の態度の重厚を欠くのも亦大いに戒めねばならぬと思ふ。

団体運動成功の一大原因は結束である。堅い結束の本当の基礎は人格的信任でなければならない。労働運動などは少くとも其第一次的の卑近な目標は労働者階級の利益の擁護であるから、此点からしても堅い結束は一時は出来る。併し畢竟其結束は一時的たることを免れない。利を以て集るものは利を以て相別れ、而かも強《し》いて別れしめざらんとすれば時に暴力に訴ふるの外はない。暴力に訴へて結束を維持せんと欲するの時は即ち結束の目的の全然失敗した時である。本当に堅い結束は何うしても精神的なものでなければならない、即ち人格的信任の最も重《おも》んぜざるべからざる所以《ゆえん》である。蓋し利害の打算や又は単純な主義などは、時により場合に応じ変り得るものである。可変の目標に拠つて永久の結束を維持せんとするは、木に縁《よ》つて魚を求むるの類ひと云はざるを得ない。変らざるは唯人格のみである。此不変の人格に着眼するといふ訓練が附いて居ないから、軽々しく信頼もすれば又軽々しく離反もする。又敵の離間中傷をして容易に成功せしめる事にもなる。予は必ずしもさうでもない人を無暗に信じて主義の徹底までも犠牲に供せよと云ふのではない。が、今日のやうに人格信任の痕跡すらも無いやうでは、到底団体的運動の成功を見ることは出来まいと思ふ。

固《もと》より之は前にも述べた通り労働階級丈けの現象ではない。或意味に於いて国民全体に通有の弱点とも思はれるが、兎に角此点を指摘して我労働運動の一大欠陥となすに多くの識者は異議あるまいと思はれる。

〔『中央公論』一九二一年七月〕

プロレタリアートの専制的傾向に対する知識階級の感想

ある工場での最近の出来事としてかういふ話を聞いた。労働者が彼等と重役との間に立つて直接に自分達を支配する学校出の職工長とか工場長とかいふ連中の偏頗《へんぱ》な処置と傲慢な態度とに長い間反感を有《も》つて居つた。夫《それ》でも彼等の御機嫌を取らねば直ちに自分の利害に関係して来るので、表立つて鬱憤を霽《は》らす事が出来ない、所へ局外から労働者の為めに尽くすといふ所謂《いわゆる》指導者が入つて来ていろ〳〵な事を教はる。其中に労働運動は須《すべか》らく労働者自身の運動たるべく、なまなか知識階級などを頼りとしない方がいゝといふやうな事があつた。其中に段々新聞や雑誌などを見ると、労働運動上の一要則として知識階級排斥といふ事がある。而して彼等は平素少しばかりの学問を鼻に掛けて威張り散らす職工長乃至《ないし》工場長を面《つら》憎しと思つて居つた所から、排斥すべき知識階級とは是等を云ふのだと即断して、大いに共鳴した。それから遠慮会釈なく衝突が起る。夫が原因でストライキもやる。ストライキをやるについては又局外者の助力が要るので、いろ〳〵の人に相談する。其処につけ入つて又いろ〳〵の人が入り込む。斯くして彼等の相談を受くる指導者にいろ〳〵の分子が混り、其処から自《おのずか》ら指導者各自の間に衝突が起る。そして一方が他方を排斥せんが為めに、又知識階級の排斥といふ言葉で、労働者から離間せんとするの策を講じた。初め労働者は策士の思ふ通りに動なかつた。知識階級といふ概念がまるで違つて居つたからである。けれども段々知識階級の意味が分つて来るに従つて、策士の陰謀の通り所謂指導者は排斥さるゝやうになつた。今では薬が利き過ぎて、さういふ陰謀を講じた者までが排斥され掛けて居る。蓋《けだ》し労働者は知識階級の排斥といふ事が労働運動に取つて非常に大事だと云ふ事だけを教はつた。何ういふ訳で何ういふ種類の人を排斥すべきかといふ事を内面的に考へるといふ段まで至つて居ない。だから之が知識階級だと云へば何でも彼でも排斥する。労働者と知識階級との関係は此処ではまだ真剣に考へられてない。

されぱと云つて、労働者の頭の今日の程度は皆こんなものだと思ふなら誤りである。友愛会の理事松岡君のやうな秀れた人物も出て居る。今春の足尾の罷業には麻生君其他の非常な助力もあつたやうだが、活動の主たる方針計劃は凡《すべ》て労働者自身の創意に出たものであるとて、後で麻生君から坑夫自身の手に成つたいろ〳〵の書類を見せられて一驚を喫した。今日の労働者に之れ丈けの組織的能力ありとは吾々も全く考へなかつた。之れには当の麻生君すら驚いて居つた。労働者の知識が低いの、彼等に産業管理の能力が無いのと、高を括つて居る中に、労働者はどん〳〵進歩して行く。何時までも子供だと思つて居る中に、親父の方がどん〳〵時勢に遅れて行くと云ふ形だ。神戸で星島君の調べた所によると、ストライキが起つてから新刊の雑誌書籍の売行きがバツタリ杜絶したので、大部分の購読が労働者によつてなされて居つた事が想像される、との事だ。

かういふ時代になれば知識階級は排斥されるまでもなく、労働運動指導者の地位を去るのは当然かも知れない。労働運動と知識階級とが本来如何にあるべきかの問題は暫く別として、斯くの如き標語の唱へられる一面には、労働者の智的発展といふ新形勢を反映して居る事だけは疑を容れない。

官憲は今尚ほ労働階級の発達に盲目で、彼等は全く自ら動くの意志も能力も無いものと観て、従つてストライキなどをやるのは二三矯激者流の煽動によると観て居る。其結果は資本家の正当なる利益を破り、国家産業の振興を遮《さまた》げ、又労働者自身を無用に悲惨な境遇に陥れるとさへ放言して居る。とんでもない謬見《びゅうけん》だ。よしんば労働運動が二三者の煽動によるとしても、其事自身は決して悪い事でもなければ、又労働者の要求に無関係だと即断すべきものでもない。知見の開けざる者は自ら要求すべきものを意識しない。意識しないからとて之を放任して行くのは、親切なる態度と云ふ事は出来ない。子供は自らの発達の為めに何を要求すべきかを知らないが、親切な両親は其要求を洞察して、或は食はせ或は着せる。時として子供は其世話を喜ばない事もあらう。それにも拘《かかわ》らず親切な世話を続ける事によつて、結局子供は立派な発達を遂げ、やがて一本立ちで行けるやうになる。知識階級の労働運動の初期の使命は将《まさ》に斯くの如きものである。労働者の発達が社会の為めに必要である以上、第三者たる先覚者が本人の意識せざるに先立つて労働者の要求を洞察し、殊に彼等の中に少しでも開発せられた者があれば、或る場合には之と提携して階級全体の当《まさ》に要求すべきものを代つて獲得してやるのは、決して余計な事ではなく、又固《もと》より不都合の事ではない。吾々は此点に於いて今日の労働運動に於ける所謂知識階級の指導を、社会に対する犠牲的奉仕の貴い一例として、大いに尊敬の意を表せんとするものである。刑罰を以つて之に臨むべしとする官憲の態度の蒙昧野蛮なる、沙汰の限りと云はざるを得ない。但し之は労働運動に於ける知識階級の地位を抽象的に論じたまでの話で、現実の指導者の行動が正しいか正しくないかの具体的判断は自ら別問題である。

労働運動の少くとも初期に於いて、知識階級の直接指導の必要なるは前述べた通りである。けれども労働運動は要するに労働者の運動であつて、彼等が独立に行動し得るに至つた以上、知識階級は其上永く従来の地位に執着して居るべきものではない。労働者の事は現実の労働に従事して居る者でなければ分らない。知識階級が何時《いつ》までも執着して居る事は、時として労働者の真の要求に非ざるものを彼等に強制するの結果を伴ふ事がある。併し実際の問題として何時が見切り時であるかは容易に分らないのみならず、労働者の智識の程度は又時に非常に不揃ひだから、見切時であるやうでもあり、ないやうでもある。実際如何なる態度を取るべきかの判断は、なか〳〵困難だ。其処から知識階級排斥などといふ余り香《かんば》しくない問題も起る。かゝる形に於いて知識階級の引退を見るのは面白くはないが、又致方も無い。要するに知識階級は初め労働運動を直接に指導するの使命を帯びつつ、又適当な時に於いて局外に去るの覚悟を有つて居なければならないと思ふ。

然し乍《なが》ら知識階級は全然労働運動に無用とされるのではない。労働運動は労働者の運動であるけれども、自分の利害に直接関係のある問題については、兎角判断が一方に偏し易いので、階級的利害を社会全体の進歩の上に如何に調節すべきかは、寧《むし》ろ局外者の公平なる判断に待つを必要とする事がある。此点に於いて労働階級が如何に発達をしても、彼等が階級的利益の伸張と共に、又社会全体の発達に貢献するの責任を果さんとするには、何うしても知識階級の批判を待つの必要があり、知識階級また労働者をして常に正しき道を歩ましむる為めに不即不離の関係を取つて、間接の援助を提供するの責任がある。

斯く考へて見れば縦令《たとえ》知識階級排斥といふ形で引退を余儀なくされても、彼等が労働者の意思を怒つて完全な絶縁を宣言するには及ばない。此点に於いて初め労働運動の先頭に立つて奮戦しながら、後不即不離の闊達自在の態度を取つて居つた神戸の賀川君の立場は甚だ尊敬に値するものと云はなければならない。

かうした知識階級対労働運動の関係は、友愛会の発達の歴史の上にも明白に表はれて居ると思ふ。友愛会は初め鈴木君等の所謂知識階級の非常な斡旋の下に出来上つた。あの時代に労働者自身の自発的団結を見る事は望まれなかつた。否、それぱかりではない。折角出来上つた団体の成長のためには、資本家階級の巨頭渋沢子爵を初め添田博士等の物質的並に精神的援助をも必要とした。労働運動が資本家の擁護の下に出来たといふ事は、一見甚だ奇怪のやうであるが、之れ莫《な》かりせば友愛会は今日の大を成し得なかつた。友愛会が結局日本の労働運動史上如何なる地位を占むべきかは、人によつて自ら観る所を異にするだらうが、兎に角之れが日本に於ける労働運動の勃興を促したとすれば、渋沢子爵等の功労も亦看逭《みのが》す事は出来ない。殊に子爵等は普通の資本家に見るやうな利己的動機からやつたのではなく、日本にも労働運動の勃興は免るべからずと観て、今より之を適当に指導する事は、国家に対する責任だといふ趣意に出でたのである。指導の方法宜しきを得たか否かは別問題として、子爵等は誠意を以つて随分鈴木君の運動を助けたのである。其結果として労働運動は今日の発達を見たのだから、今や友愛会は渋沢子爵以下を惜し気も無く捨てゝ終つたが、思ふに子爵等は之を以つて友愛会の忘恩を恨んでは居るまい。

友愛会も創立草々の間は、俺の方へは自働車へ乗つて来るやうな名士が出席したと云つて喜んで居つたといふ有様であつた。それが段々知見を開いて、後には資本家の援助によるの故を以つて鈴木君を攻撃する声さへ聞ゆるやうになつた。鈴木君としては誠に苦しい立場であつたらうが、併し此処までに至つたのは即ち労働運動の、君《くん》等の力によつて非常に発達を遂げた証拠である。今日でも尚ほ鈴木君に対する非難が、かゝる歴史に基いて発せらるるを聞くが、併し君が結局此難関を、子爵等の恩顧に背き労働運動に殉ずる事によつて切抜けたのは、兎に角嘆賞に値する事と云はねばならぬ。

鈴木君をして右の如き処決を為さしめ、友愛会をして資本家の保護から解放し、適当の時期に其当然の進路を取らしむるに与つて力あつたものは、麻生、棚橋、松岡諸君が、幹部として鈴木君の羽翼となつた事であらう。

是等の人々の間に何ういふ関係が実際に織り成されたか分らないが、只大勢を局外から観ると、友愛会は是等の有能なる指導者の下に着々独立の運動として発達した。否、十年雌伏の状態から脱出して素晴らしき急激な進歩を遂げたと云つて可い。さうして昨今は詳細なる研究と多年の実験に基いて着々組織を改め、是等の指導者は自ら謙遜《へりくだ》つて実権の地位を労働者に譲らんとして居る。かゝる進行の一犠牲として棚橋君の脱退といふ不祥事を見たけれども、大体に於いて友愛会の今後の陣立ては、我等が前に述べたやうな、本来然《し》かあるべき関係に落着いて行くものと思はれる。此点に於いても友愛会は、他の多くの点に於けると同じやうに、我国労働団体の一摸範を成すものであらう。又斯くあらん事を吾々も希望する。

〔『中央公論』一九二一年九月〕

神戸労働争議の側面観

（一）

最近神戸に起つた労働争議は、川崎三菱といふ日本有数の金権を向ふに廻して、無資無産の労働者が数旬の長きに亙つて交戦状態を持怺《もちこら》へたといふ点だけでも、我が労働運動史上に特筆するの値打ちはある。資本家側が頑として其要求を容れない以上、又官憲が不干渉を表面の口実として内実かなり辛辣な圧迫を試みた以上、結局労働者の惨敗に帰すべきは当然の道行きである。それにしては案外に能く長い戦闘を持怺へたものだ。之を喜ぶと喜ばざるとに拘らず、兎に角吾々は労働者の団結力の最近に於ける著るしき発達を看取せねばならぬ。二三者の煽動の結果だなどと嘯《うそぶ》くのは、為にする所あつての言説でない限り、甚だしく時勢に盲目なるを自白するものである。

川崎造船所では社長の不在を理由として、初めから労働者の申出でを受付けて居ないから、今度の争点について何ういふ見解を有つて居るかは分らない。が、併し大体の観察から推測すれば、労働者の要求に対しては殆ど理解も同情も無いらしく思はるる。それが少しでも有るなら、何を苦んで社長の不在を拒絶の口実とする必要があるか。三菱の方は或る点まで労働者の要求を容れるといふ態度を初めから示して居つたと聞いて居る。それも誠意に出たか、或は勢に押されての話かよくは分らない。が、兎に角労働者の要求を相当の点まで認めて一日も早く平和の状態に還らうといふ熱心は有つたやうだ。それにも拘らず、結局穏かな解決を見ずに済んだのは、労働資本の関係について根本的の一謬見《びゅうけん》に囚へられて居つた結果と見なければならぬやうに思はるゝ。尤《もっと》も労働者側にも全然責任が無いとは云はない。

今度の争議に於いて労働問題に関する無理解の筆頭に来るものは矢張《やはり》官憲であらう。官憲は争議の内容には干渉しない。当事者の争ふが儘に任かせるといふ所謂《いわゆる》不干渉の方針を取つた。之が第一誤りである。而して労働者側が少しでも所謂不法の行動に出づると少しの会釈《えしゃく》も無く圧迫を加へた。労働運動に対する官憲の干渉圧迫は固より今に始まつた事ではないが、其辛烈なる事今度の如きはない。此点も亦当局の大いなる誤りだ。一言にして云へば当局は干渉すべき場合に不干渉の方針を取り、干渉すべからざる事柄に極度の干渉を試みたので、畢《つま》り二重の誤りを重ねたのである。而して其誤りの基く所は専ら労働問題に対する無理解に帰すると思ふのである。此点に関する予輩の所見を簡単に述べんか。労働者は資本家に対しては、子供の大人に対するよりも力弱いものである。所謂労働条件の内容を此両者の自由決定に任して居つては、結局労働者は一から十まで資本家の云ふが儘になるの恐れがあるから、其処《そこ》で官憲が干渉するの必要があるのである。少しでも労働者の立場を支持しようとて何処の国でも団結権を認めて居るが、それですら尚ほ労働条件の決定に官憲の干渉するは、労働者保護の為めに必要なりといふ事に、議論も諸国の制度も一致して居る。況《いわ》んや未だ十分に団結権を認めざる国に於いておや。然るに我が国の官憲は争議の内容には干渉しないと云つて得々として居る。殆ど其の何の故たるかを想像する事が出来ない。更に進んで諸外国ではそれでも尚ほ労働者の立場が資本家から圧倒され易いので、少しでも彼等の利益を保護せんが為めに、例へば同盟罷業権の如きを認めて居る。さらでも労働者は結束によつて辛《かろう》じて資本家に対抗するの地位を占め得るものであるから、其団結を堅うするが為めに取る所の手段方法にはかなり寛大な取扱ひをする事になつて居る。我が治安警察法第十七条の如き規定は初め諸国でも之を認めて居つたが、之が実行は結局労働者の団結権を有名無実ならしむるものだとして廃止する事になつた。日本では未だ之を廃して居ないが、其処に矢釜《やかま》しい問題があるが、それでも兎に角之はさう極端に実行すべきものではない。少くとも此規定の意味を更に拡張して労働者の一挙一動を悉《ことごと》く不法行為の名の下に取締るといふのは、余りに甚だしい干渉と言はなければならない。一部の人の論ず〔る〕が如く、現行法の解釈上弁解の余地の無い程の越権的干渉であつたか何うかは問題であるが、兎に角労働問題の適当な取扱ひといふ立場から観て、当局が干渉すべからざる場合に過当の干渉を為したといふ非難を免かれない。為すべきを為さず、為すべからざるを為すといふ点に当局の無理解は最も明白に暴露されて居る。

要するにかういふ事情の下に争議が一段落を告げたのだから、此一時的解決は問題の根本的解決に更に一歩を進むるものでない事は言ふまでもない。従つて吾々はやがてまた遠からず同じ様な騒動の勃発するを予期せねばならぬ。今度の事件を機会としてお互に反省はするだらうけれども、誤解は寧ろ資本家と官憲との側に在る。彼等は何れだけ今度の教訓を利用するやは吾々の刮目《かつもく》して見んと欲する所である。

（二）

吾々の聞く所に拠れば、三菱の方では何時までも争議の続くのは、其面目にかゝはるとでも考へたのか、一日も早く平和の克復を見んと欲し、密かに一つの提案を作つて、略《ほ》ぼ労働者側の諒解を得て居つたといふ事である。斯かる妥協案が出来たのに拘らず、尚ほ解決を告げざる事月余に及び、結局あゝした結果に終つたのは何ういふ訳かと云へば、資本家側も労働者側も各形式的体面を重んじて、虚心坦懐以つて事に処するの誠意を欠いたからであると思はるる。此点については兎角資本家側に誤解が強いやうだ。而して其誤解の基く所を吾々が局外から研究して見ると、彼等が工場は一家の如きものである、一家の事は他人を交へず解決すべきものであるといふ謬想に囚へられて居る為めであるやうに思はれる。尤も其一家といふのも封建時代の考へ方によるので、資本家は何処までも産業の主人だ、労働者は即ち番頭丁稚《でっち》だといふ考で押通さうといふのである。主人は番頭丁稚の利益を適当に考へてやるもの、又彼等の生活の全体について責任を感じて居るもの、従つて労働者は全腹〔幅〕の信用を主人に捧げればいゝ、其処に一種の人情も起る、なまなか他人の教唆などに動くから問題が起るので、もと〳〵うちなか同士の事だから能く胸襟を披《ひら》いて紛議の収まらない筈はないと云ふのである。併し封建時代のやうに主人と雇人との間に所謂主従の人格的関係が儼存《げんそん》して居つた時代なら此理窟も通るが、今日のやうに両者の関係が一定の労務の提供に対して一定の賃銀を貰ふと云ふだけの乾燥な契約関係に止まり、而かもそれだけの関係すら何時解除されて赤の他人になるか分らないといふ浅い関係に在る以上、一家の情誼を以つて之を律するのは無理だ。彼等の間に自らかゝる情誼の発生する事は無論望ましいに相違ない。只本来両者の関係は斯くの如かるべきものと云ふのは誤りである。況んや労働者に於いては資本家を以つて到底彼等と利害相一致せざる別箇の階級と看做《みな》し、階級闘争を主張する者もあるに於いておや。敵だと思つて逆ふて来るものを、一家内の如く情誼を以つて結ばれて居る仲だと信ぜしむるには資本家に於いてまだまだ沢山為すべき事が残されて居る。兎に角両者は利害相反する別箇の階級である事だけは疑を容れない。従つて第三者が其中に入つて調停するといふ事は、少しも恥づべき事ではないのに、三菱が事実第三者の調停によつて解決の曙光を認めながら、表面斯く云はるる事を極端に避けんとしたのは甚だしき誤解であつたと云はなければならない。第三者を抜かうとしたればこそ資本家から頭を下げて来いの、いや労働者から頭を下げて来いのと、下らない面目問題に躓《つまず》いて、折角展開しかけた局面を逆戻りさせたのである。資本家は今日の労資関係をも少し有りの儘に見るの聡明を持たなければならない。尤も資本家は此事に気が着かないのではなからう。気が着いては居るが、併し此事が偶々《たまたま》労働争議に第三者を容れたくないといふ希望を貫くに好都合な所から、態《わざ》と之を利用するのかも知れない。第三者の介入を見る時は無論話が面倒になるだらう。併し公明正大に問題を取扱ふ誠意さへあらば、第三者が入つて来たとて何も之を遠慮する必要が無いではないか。

工場は一家の如しなどといふ議論は、如何にも旧式の日本人の頭には感じ好く響くものと見えて、官吏社会でも今日は無反省に此考を取入れつゝあるやうだ。労働運動は必ず当該事業の直接の労働者に限るべく、局外者の之に加はる者は皆煽動者と視て、之を不都合呼はりするのは何時もの争議に通有の現象であるが、今度も此点が特に力説されたやうだ。会社も当局も今度の争議に於ける友愛会の指導を極端に否認せんとせるが如きは、其の最も明なる証拠だ。之を要するに政府でも資本家でも、所謂労働争議は其労働者と其資本家との間のみの問題だ、局外の第三者を之に関係せしむべきではない、といふ立場を強く執つて居つた事は疑を容れない。

第三者を交へず、又団結力を以つて押して来る事を許さず、不平の有る労働者が一人一人会社と議論を闘はすればいゝではないかといふ事に極まれば、それは成る程資本家に取つて都合が好いに相違ない。世間も穏かで当局者も楽だらう。併《しか》し乍《なが》ら労働者は箇別的に資本家に対抗しては全然無力であり、其結果労働者は奴隷的境遇に沈淪するを甘んぜねばならないといふ所から、所謂労働問題は起つて来るのではないか。箇別的対抗の事実上の不都合を取除く事が労働者に取つて必要であり、又社会全体の調和的発達の為めに欠くべからずといふ所から労働問題が起つたのに、其取扱ひの任に当る当局者や又は資本家が結局労働者をして箇別的対抗によるの外、他に途無きの結果に陥らしめようとするのは、之を無理解と云はずして何と云はう。資本家は当の利害関係者だから致し方が無いとして、労資両階級の上に超然たるべき官憲が、其謬想を脱する事が出来ないとは、実に概嘆に堪えない。我輩は一部の人の説に雷同して、官憲の横暴、不当の干渉といふやうな事を叫びたくない、寧ろ彼等が社会の為めだと信じて誠意を以つてやつた事だらうと思ふ。只誤りの原《もと》は此労働問題の無理解に在る。此点を十分に諒解しない間は官憲の所謂横暴圧迫は今後幾度びも繰返さるゝ事であらう。

官憲の右のやうな無理解は、労働問題の根本的研究を欠く所から来り、且つ在来の資本家的思想の伝統に囚へられて居る結果であらうが、中には臆面も無くかういふ事を云ふものがあつた。今日日本で最も急務とする所は対外貿易の振興である、此点から観て日本の将来に最も憂ふべきは、賃銀の騰貴による生産費の上騰である、此際労働者が不当に賃銀の値上げを要求するのは、日本の産業を滅亡せしむるものである、と。かういふ説は是まで耳に蛸《たこ》の凝《よ》るほど聞かされた、と云ふよりも今日の労働者はかゝる説のとんでもない間違である事を散々に聞かされた。労働者の地位を今日の如きに沈淪せしめて置く事は国力の永遠の涵養に大害がある。所謂産業の一時的振興の為めに犠牲とすべきではない。況んや所謂産業の振興によつて最も利するものは独り資本家なるに於いておや。こんな事は百も承知である所へ、今更ら勿体《もつたい》振つて前記のやうな事を云ふので、労働者はつくづく愛想を尽かすのである。こんな次第で日本に於ける労働問題の解決に対し最も障碍《しようがい》を与へるものは、何と云つても官憲の無理解であると云はなければならないと思ふ。

(二)

労働問題を今日のやうな状態の儘に進行せしむる事は、我が国の将来に取つて非常に憂ふべき事である。何とかしても少し合理的の進路を取らしたいものだ。それには何よりも先きに資本家の迷夢を醒さねばならぬ。一部の社会主義者は始めから資本家の覚醒を期待しない。彼等は資本家といふ境遇の下にあゝした考へ方をするやうに運命づけられて居るものだから、資本主義を認むる以上、彼等の態度を改める事は不可能だと云ふて、所謂極端な階級闘争を主張するのであるが、是等の点を吾々は今事々しく論争するの遑《いとま》は無いが、疑の無い点は今日までの所資本家は斯く見られても仕方の無い程其独特の立場に囚はれて居るといふ事だ。余程思ひ切つた覚醒をして貰ふでなければ労働問題の今後の進展は甚だ心許《こころもと》無いのである。次ぎには当局者を初め各方面の政治家にも労働問題の正直な研究を希望せざるを得ない。日本の現状の下に於いては已むを得ない事であるけれども、為政者政治家は余りに資本家階級と利害を一にし過ぎて居る。如何にして彼等に覚醒を求むべきやについては、いろいろ論ずべき点もあるが今は略する。兎に角労働問題は或る意味に於いて従来の産業経営の方針に逆つて起つたものであるから、従来の産業政策の取扱ひとは全く違つた頭脳で之に接するを必要とする事だけを一言して置く。

併し我輩の知る限りに於いても、今日の官界に労働問題に相当の理解を以つてした人も居ないではないが、それにも拘らず彼等が実地に臨むと何うしても労働者の行動を寛大に認むるを欲せざる態度に出づるもの多きは、何ういふ訳であらうか。抽象的に労働問題を語る時にはなか〱吾々の立場にも共鳴する、にも拘らず当局者となると反対の行動を取ると云ふのが我輩の友人にも多い。何ういふ訳かといふ事をいろ〱考へて見た。斯くて其処にいろ〱な原因を想像したが、一番根本的な原因は結局労働者の不信といふ事に帰するのではないかと考へた。即ち労働者は至つて低級なものだ、時勢の流行に伴《つ》れて彼等もいろいろの要求はするが、考は極めて浅薄である、与へられた権利を果して能く善用するの能力あるかすら疑はれる、故にうつかり自由を与へても彼等は何をやるか分らない、而して多くは求むるを知つて為すべき責任の自覚が薄い、斯くの如きものに一歩を譲歩するのは、即ち飽く無きの慾望を促すやうなものだ、と。かういふ不安心の感情から彼等の言分は相当だと知りつゝ、尚ほ危惧の念を抱いて思ひ切つた態度に出で得ないのである。要するに労働者に信用を置かないのである。

他の一面から云へば人を信ずる事が出来ないのである。畢《つま》り自分以外の他人を信ずる事が出来ないといふ悲しむべき人生観に囚へられて居るのである。然し人間といふものは果してかういふ風に信用するに足らないものか。懸念すれば際限は無い。頑固な老人は生意気になるのを恐れて、自分の子供を教育する事すら躊躇する。けれども本当に自分の子供に愛情のある者は、又自分の子供の発達の可能性を信じて居る者は、どん〳〵開発の機会を与へて危ぶまない。真の人情が無いと例へば継子の如く、形は親子となつて居つても自由闊達の教育を施し害《そこ》ねる事が多い。吾々は労働者のやうな下級の同胞に対して何ういふ人生観を以つて臨むべきであるか。此点が今後の労働問題の処理の上に非常に大きな関係が有るやうに思ふ。細かい点は尚ほ他日詳論する事として、此処に簡単に一言して置きたいのは、今日我国の労働者の内には非常に秀れた頭脳を有つて居る人が少くない、全体として官僚などの考へて居るやうな低級なものではない事と、も一つは人を馬鹿者扱ひにする事程不祥の結果を社会に持ち来たすものは無い、人生観一変の必要が近来思想の根本的要求であるといふ事である。

（四）

今度の争議の経過中、労働者について特に感じた点は、彼等の間に案外によく訓練がついて居るといふ事である。只何分労働組合其物が基礎甚だ薄弱なので、罷業をやるにしても殆ど何等の準備が無いのだから、日を経るに従ひ段々苦痛を増すに従つて、足並みの動揺するのも致し方は無い。それでも彼等が数十日に亙つて兎も角もあれだけの結束を続けたのは吾々の驚嘆に値する所である。も一つ注意せねばならぬのは、財政的準備を欠く労働組合が罷業をやると兎角最後の功を急いで過激な態度に出で勝ちなのであるのに、神戸の労働者が徹頭徹尾莫大な資金を擁してゞなければ出来ないやうな持重《じちよう》の態度を執り続けた点である。警官との衝突に於いて一二流血の惨事を見たが、併し之は突発偶然の出来事で争議全体の経過は頗《すこぶ》る穏健なものであつた。

一体今度に限らず予輩の観る所では、我国の労働運動は其の説く所の議論はかなり極端であるけれども、其の取る所の実行手段は又頗る穏健過ぐると思ふ。彼等は動《やや》もすれば徹底的階級闘争を云ふ。飽くまで資本家階級を敵として戦ふといふ。かういふ議論を文字通りに奉ずるものなら、所謂直接行動でどんどん目的に驀進《ばくしん》すべきである。にも拘らず実際運動になると彼等は出来るだけ過激な手段を避け、社会の同情を失はざらんと努めて居る。社会を脅かす事によつて資本家に迫ると云ふよりも、寧ろ社会の同情を利用して、否、其力を藉《か》りて共に資本家に迫らんとする態度のやうだ。理論と実行との此矛盾も将来の運動の発展を見る上に注意して置くの必要がある。出来るだけ社会の同情を博し、其力を藉りて問題の解決を速かならしめんとするのが今日の労働者の態度だとして見ると、此処に吾々の甚だ遺憾に思ふ点は、彼等が興奮の結果二つの最も大事な方面に於いて目的を裏切つて居る事である。第一は初めから巡査を敵にして強い反労働者的感情を抱かしめる事である。下級の警官は上司の命によつて労働者に敵対の地位には居るが、労働運動の賢明なる方則としては、決して彼等を敵にすべきではない。況んや彼等の社会的境遇は寧ろ労働者に近きものあるに於いておや。姿さへ見ると直ぐに敵呼ばりをするなどは、味方になりたい者でも怒つてしまふ。抜剣問題などで警官を責むる声が高いが、法律上の責任問題は別として、我輩の冷静なる判断は寧ろ警官の方に同情したくなる。警官に罪は無い、只警官を圧迫に使つたものの責任は、初めから一片用捨するの余地は無い。

第二に罷業の仲間入りしない労働者を敵にする事である。罷業の勝敗は団結の大小によるのに、労働者全体の為めにする罷業の仲間に入らないといふ事は、此事自身運動の成功を遮《さまた》ぐる事であり、従つて罷業労働者が此等の輩を不信呼ばりするのも尤だけれども、併し人にはいろいろ云ひ難き内部の事情もあり、然らざるも意志の弱い優柔不断の性質のものもあらう。善い事だからと云つて皆賛成し来るを期する訳には行かない。此場合に敢然として立つた労働者は、一方には労働者階級全体の為めに一身の利害を犠牲にするの献身的精神に燃えるの傍《かたわら》、いろいろの事情あつて傍観の地位に立つ仲間に対しては寛容の精神を以つて対するの雅量がなければいけない。傍観の地位に立つ労働者は内心恐らく済まぬ済まぬと悶《もだ》へて居るに違ひない。之に対するに寛容の精神を以つてするは、結局彼等を運動の内に羅致する所以《ゆえん》である。が、其の反対に少しでも是等に対して同情無き態度を執ると、彼等は必ずや反対の方向に逃げて行く。此点に於いて神戸の労働者は少しく聡明を欠きはしなかつたか。殊には資本家に対する要求条件のうちに、今度の罷業に参加しなかつた労働者を解雇せられん事の一ケ条を付け加へんとした者もあつたさうだ。かうなると吾々までが彼等に反感を表はしたくなる。何れにしても彼等が彼等に近い仲間の労働者や又は下級警官を敵に廻したといふ事は非常な手落ちであつたと思ふ。大体の観察をすると、今度の争議は上流の資本家官憲からは非常に憎まれ、中流以下の連中からは相応の同情を受けたが、同列にあるべき下層の階級にかなり反感を表する者があつたといふ形になる。昂奮の際已むを得ない事ではあらうが、社会の同情を利用して最後の目的を達しようといふ戦略からすれば、決して賢い方法ではなかつたと思ふ。

〔『中央公論』一九二一年九月〕

労働運動と所謂外部の煽動

八月廿一日の東京朝日新聞に、兵庫県外事課長木村某氏が過般神戸市の労働争議に外国の金が入つて居るといふ風説の真偽を確める為めに、態々《わざわざ》上海まで出張したが、何等の実証を捉へ得ずして帰つたといふやうな記事が出て居た。真偽の程は確かでないが、併しボルシエヴィズムの宣伝費が朝鮮人の手を通して上海方面から日本へ入つた、而して金無しに容易にやりそうでないあの神戸のストライキには屹度《きつと》此《この》金が入つて居るに相違ないといふ風に、一部の当局が疑つて居つたといふ噂は、早くから私共の耳にも伝はつて居つた。今度のストライキに官憲が未だ曾て見ざる程の激しい圧迫を加へたのは(内相が殊更に不干渉の声明をしたのは、極度の圧迫を粉飾する為めに外ならないとすら云ふ者があつた)、其要求の適否如何に拘《かかわ》らず、今度の運動で労働者を勝たしては其成功に乗じてボルシエヴィキの金がどんどん入つて来るに違ひないと恐れたからであるといふ噂さへもあつた。之も何処まで本当の話か分らないが、前記朝日新聞の記事と対照すると、いささか思ひ当る節も無いではないやうに思ふ。

併し今日の労働運動に、殊に賀川君の指導する神戸の労働者の運動に第三者の金が働いて居る、殊に外国の金が働いて居ると考へるのは途方も無い誤りだ。第三者の金でも働かねば自分独りでは動くものでないといふ風に観るのは、普段所謂壮士などを使つて居る俗悪な政治家の考へさうな事ではあるが、労働者も之と同じ様なものだと推定するやうでは時勢に通ぜざるもまた甚だしい。

少くとも今度の神戸のストライキに少しでも第三者の金が働いたといふのは全然跟形《あとかた》も無い。彼等の運動の資金は悉く《ことごと》皆是《これ》血の出るやうな金なのである。さればこそ彼等は遂に矢尽き刀折れて惨敗したのではないか。若《も》し噂の如く当局者が本当にそんな考へで態々上海くんだりまで調べに行つたものとすれば、吾々は其愚かさ加減に呆《あき》れて物の云ひ様も無い。

予輩は労働運動に直接の交渉が無いから余り詳しい事は知らないが、只之れだけは責任を以つて断言して置く。此頃の労働運動は決して外部よりの物質的援助による煽動は無いと。数年前にはあつた。壮士を使つて平地に波瀾を起す事に長じて居る一部の政治家が、労働者が少し不穏の態度で動き初めるを見ると、直ぐに之に多額の運動費を供給して事柄を不当に大きくし、之を政略に利用するといふ事が屡々《しばしば》行はれたものだ。併し乍ら昨今は一つは労働者の覚醒にもよるが、又一つには政治否認論――此説には私自身反対ではあるが、従つて又間違ひだとは信ずるが――の流行の結果、労働者は所謂政治家などは寄せ付けべきものではないといふ確信を有つて居るから、昔のやうに政界策士の乗ずべき余地が無いのでもある。中野正剛君のやうな労働者の友を以つて任ずる人でさへ、招待を受けて演説をしに行つた或る労働者の会合で、単に君が代議士であるといふだけの理由で、猛然な門前払ひを食つたといふ事を同君の自ら書いたもので読んだ事がある。甚だ乱暴な話だと思ふが、兎《と》も角《かく》労働者の政治家を嫌ふ事斯くの如くなるの結果、今日の労働者は決して政治家の煽動によるといふやうな事は有り得ない。而して物好きな政治家を除いて態々煽動の為めに金を使ふやうな者は無いから、当局者は之れからの労働運動については、金の出処などについて無益の詮索をせぬ方がよからうと思ふ。

〔『中央公論』一九二一年九月〕

如何にして今後の労働問題に処すべき

紛乱昏迷の裡《うち》に議会も了《おわ》つた。国民は漸く日比谷原頭の無意義な喧擾より其耳目を解放することを得たが、さて之から我々の頭を悩ますものは何かといふに矢張り依然として労働問題であらう。他にも小さい問題は一起一伏送迎に遑《いとま》ないことであらうが、併し何と云つても実質上我々の運命に関すること頗《すこぶ》る大であり、形式上亦社会を震盪《しんとう》する底《てい》の勢を以て捲き起り来るものは、労働問題に外なるまいと思ふ。

官憲と資本家とは、其の正理に根拠すると否とを別たず、労働者側の要求といへば徹頭徹尾之を斥けんとするや疑ない。其頑迷真に憫笑に堪へぬが、併し所謂《いわゆる》労働者階級の主張が皆正理に合し総て之を支持せざる可《べか》らざるものなりやは、労働問題に理解あり労働者階級の境遇に同情ある者の間にも自ら議論の存する所である。此点に於て吾人は労働運動に関する最近の傾向を、月並だが、急進主義と漸進主義との二大圏に分つことを得ると考へる。

三月の初め過激社会運動取締法案なるものが上院に提出された。天下の人翕然《きゅうぜん》として其の無鉄砲を叫ぶに一致せる中に、一部の少数者の間に這《こ》の反対運動に反対せんとするものがあつたことは世人の気付いた所であらう。其意に謂《い》ふ。かゝる悪法の挑発に依て権力に対する反抗が遂に不可抗の勢をなし、以て社会崩壊の危機を速進せしめ得べしと。先是二月下旬普通選挙案の下院の問題となるや、この一派はまた大勢に逆行して其の通過に反対する旨の声明を発した。尤《もっと》も普選の通過を賛成せざる者には色々の種類がある。愚劣なる動機に出づる政友会一派は姑《しばら》く別とするも、議会政治を信認する能《あた》はざるの前提の許に普選に反対する者の如きは、兎も角も鄭重に其の主張を聴く丈けの値はある。而して吾人の所謂急進主義者は、更に全然別個の動機より、即ち階級反撥の勢を促進するが為めには有らゆる中間的改革を排するを便とするの立場より、普選の通過に反対するのであつた。憎い医者を苦める為には病人を殺した方がいゝ、中途半端の薬は最終目的の見地より観て却《かえつ》て有害だといふの類である。斯うした考の人が昨今段々殖えつゝあるは大に注目すべき現象ではあるまいか。其の手段より見て直接行動派といはれ、現実を顧みぬ点より過激主義の名を得、又一挙に敵塁を挫かんと焦せるより破壊的革命派と称せらるゝこともあるが、孰《いず》れも皆目的に突進し中間の進化的過程を無視するに於て一致して居る。

尤も我国の急進者流に果して破壊的革命主義の確信ありやは大に疑しい。破壊的革命に由《よつ》て始めて彼等の所謂新文化が生長するものだと云ふ思想が成り立つ為には、社会の経済的制度さへ変れば直に黄金時代が来るものと云ふ説を許すか、又は少くとも現在の悪制に悩んでゐるプロレタリアートは本来既に新文化創造の能力を十分に具有する(新しき制度の許に於て直に之を開展し得る)者だといふ前提を許さなければならない。而して所謂制度万能論乃至《ないし》唯物史観や無産階級神聖論乃至教養無用論は、果して彼等の根本的信念となつて居るのであらうか。之は一つの大きな疑問だが、少くとも今日思想界に活くる者に対して右の仮説が何等の権威をも有し得ぬことだけは言ふを待たぬ。

然らば急進主義の立場は、制度万能論無産階級神聖論等の成立し得ぬ限り、其存在を続け得ぬものかと云ふに必しもさうではない。現に我国の今日に於て此立場は全く別の根拠の上に支持されて居るではないか。そは何かといふに、労働者階級に対する階級意識喚起の目的の為である。即ち労働運動発達の基本たる「階級意識の喚起」の為には、其の社会に対する積極的意義を悟得せしむるよりも、消極的に搾取虐遇せらるゝ現実の経験を嘗《な》めしむる方が、遥に有効であり且遥に近道であるとせられて居るのである。斯くして我国では、鈍い者を劇薬を以て昂奮せしむると同じ様な意味で、急進主義が採られて居る傾《かたむき》がある。

併し薬は時に利き過ぐることがある。階級意識の喚起の為に用ひた急進主義といふ薬は、遂に当初の素志に反して破壊的革命を誘致し結局自他共に傷くが如きことなきを得るか。元来階級意識を喚起すること丈けなら、緩慢ながら他にもつと健実な方法がある筈だ。急いで達したる目的には時に喪失の危険あるも、確実に一歩々々履《ふ》みかためて到達した目的は、やがて身に固着して離さうたつて離れない。即ち目的の真の到達は要するに不断の努力に在る。此の見地より漸進主義は労働運動に於て亦一つの大なる底流たるべきであつて、又現に底流となつて居ると思ふ。

漸進主義と急進主義との孰れが国家の福なりやは、少くとも議論としては疑を容るゝの余地はない。只此二者の孰れが近く我国に盛行すべきやの客観的判断に関しては、我々大に官憲と資本家とに警告を発するの必要を見る。急進主義者は、プロレタリアートの動《やや》もすれば小成に甘じて階級意識を鈍らすを恐れて中間的改革を非とするのだが、官憲と資本家とは、寧《むし》ろ反対に労働者階級を目《もく》して隴《ろう》を得て蜀を望む所謂飽くことを知らざるの徒となし、対抗の必要上何等の要求にも一応は必ず譲歩を肯《がえ》ぜざらんとする。而して這の頑迷なる態度こそ実に労働者階級を不当に激成して遂に急進主義の跳梁を促すことになるのではないか。この意味に於て、最近の労働界の不安は、冷静に観て吾人は其責の大半を官憲と資本家とに帰せなければならないと思ふ。

〔『中央公論』一九二二年四月「巻頭言」〕

過激社会運動取締法案を難ず

＊

過激社会運動取締法案なるものが貴族院に提出されたと聞いた時、僕はその余りに馬鹿々々しきに唖然として言ふ所を知らなかつた。其後福田博士、牧野博士、末弘博士等の先輩友人が、口に筆に其の不当を難じて政府案をして完膚なからしめたので、僕は此上蛇足を加ふるの必要もなからうと思つて暫く沈黙して居た。然るに最近の報道によると、貴族院の委員会は実質上無意味な多少の修正を加へて之を通過したといふ(三月十四日)。而してこゝに到るには、裏面に政府側の非常な運動乃至圧迫もあつたと云ふ噂さへある。考へて見ると、所謂国体の尊厳を維持し民風の振興を図るに博徒に頼んだと見られ、又浪花節をさへ力としてゐる政府の事だ、時代錯誤の誹《そしり》に付ては疾《と》うの昔に免疫して居るのであらうから、この取締法案の如きも、本気になつて通す積りなのだらう。尤《もっと》も此稿の世上に出づる頃は何とか鳧《けり》の付いて居る事ではあらうが、政府の態度が斯うである以上、僕等とても此儘黙つて仕舞ふ訳には往かない。

＊

尤も此種の問題を取扱ふには、議論は何処までも公平でなければならない。民間二三の運動に神経を過敏ならしむる政府の嗤《わら》ふ可きが如く、政府の態度に過度の昂奮を感じて常規を逸するも亦慎むべきだ。必しも所謂穏健なるを期するの要はないが、公平の態度は飽くまで之を失つてはならない。

そこで、僕は先づ第一に、此度の法案は単純な抽象論として全然無用の規定だとする議論には無条件に与みしないことを一言しておく。無条件といふ意味は、全然必要だとは無論考へて居ないからであり、抽象論として必しも無用の規定でないと云ふのは、今度の法案の所罰せんとする事項は、従来の刑罰法規に夫々《それぞれ》規定があつて洩す所がない、新法案は謂《い》はゞ屋上屋を架するものだと云ふ説に服することが出来ないからである。新法案の所罰の目的とせる事項は、先きの原案も修正案も、世評に喧《かまびす》しき通り実に曖昧を極むるものである。而して曖昧を極むるなりに、其中の重なるもの――社会の実益と密接の交渉ある類のものは、既に刑法其他の刑罰法規に罰せられて居る。新法は更に其《その》所罰の範囲を拡張し、且つ概して特に之を重く罰せんとする所に特色を示して居る。斯かる刑事政策上の必要が儼存するか否かは、大きな問題だが、只新法案が相重複せる無用の規定ではない、理論上刑罰法規の系統内に於て一個独立の地位を占め得るものたることだけは、争ふことは出来まいと思ふ。

*

然らば新法案の所罰せんとする事項とは何か。修正案に依れば次の三項になる。

㈠　朝憲ヲ紊乱スル事項

　⑴　〔其〕ノ宣伝又ハ勧誘並ニ其応諾。

　⑵　〔其〕ヲ実行宣伝又ハ勧誘スル目的ヲ以テスル結社集会又ハ多数運動。

㈡　暴動、暴行、脅迫其他類似ノ不法手段ニ依ル社会ノ根本組織ノ変革ノ宣伝又ハ勧誘。

㈢　㈠ノ⑴及㈡ノ未遂、其予備其援助並ニ其悪意ノ受諾。

以上のうち常識上情状の重しと認めらるる種類のものは、既に刑法、出版法、新聞紙法又は治安警察法等で所罰せられて居るから、新に本新法案に依て罰せらるゝことになるのは、前述の事項を内容とする研究の発表並に其鼓吹の類であると観なければならない。之等の事柄は、従来は概して刑罰法規の問題とするの必要なしと認められて居つたのに、今回新に之も所罰事項の中に包含さる丶ことになつた訳である。加之《しかのみならず》従来所罰して居た事項でも、今回は特に之を重く罰することが出来る様にしたのである。然らば斯くせねばならぬ新なる理由は一体何処にあるのだといふ疑問が起る。

そも〳〵新刑罰法規の発布又は所罰事項の拡張は、特に慎重なる用意を必要とする。よく〳〵の理由なき限り、軽々に之を発布すべきものではない。而して一旦之を発布する以上は、不当なる適用に依て無益の苦痛を人民に与へざらんが為め、其規定は極めて厳格に、出来るなら列挙的又は制限的なるを要する。法は徒《いたず》らに罪人を作るを目的とするものではない。尽して漏さゞるよりも、無辜《むこ》を罪する勿《なか》らんことに深き意を用ゐねばならぬのである。此点に於て新法案は、立法技術上無類の悪法であることは、既にそれ〴〵専門諸学者の指摘した所である。右の点は姑《しばら》く恕するとしても、一体今日斯んな法律を作る実際の必要があるかといふに、僕も亦多くの識者と共に断乎として其無用を唱へ且つ寧ろ其有害なるべきを叫ばんと欲する者である。

*

本法案発布の理由として山内司法次官の各新聞紙に発表せしめた一文は、既に多くの人の批判に上つた。無用の様だが之を繰り返して見るとかうである。「近来外国ノ社会主義者ト連絡ヲ執リ、我国体ノ基礎ヲ破壊センコトヲ宣伝スルノ徒漸ク増加シ、而カモ其ノ運動方法巧妙ニシテ、現行ノ法律ノ欠陥ニ乗ジ、頻リニ運動ヲ為スガ為、厳ニ之ヲ取締ルノ方法ニ於テ欠如スルハ勿論、外国ヨリ注入スル資金豊富ナルガ為、運動漸ク組織的トナリ、此儘放置スルノ危険ナルハ言ヲ俟タナイ」と。議論で行き詰ると之は一個人の意見だ政府を代表するものではないと逃げるのが政府者の常だが、山内君が堂々と官名を冠して発表せしめたものだから、姑く之を政府の提出理由と見做しておく。

所謂危険思想家の巧妙なる運動が現行法律の欠陥に乗ずとの前提にも多少の異議があるが、しばらく之を許すとして、何故之を今日に至り、俄に取締るの必要を認むるに至つたかと云ふに、山内司法次官は明白に、外国の社会主義者と連絡を取り其の豊富なる資金を利用して運動漸次組織的となるからだと声言して居る。運動の漸次組織的となるの危険は、もと外国との連絡に関係なくしても起り得るけれども、当局者が特に此点に重きを置き、之を主たる理由として此種の例外法を制定せんと欲するのなら、法文中特に外国との関係を有する者のみを所罰するの趣旨を明白に掲ぐべきではないか。牛肉屋から買つた牛肉が怪しいとおどかして、食膳の食べ物一切を取り上げると云ふのは余り非道《ひど》いと思ふ。尤も当局者に於て、外国関係の有無如何に拘《かかわ》らず取締りの必要があると云ふのなら、其旨を正面からまた明白に宣明する所がなければならぬ。貴族院に於ける質問応答は無論之に触れぬではないが、例に依てい丶加減の蒟蒻《こんにやく》問答で、僕等の腑に落ちる底のものではない。

更に一歩を進めて考へると、外国との関係に依て過激運動が組織的になり進みつ丶あるといふは、一体本当の事実かといふに、僕は大に之を疑ふのである。之に就ては当局者の判断の基礎に根本的の誤謬がありはしないかと思ふ。㈠彼等は西洋の所謂世界革命の陰謀(?)を馬鹿に恐ろしく誇大に視て居る。所謂プロレタリアートの社会改造運動が、其の世界的に行はる丶を成功の主たる要件とするは疑を容れぬが、之を今日に実現せんとする狂熱者流は、何処の国にもさう沢山あるものではない。猶太《ユダヤ》人がどうの、ボルセヴイキイがどうのと、無暗に怖る丶のは自ら聡明と自信との欠如を告白するものである。加之、㈡彼等はまた之と連絡する我国一部の過激派の勢力を、余りに大きく見過ぎて居る。政府より危険視さる丶連中のうちには、雑多の種類あり又幾多の階段あり、其間必しも一致せず、中には可なり烈しく反目してゐるもある。之等の事実を彼等は曾て精密に省慮研究したことがあるだらうか。中岡艮一《こんいち》が原首相を暗殺したからとて直に全国無数の鉄道従業員を警戒すると云ふが如く、偶然の外的目標を斉《ひと》しうするものを皆敵視して、独り退いておそれおのゝくのは余り見つともいゝ図ではない。少くとも僕の聞知する限りに於て、自己の運動に外国の資金を利用した者は、我国に於て其数極めて少く其額も亦大したものではない。加之之等の一派は、例へば労働運動に従事して居る者の如きに在て中心勢力たり得る者では断じてなく、寧ろ種々の理由よりして、多くの人々より事を共にするを避けられて居る連中である様に思ふ。分り易くいへば、労働運動者仲間中の少数な特殊部落が、やつと外国側の誘惑に陥つたといふ程度のもので、之が基となつて近き将来の日本に一個憂ふべき過激運動が勃発すべしなど観測するのは、滑稽の至であると謂はねばならぬ。

更にも一つ僕の伝聞する所を飾る所なく告白するを許すなら、之等の一派が外国より得たる資金の幾何が、果して実際の宣伝用に使はるゝかといふに、大半は各自の生活費乃至飲食費となりて消え、残額の半が被服新調費となり(以上二者を合して運動費といふ)、最後の二三割が宣伝ビラに化けるのだといふことである。元来の額が少いのに、其の極めて僅少なる部分のみ本来の目的に使用され、夫れも宣伝ビラの撒布位では、考へて見れば大したものではないではないか。余り当局の狼狽さ加減が大げさなので、からかひ半分にやつて見るものもあると観て居る人もある。

＊

尤も外国資金の利用に関係なく、近時人心の傾向険悪に赴き一種の過激思想が漸次組織的運動とならんとすと説くのなら、僕と雖も一考の価なしとはせぬ。単純に斯うした心配はないかと尋ねらるれば、何人もあると答ふるの外はなからう。

しかし、仮令《たとえ》どんな心配があるからとて、憂ふべき形勢を将来に誘致する原因を為すものを、前以て一切所罰すべきかといふに、さういふ訳にはゆくまい。若し之がいゝものなら、下々の風紀を悪くするの種《たね》となるからとて、紳士紳商の花柳の遊をも罪せねばならぬ。労働者の直接行動論を刺激する最大の原因として、何を措《お》いても不仕鱈な議員連を一々重罰に処するの必要もあらう。刑罰法令は斯んな遠い道義上の責任までを追究すべきものではない。併しとにかく、一つの思想が基となりて段々実際運動に具体化して行くのだから、何《ど》の辺から刑法の制裁を以て臨むべきかのくぎりを附けることは必要だ。之等の論究は専門の法律学者に譲るが、只疑のない点は、刑法の問題となるべき形態にまで進んで来た程のものは、現行の刑罰法規では十分に之を取締つて洩す所がないといふことである。

然らば、今度の法案は、斯かる事態を生ずることあるべき予想の下に、之が主たる原因を為すと認むる事項を、予《あらかじ》め処罰せんとするのが主意だと謂はねばならぬ。例へば親の教育がわるい、其結果子供が後来殺人をやるかも知れぬ、故に今の中から親を罰して置けといつた様なものである。尤も政府は、危険思想の宣伝勧誘等を以て危険なる組織的運動の唯一の又は少くとも最も主要なる原因と観て居るのかも知れぬ。放火に付ては予備をも罰する如く、唯一の原因なら之を予め何とかするといふも一の政策たるを失はぬが、併し本問題に関しては、思想を唯一の原因と観るの正しきや否やが大に疑しきのみならず、又之を威圧することに依て全く実際の弊害を防ぎ得べしと思ふのは、大なる誤りである。何方《どっち》へころがつても、政府の立場には秋毫の理窟もない。

*

此種の問題の取扱に威圧手段の極めて反目的的なるは、古来随分と言ひふるされた事である。之れ程分り切つた事を止められぬとは、大臣や議員が淫楽に耽つたり賄賂を取つたりするのと同じく、人情の弱点といへば夫れまでだが、さりとは余りに聡明を欠く仕打ではないか。威圧の結果が却つて無用の激昂を来すものだといふ例は、現に最近政府自ら経験してひそかに恥ぢて居るべき筈だ。例へば最近在野党の諸氏は、普選問題に大に民衆的威力を示さんとしたのだが、其結果徒らに警察官を過度に昂奮せしめ彼等をして、殆んど普通の理性を喪失するまでに至らしめたことは公知の事実である。僕も現に幹部の地位にある警官が全然理非の判断を喪《うしな》つたと認むべき二三の暴状を目撃して居る。併し之を以て政府を責めるのは公平でない。況んや警官自身をや。是れ皆、人は誰れでも威圧に遇うと反抗するものだといふ活きた証拠を示すものに外ならぬ。その反対に温良な民衆とても同じ事、官憲の威圧に接すれば、掌を反すが如く兇暴状態に昂奮する。政府当局にしても少し真面目に国家の将来を憂慮し、も少し我執の小慾から離れ得るなら、も少し筋の通つた方策に出づる筈だと思ふ。過激社会運動取締法案などいふ時代錯誤は、疾うの昔に陰を潜めた筈だと思ふ。

＊

更にも一つ当局者に考へて貰ひたい事は、今日の所謂危険思想は、本質上威圧の出来るものかどうかと云ふ点である。威圧は政策上よろしくない。本質上威圧の出来ぬものを威圧する時に更に一層よろしくない。八時間以上寝ては不可《いけ》ないと云ふが如きは、強制するよりも強制せずに行はれしむる方法を可とするが、本質上強制し得ぬことでない。が若し全く寝てはいかぬといふことになるとそは不能を人に責むるものと謂はねばならぬ。酒を飲むなといふは、六《むず》かしいが全然無理を強ゐるものとは云へぬが、女色を絶てといふは或は人性の自然に悖《もと》る無理注文とも謂へやうか。之と同じく、昨今の所謂社会運動が、詐欺や賭博と同じく人性の弱点に発する疾患なら、威圧していけぬ事もないが、僕等の観る所而して多くの識者の一致する所は、そは人類本性の醒覚に発現する自然の要求だと信ぜられて居る。本性に発源するから皆其儘で道徳的価値ありとは云へぬかも知れぬが、兎に角、当局者の之等の方面に関する見識の極めて浅薄低劣なるは、最早蔽ひ難い事実である。而して之等の連中が、意気昂然として起つて社会の情弊を救ふと云ふ。藪医に病人を托するよりも危険な話ではないか。

＊

最後に僕の最も憂ふる所は、本法案其もの丶不当なことよりも之が不当の適用に依て益々民心を激昂せんこと是である。朝憲紊乱といひ、社会主義といひ、言葉の意味は極めて不明である。山内司法次官は、無政府主義、共産主義に甚だ学理的ではないが、兎に角、一種の定義を附して居る。併し乍ら、無政府主義、共産主義の名に依て唱へらる丶ものは、あれに限つたのではない。或る用例に従へば、僕も敢て無政府主義者であり、共産主義者であり、社会主義者であり得る。甲の内容を有する者を、只無政府といひ共産といふ名字に拘泥《こうでい》して之を乙の内容を有すと誣《し》ひ、以て徒に人を罪せるの例は、我邦に於て断じてなしと誰か云ひ切ることが出来るか。加之、今日の如き変転の時代に於ては、甲の是とする所乙〔之〕を否とし、理非の判断は丸で顚倒してゐる。詐欺や泥棒の悪事たるは、天下何人も之を疑はない。思想問題に至つては、善悪の判断人に依て相表裏するが故に、之を裁判の問題としては、須《すべか》らく専門家の鑑定に待つべき性質のものではないかとさへ考へて居る。然るを実際は裁判官独自の浅薄なる頭でどん〳〵裁断されるのだから堪らない。世人が本法案の発布に対して特に激昂するは、寧ろ此点についてゞあらうと思はる丶。

行政執行法とやらに、自殺の恐ある者は警察に検束して之を保護するといふ規定があるさうだ。普選運動の八釜しくなつた頃、兼々目をつけられて居た或る人は、保護を名として検束された。警察では君に自殺の恐れがあるといふ。本人之を否定すれば、自分には分らぬものだと抑へつける。又検束は翌日の日没に至るを得ずといふ規定がある。翌日の夕方になると、巡査が附いて裏門から表門に廻され、又もや検束される。一旦放つた奴を、新にまた検束したといふ理窟に合はすのである。人民保護の規定が、現に斯の如く適用されて居る今日、誰れか過激社会運動取締法案の遂に一切の自由思索に対する箝口令《かんこうれい》たらざるなきを保護し得やうぞ。

聞く所に依ると、該案は司法省の発案に係るとか。軍人が軍政を専擅《せんせん》して二重政府の弊あり、司法官亦司法行政を壟断《ろうだん》して、今やモンテスキユーに依て道破せられたる三権混同の政弊は、我国に起らんとしつゝある。僕は敢て茲に国民に警告する。我国は軍閥を抑ふると同時に又司法閥の謹慎を要求せねばならぬと。司法官が法律を立案し之が通過を迫るの情弊は、近代立憲国に於ては既に久しい昔語となつたのに、図らざりき、第二十世紀の今日、事新しく之を今日の我国に復活せるを見んとは。

要するに、本法案は其自身に於て無類の悪法である。而して其の適当に運用せられざるべきを懸念するの理由あるに依て、国民の之を呪詛するは当然だと考へる。既に一部の過激なる連中は、之を以て権力階級の挑戦と為し、有らゆる手段を以て之に対抗すべきの決意を固めたとか。之等の連中の勢力固《もと》より言ふに足らずといはゞ夫れまでなれど、徒らに民間の不平を刺激せしの結果、之等の輩に図らずも跳梁の機会を与へた事は、到底償ふことは出来ない。

之れでも政府は横車を押し通して国家を不測の深淵に陥れるを辞せないか。

〔『中央公論』一九二二年四月〕

現今労働運動に対する私の立場

三月初めの大阪毎日新聞は報じていふ。関西労働同盟とやらでは、普通選挙運動に活躍せるの故を以て賀川久留の両氏を除名すべしと。右の労働同盟は、普選に反対ではないが、該運動に参加するは却《かえつ》て労働運動本来の進歩の妨げとなると認める。依て昨年すでに普選運動打切りを決議したのだが、之にも拘らず同盟の首脳者たる両氏が、この決議を無視して普選運動の陣頭に立つのは甚だ不都合である。今後も反省する所なく同様の態度を続くるに於ては、来る四月二日の大会で両氏の除名を決議しやうといふのださうだ。この報道には多少の誤伝があるかも知れぬが、夫《そ》れはどうでもいゝ。

私は右の考へ方を分析して之に理論的批判を加へやうとは思はない。況《ま》して普選運動と労働運動との本来の関係をこゝで事新らしく説かうとも思はない。けれども、斯うした議論の起る裏面には、我が国労働運動の中にかゝる議論を生ぜしむるやうな或る特種の流れの存在することを、読者と共に能く注意して置きたいと思ふ。夫れが何れ丈けの強さを有つて居るかは能く分らない。又其の強さとても実は時々刻々に変り得るものでもある。何れにしても之は大に注意するの必要がある。何となれば這《こ》の流れの盛衰如何は実に労働運動の文化的使命の上に至大の交渉があるからである。

＊

予《あらかじ》め断つて置きたいことは、普選問題に対する労働運動者の態度の甚だ煮え切らぬことである。そも〳〵我国労働運動発達の歴史からいふと、当初普選問題はこの運動の最も重要なる綱領の一つであつた。今日普選問題に絶対的の反対を表して居る某氏の如きも、曾《かつ》ては熱心に代議士候補として運動したこともある。日本に於て最初の普選運動は実に彼等から起されたのだ。が、彼等は途中別に観る所あり、新に代議政治は本質的に労働階級の拠るべきものに非ずとの見解を取つて、今や普選の要求をば諦めよくサラリと棄てゝ仕舞《しま》つた。斯くて詳しく云へば我国今日の労働運動には、普選を重要綱領の一とするものと絶対に之を排斥するものとの二潮流があると謂《い》はなければならぬ。けれども、大勢から云へば後者の勢力はなほ未だ極めて微々たるもので、前者独り労働界の大宗たるの概がある。

併《しか》し乍《なが》ら、此の二三年来其初め微々たるものであつた普選排斥派は段々頭を擡《もた》げ初めた。之は西洋のサンヂカリズムや更に続いては露西亜《ロシア》で革命に成功したボルセヴイズム等に刺激せられたものたるは疑ない。西洋でも最近に於ける政治否認論の擡頭は目覚しいものである。其余波といつては勿体《もったい》ない程の優勢を、我国に於ても普選否認派は示して居る。とはいへ、数に於ても質に於ても、此派の勢力はまだ〳〵労働界の覇権を握る程までには至つて居ない。

然らば残る所の労働界の大宗たる連中は、依然普選問題を重要綱領の一として維持して居るかと云ふに、さうでない。彼等は少数派の側面攻撃や、其の巧妙なる勧説や、果てはその冷嘲熱罵に攪乱されて、今や在来の確信をしかと把持し切れなくなつた。去ればと云つて全然之を捨て去るといふ程の見極めも付かない。誰れ彼れの一人々々に就ていへば、夫れ〴〵徹底した見解を有つて居る者も居る様だが、全体として彼等はきまりが悪くて贅沢も出来ないが、さりとて全然貧乏人の真似も出来ぬといふ金持ちの様に、極めて曖昧な態度を取る様になつた。

かくて彼等はいふ。吾人は普通選挙に必しも反対ではない。けれども労働運動の本来の進歩に対する一大障害なるが故に、之に参加するを禁ずると。個人として之に参加し、而かも従来労働運動の本来の発達に最もよく貢献せる賀川久留両氏の如きを、単に此の理由に基いて除名せねばならぬ程邪魔になる普選運動を、必しも反対でないとは筋が通らぬではないか。理窟をいへば筋が通らないといふことになるが、之を若し在来の運動を続けて一歩一歩履《ふ》み進めやうとする見地と、中間的改革を一切否認して最後の目標に盲滅法に突進せんとする立場との競合と見れば、事情は極めて明白だ。

私が労働運動者の態度の曖昧になつたことに特別の注意を払へといふたのは、此処のことだ。二つの立場の競合が、将来どう成り行くかは、吾々の軽々に看過す可《べか》らざる大問題である。

＊

西洋でどういふ事情の許にサンヂカリズムやボルセヴイズムが起つたかは、今あらためて之を説くの必要はあるまい。資本主義の極度の発達、労働者階級の高度の自覚、代議政治の永年に亘る実験、目的は手段を潔《きよ》むとの根強きゼズイツト的な思想、之等を予想して始めて前記の過激思想の現代に於ける優勢を理解することが出来る。が、之を日本に移すとなると、吾々は丸で畑の違ふことを知らなければならぬ。熱帯植物を寒帯地方に繁殖せしめんとするの非科学的なるが如く、日本の政府が外来思想の輸入伝播を馬鹿に恐る丶などは、全然理窟がないことを序《ついで》ながら申し添へて置く。

但だ畑の違つた処でも、政府が何や彼や干渉圧迫が嵩じると、兎角人間は好奇心に富むものと見へて、一寸之に手を触れて見たくなる。僕の見る所では、日本に於ける直接行動の主張の多少の流行は、其の唯一の原因を這《しや》般《はん》の政府の苛酷なる取締に有すると信ずるのである。

一旦之が流行し出すと、躁急なる労働運動者に取つて之れ程い丶武器はない。一切の中間的改革を排し、最後の目的に驀進せよといへば、第一に士気を鼓舞し、第二に多数を結束するに苦まない。一歩一歩履みかためよとか手段の撰択が目的の価値に影響するとか云つて居ては、気勢が挫かれる。勝ちさへすればいゝのだ。斯うなつては正々堂々たるべき文化戦争も、昨今の議会の政戦の様に、醜穢極るものとなるのは怪むに足らない。而して国家社会の経営を百年の大計と観る者は固より這の立場を断乎として承認しない。

目的の為には手段を択ばないとする此派の好んで執る所の方策は、異論に対する極度の圧迫である。冷静なる思索上多少の道理があるものにしろ、異論は単に異論であるといふ丈で、全体の目的の到達に現実の障害を与ふるからである。斯くて彼等は低級卑近なる概念を掲げて、之に反対する凡ゆるものを排斥する。その概念の前には他の一切の価値を認めない。而かも背反に対する制裁は頗《すこぶ》る峻厳を極むるを常とする。之が甚しくなると夫《か》の所謂恐怖時代が現出するのだ。仏蘭西《フランス》革命は、ロベスピールを喪《うしな》ふまでに、幾何《いくばく》の聖者賢哲をこの過誤の為に殺したか分らない。賀川久留両君の如きも或は此種の犠牲者と観るべきではなからうか。

遮莫《さもあらばあれ》、昨今わが労働界に普選排斥といふ一種の概念崇拝が流行して居ることは疑ひない。普選がいゝものかどうかは暫く別問題とする。単に普選を説くの故を以て、人格を根本的に否認してかゝるといふ態度其ものは、可なり重大な問題だと思ふ。

＊

思想は芸術である。人格を離れて概念其ものに何の価値があるか。甲は酒飲むべからずと云つた。甲といふ人格と併せて其の主張にも力がある。乙は酒飲むべしと云つた。乙といふ人格と併せ観て其の主張に亦一種の味を覚へる。要は人格である。酒を飲むなとか飲めとかの形式的概念を標準として、機械製品を仕様書に依て鑑別するかの如く、人物の善悪を濫《みだ》りに彙類《いるい》されては堪《たま》つたものでない。

説は変り得る。変り得るものを唯一の標準とするが故に、昨日の憲政の神今日は民衆漫罵の的となるといふ現象も起る。之がつらいとて強《しい》て在来の主張を固執すると、人間も小さくなり、運動も遂に時勢に落伍するの恐がある。時勢は動く。人間は活き物だ。主義主張の変るは免れない。夫よりも変らざる人格其ものに信認の基礎を置かうではないか。然らずんば労働運動に到底本当の力は出て来ない。但し人格の信認を看板にして自家不純の変節を蔽《おお》はんとするが如き者に警戒を要するは言ふを待たない。

労働界ばかりではない。近頃の青年の間には一種の概念崇拝の風が可なり根強く流行して居る様にも思ふ。私は屢々《しばしば》学校の卒業生を会社などに周旋することがある。其場合重役が其の青年の大に労働問題に尽さんとせるを諒としなかつたとする。するとやがて彼は重役が自分の提説を容れなかつたとて怒つて来る。又は重役の主張が自分達の立場と両立しないとて訴へて来る。事実重役に労働問題の理解ない場合が多いのではあるが、併し未だ曾て説が違ふも重役が自分を信認して呉れるから居れるとか、又は重役が尊敬すべき人格だから其下に安心して働けるとかいふ風に云つて来たものはない。人格よりも其奉ずる概念を見て貰いたいと云ふのであらうか。

＊

斯う云つて来ると、斯んな説は実は彼等躁急運動家には非常に邪魔になるので、彼等は用意周到にも、かねが ね能く仲間の労働者に教へて居る。人格だの、人道だの、理想だの、道徳だのといふ者に警戒せよと。斯んな事をいふのは皆敵方の廻し者だ。我々はこんな陥穽《かんせい》に踏み迷ふことなく、資本主義撲滅に突進せねばならぬと。所謂資本主義者が労働者の鋒先を鈍らす為に宗教道徳を利用したといふ事実はある。けれども羹《あつもの》に懲《こ》りて膾《なます》を吹くは愚人の常とやら。況《いわ》んや羹に懲りたる者に故意に膾を吹かしめんと努むるをや。西洋でも、斯んな筋合から、苟《いやし》くも労働運動に献身せんと欲する程の者は、先づ無神論を唱へて教会に面を背けざる可からずと考へた時代がある。社会主義運動と唯物的人生観とは本質的に相関連するものではないけれども、丁度美術学校や音楽学校の生徒が妙にきまつて頭の髪を長くすると同じ様に、久しい間の流行として二者は密接に相結んで居つた。之れが日本にも知らず識らず流れて居ると思ふ。

一つの標本をこゝに出さう。『鉱山労働者』の三月号の巻頭標語に斯んなのがある。

曰ク人道主義、人類愛、無抵抗主義、正義……資本家等ハ是等ノ言葉ハ一番嫌イデナケレバナラヌ筈ダ。処ガ驚ク事ニハ資本家共ハソロイモソロツテ是等ノ言葉ガ大好キトキテ居ル……労働者ガコンナトリトメモナイ夢ノ様ナ言葉ニ酔ツテゴマカサレテヰル間ハ、労働者ハホントノ喧嘩腰ニナレズ、口先バカリ達者ニナツテ、結局資本主義城壁ハ万々歳ダカラダ……世ノ中ハ力ダ。力ノ外ニ虐ゲラレテヰル者ガ解キ放タレル道ハ何処ニモナイ。

『鉱山労働者』の同人の多くは私の親友だ。概して尊敬すべき人格の持ち主である。彼等をして斯かる悲痛の叫びを発せしめた事情に就ては、私は満腔の同情を禁ぜざる所である。只之を文字通りに解すると、私は此標語には徹頭徹尾反対するものである。

*

無論今日の労働運動に於て、資本主義との苦がき戦を勇敢に継続する為には、あの位の決心は必要かも知れない。弱い者を鞭韃する言葉としては、百里の道は九十九里を以て中ばとすといふことさへある。五十里が丁度半分だといふ様な微温《なまぬる》い態度では、先きの見込が心配になる。嘘も方便と云ふこともあるが、併しいかに元気を鼓舞する必要があるからとはいへ、半分で停るべきを強いて九十九里の所まで突進せしめなくともよからう。目的の貫徹のためには飽くまで戦ふ、併しまた自ら留るべき所を忘れぬといふ所に、本当の勇気の湧く源はあるのではあるまいか。

私は時々武士道と労働運動とを対照して考へることがある。武士の本職は戦である。戦は勝てばいゝのだ。勝つが為には、凡ゆる手段を用ひて遅疑する所ある可らざる訳だが、我国の武士道は其処に一つの理想主義の混入するを拒まなかつた。否、我々国民の古来の伝統は、寧ろ武士の情といふことに限りなき憧憬をさへ注いで居る。芝居を見ても分る。封建時代の観客は必ず武士の典型として理想主義者と目的突進主義者とを相並べたものだ。松王丸に春藤玄蕃、重忠に岩永、駒沢次郎左衛門に岩代多喜太……、数へ挙げれば限りもないが、我々は未だ曾て一人の後種の物力一点張りの武士に団扇《うちわ》を挙げたものあるを聞かない。蓋《けだ》し我々は目前の勝負よりも其以上に貴い或る物を認めて居るからである。現在目前の問題を理想的に始末すること夫れ自身に、重大な意義あることを認めたからである。之を微温と観、取りとめもない夢の様な譃言《そらごと》と観るのは、情も涙もなき岩永流の立場に外ならぬ。労働運動をして我国文化の発達の上に意義あらしむる為には、断じて斯の浅薄低劣な立場を執らしめてはいけないと思ふ。況んや斯《かく》の如き立場は一面に於て労働者の教養を疎《おろそ》かならしむる恐あるをや。又況んや文化創造の本当の力は実は斯かる立場からは決して生じ来るものに非《あらざ》るに於てをや。(大正十一年三月八日)

〔『文化生活』一九二二年四月〕

我国労働組合の対政治思想の近況

＊

我国の労働階級が「政治」に対して如何なる考を有し又そが如何に変化しつゝあるやは、労働問題の考察に取り、又いづれ近く普通選挙制の実施を見るべしと予定してその将来の政治的発展如何を考察する者に取り、極めて重要なる一論点であると考へる。我国の労働運動は、欧洲大戦に伴ふ世界思潮の激動に促されて、この四五年来飛躍的進歩を遂げ、従て「政治」に関する思想なり態度なりに於ても極めて顕著なる変転を示して居る。僕は今我国労働運動の前衛たる主なる労働組合の対政治思想に関し、玆《ここ》に最近趨勢の大要を述べて読者の参考に供しようと思ふ。

＊

我国労働組合の対政治思想といへば、言ふまでもなく第一に彼等の「普通選挙制」に対する態度を着眼せねばならぬ。そもそも我国労働組合は、はじめ普選問題に対しては決して冷淡ではなかつた。否頗《すこぶ》る熱心に之を要求した時代もある。大正九年初春の政治季節の頃は、即ち東京大阪を中心として関東関西の諸労働団体が各威容を盛にして普選運動に狂奔した時で、謂《い》はば対普選熱情の最高潮期と云つていゝ。併し乍ら之を一転期として其の以後は段々に普選熱の冷却を現はして来た。所謂《いわゆる》普選反対派なるものが漸く頭を擡《もた》げ始めて来たのである。同年十月大阪に開ける友愛会第九週年大会に於ては、普選賛成の関西派は其の反対の関東派と可なり激烈に論争した様であつた。議論決せず遂に秘密会を開くに至つたが、結局のところ普選派の旗色は頗る振はなかつたと聞いて居る。其後普選反対の気勢は関西方面の労働者間にも浸潤し、大正十年三月の大阪に於ける友愛会関西同盟会大会では、関西同盟会は普選運動を為さずとの決議を四票の差で通過するに至つた。只併し乍ら関西側は、斯く普選熱に冷めつゝも、猶多少の未練を之に繋《つな》げて居たと見へ、全然関東派に屈服するを欲しなかつた。或は行掛りといふこともあつたのかも知れぬ。孰《いず》れにしても大正十年十月東京に開かれたる日本労働総同盟(友愛会の改称)第十年大会に於ては、関西派は関東派の提議に反対して遂に之を不成立に了らしめたのであつた。その関東派の提議といふのは、組合の主張の中から「普通選挙」の四字を抹殺し之に代るに新に「全国的総同盟罷業」の一項を加へんといふのであつた。

関西側の普選に対する微温的執着は併し決して永くは続かなかつた。普選反対が当時労働階級間に於ける大勢と云ふべくんば、やがて関西派もこの大勢に押されたのである。遂に大正十一年四月の決議を見ることになつた。即ち大阪に於て開かれたる労働総同盟関西労働同盟大会は次の二項を決議したのである。

(一) 労働団体として普選運動を為すは効少くして却《かえつ》て害あるものと認む。

(二) されば我が関西労働同盟会は爾後普選運動を為さず。

更に同年十月大阪に開かれたる労働総同盟第十一年大会では、満場一致を以て関東側提案の宣言・綱領・主張の変更を可決した。而して其の新なる主張に於ては、「普通選挙」の一項は削除され、別に「経済行動の全国的協同」が加へられた。後者の全国的総同盟罷業を意味するものたるは言を待たない。

斯くして我国最大の労働組合たる労働総同盟は、全員一致の決議を以て惜気もなく普選要望を棄蹴し去つたのである。

我国労働組合の中で最も早くから普選反対を標榜し且つ最も強硬に之が貫徹に努力して来たもの、代表的なのは印刷工組合信友会であらう。彼は既に大正八年頃から熱心に之を唱へ来つたのである。之に反し飽くまで普選を要望し終始忠実なる普選派を以て自ら任じ又人も許して居るのは、向上会や小石川労働会の様な官業労働組合を第一とし、賀川豊彦君を中心とする日本農民組合等之に次ぐ。農村青年の間に今日普選熱が広く且つ深く昂《たか》まりつゝあるは注目すべき現象であらう。

*

労働階級間に於ける這般《しやはん》の近況を取つて、普選は未だ国民多数の真実の要求に非ずと為し、以て普選尚早論の根拠たらしめんとする者があると聞く。普選の実施に結局どれ丈の価値を認むべきやは別個の議論だが、僕達は普選熱冷却の本当の原因を究め、労働者階級の対政治思想の真相をまともに理解しておくことが必要だと思ふ。僕達の解する所に依れば、之には少くとも三つの重要な原因がある。一は我国現下の政界の極度の腐敗、二は労働運動に対する官憲の無理解なる取締で、三はサンヂカリズム及ボルセヴィズムの思想的影響である。之等が主に働いて、もと相当の執着を有つて居つた普選熱を段々冷却せしめたものと思ふのである。

第一に我国当今の政界の腐敗堕落就中《なかんずく》議会の醜態などが、労働階級をして如何に強烈に現代の政治を呪はしむるに至つたかは、何人も決して之を想像するに難くなからう。年毎に益々甚しくなる議会の醜陋は、さらでだに性急なる労働階級をして、議会政治そのものまでをも否認せしめずば熄《や》まない。少くとも議会はブルジョア諸政客の政権争奪の演技場で、無産階級の利害とは全然没交渉なものだといふ様な考は、今日既に労働階級通有の観念となつてしまつた。我々の利福の伸張を議会に恃《たの》むは幻想だ、我々は丸で違つた別個の手段を考へねばならぬといふが、正に今日の彼等の主張ではないか。

第二に官憲の労働運動に加ふる不当の高圧的取締は如何にして労働階級の政治思想を険悪ならしめたかといふに、高圧的取締の結果、凡ゆる労働運動は惨敗の憂き目を見、為に彼等をして官憲を敵とし政府を憎み遂に一般の支配階級を憎悪せしむるに至るからである。政治に在て最も尊重すべきは諧調的精神である。諧調的精神は、自家の要望を著しき不便なしに発表し又相当の程度に傾聴せらるゝ事情の下に於てのみ、生長するものだ。然るに労働運動に於ける不当の抑圧は、労働者を駆りて憤激措《お》く所を知らざらしめ、遂に徹頭徹尾闘争的精神に燃えしめる。斯くして彼等が政治的手段を弊履の如く捨つるに至るのは怪むに足りない。

終にサンヂカリズムの思想的影響を見るに、之が我国労働運動の畑に植ゑ付けられ始めたのは、凡そ大正八年頃からとみてよからう。之には大杉栄氏一派の表裏両面の活動を見逃すことは出来まい。大杉氏の此方面に於ける勢力は何時頃から労働階級間に植ゑ付けられたか僕は能く知らないが、同氏は余程早くから一種の無政府主義的思想の所有者であることは疑を容れない。而して欧洲大戦後、世界が一般に軍国的国家主義を痛烈に排斥するといふ新機運に促され、例へば森戸辰男君の如き所謂官場の知識階級間にも一種の無政府主義讃美者の輩出するに乗じ、大杉氏一派の活動は頓《とみ》に潑溂たる生気を表面に露出する様になつた。其処へ丁度労働運動に対する官憲の不当な抑圧が来る。之に憤慨して痛恨骨に徹する底の熱血漢は、偶々《たまたま》自家不満の代弁者を大杉氏一派の言説に求めて又は見出して、遂に知らず識らず一団の勢力にかたまることになる。而してこの一派の勢力は分量的には今日仍《な》ほ決して称するに足らぬと思ふが、思想的には可なり注目するに値するものとなつて居るのである。

以上の如き理由よりして、我国の労働組合の中堅分子は少くとも一時サンヂカリズム的思想の風靡する所となつた。政治はブルジョアの仕事だ。労働階級に取つては経済的手段だけで沢山だ。政治運動に参加するのは労働者の恥辱だといふ様なのが彼等の不抜の確信となつたのであつた。

＊

以上は最近までの形勢であつた。然るに極めて昨今に至り此の形勢はまた大に動揺し始めて居る。即ちサンヂカリズム的傾向より再び政治的手段への復帰とみるべき傾向が現はれて居ると思はるゝのである。

僕は玆に大正十一年九月十五日発行の労働者新聞（日本労働総同盟関西同盟会機関〔紙〕）より、中村義明といふ人の「無産階級政治運動としての対露非干渉運動」なる論文の一節を引用しよう。

……ＣＧＴはアミアン憲章に於て「政治的中立」を宣明した。日本の労働階級は先年来普選運動の白熱化するに対して政治運動――議会運動――を否定し、純経済運動――直接行動――のみを持て進むことを正当と教へられた。されど其は政治運動を極く狭義に解釈し、政治運動則ち議会運動と曲解せるが為であつて議会運動より広きより高き意味の政治運動の否定でなかつたことは勿論である。

労働組合が社会革命の到達に於ける万能に非ずして、其の為には革命的無産階級の政党と協力しなければならないことを知る我等は、政治運動――議会政策を超越した更により高き意味での――が労働組合運動の革命的使命を完からしむるに必要なることを否定するものではない。

今日日本の無産階級は労農ロシア対資本主義日本の国際問題に対する自己の意思を表示し、且自ら其の解決方法を提示せんが為に、全無産階級協同の運動を起して居る。対露非干渉運動――それは正に政治運動である。たとへ其目的達成の為に総同盟罷業をする様なことがあつても、夫は資本主義日本政府の政治に対する抗議であり容喙《ようかい》である。故に我等は今明白なる認識を以て、政治運動を、しかも夫は少数左翼派のみに止らず労働階級の急進保守凡てを包容し無産階級の協同策戦を以て対露非干渉運動を起して居るのである……

右の論文は用語に多少不明の点はあるが、要するに我国の労働運動が漸くサンヂカリズムから離れて再び政治――彼等のいはゆる広き意味に於ける政治――に還らんとする新傾向を語るものとして、極めて注目すべきものと思ふ。大正十一年九月大阪に開かれた労働組合総聯合創立大会の決裂の如きも亦明白に労働階級間に於ける這般の新傾向を表現せるものと謂はねばならぬ。

労働組合の中でも、小さい団体で、あまり闘争的経験を有たないものは、兎角理論的興味に跼蹐《きよくせき》し、無政府主義・サンヂカリズムの信者たることを喜ぶといふ気味があるが、大きな組合で、多年の実際的経験に富むものは、自然集団の統制・規律・訓練を重んじ、常に実証的に行動の方策を建てんと骨折つて居る様だ。是れ彼等が最近仏蘭西《フランス》のCGTの宣言や綱領に対する興味を減じて漸次労農露西亜《ロシア》の実際政策に多大の感興を寄せる様になつた所以《ゆえん》である。孰れにしても、サンヂカリズムの実際的欠陥と労農ロシアの実験的効果とは、我国労働運動の方向決定の上に多大の影響を与へて居る。但し我国の労働運動が斯くして再び政治に還らんとするとは云つても、在来の議会政治を頼りにすることの万々なかるべきは疑を容れない。何となれば在来の議会政治の労働階級の要求を満足し得ざる状況に在るは、今に於て毫《ごう》も変る所はないからである。

然らば我国の労働階級は今後その政治的活動を如何なる形式に於て表はすだらうか。之が我々の最も注目すべき所であり又我国に取つて亦最も重要の関係ある所である。彼等は今や結束統制の必要を自覚して居る。団体的行動として秩序ある活動の上に目的の達成を期して居る。只其団体的結束と統制的協同とをば、個々の問題に就ての一時的聯結の主義の上に置くか、根本的精神の全般的且恒久的共感の主義の上に置くか、之等は今の処未だ明白でないが、何れ遠からず解決を迫らるゝ問題である。斯くして労働階級の政治運動の開展は、社会文化の根本問題に根を挿し込んで来る。之等の点は読者と共に今後の発展に観やう。

之を要するに我国労働階級の対政治的態度は、之を三種に分つことが出来る。一は安価なる議会万能主義者で、二は軽佻なる議会政治否認派である。併し之等は今日の労働運動の本流を作るものではない。今日の労働運動の大勢は漸く政治的手段に依て無産階級独裁の目的を達せんとするに在る様だ。此種の人々の間にも具体的の方法はといへば色々の考があらうが、要するに彼等が議会をどう利用するか又は議会をどう改めんとするかゞ観察の要点だ。労働運動が再び政治に接触して来たといふ丈けでは、まだ海のものとも山のものともきまらないが、とにかく斯かる新傾向を示して来ただけでも、我々に取つては実に興味深い研究問題の提示に当るのである。若《も》し夫《そ》れ将来の発展に就ては、更に其都度《つど》研究報告を怠らぬであらう。

〔『中央公論』一九二三年一月〕

我国に於ける唯物論者の三傾向

これは私の論文ではない。年若い私の友人で実際の社会運動にも関係浅からぬ真面目な学者の告白の一部である。当節の真面目な青年智識階級の思想の傾向を知るに頗《すこぶ》る有益なるものと思ふので所々抜き書する。そして之に私の意見を少し附して見やうと思ふのである。

＊

告白の一節。

＊

最近我国の思想界に於て、一部の人々から唱道さるゝ唯物論が相当の歓迎をうけ、中にも若い智識階級の間には多くの信奉者をさへ見出しつゝあるは、疑もなき事実である。加之《しかのみならず》労働運動乃至《ないし》社会主義運動に於ても、この唯物論の浸潤が著しく、殆んど其指導原理とさへなつて居る様に見ゆる。私は在来の政治家や学者や思想家の社会観若《も》しくは人生観が、余りに観念的であり又あまりに社会制度の効果に関する現実的理解を欠くを遺憾として居つた。従てまた在来の社会制度に依て虐遇されつゝある無産階級(並に之を支持する一部の智識階級)が多少反動的に唯物論に走るのを寧ろ当然の成行とも考へて居つた。兎に角現下の思想界並に実際運動界に唯物論の流行するのは、其処に何等かの意義の存することは明である。併し一概に唯物論と云つても其には色々の流派がある。唯物論其もの、哲学的厳正批判は暫く之を他日に譲り、茲には現下我国に流行する唯物論の之等の特殊の諸傾向に就て考へて見やうと思ふ。

＊

告白は更に次項につゞく。

第一に挙ぐべきは唯物的社会学者の一派である。此派の思想的立場は、自然科学的、実証的、批判的、経験的であつて、目的論的、理想主義的、人格主義的立場を排斥する。彼等の発生論的見地は一切の価値を否定し、凡ゆる文化現象を必然化し機械化する。一切は合理的必然であつて創造的自由は存しないといふ。人類の何種の努力活動も力学的解釈に還元せしめねば止まない。彼等の思想的生命は唯冷鉄の如き理智の刃である。之を縦横に揮《ふる》つて一切の事物を分解し批判することが、実に彼等の唯一の仕事だ。彼等は常に高処に在て街頭を眼下に眺め、其言論の調子には一種の皮肉と冷笑とを帯びてゐる。而して斯の如きは実に最近漸く新進の智識階級間に多くの追随者を見出して、今や論壇一方の重鎮たらんとして居るのである。

併しどの道彼等は徒らに思索欲に富んで行動欲を欠く所謂《いわゆる》「近代インテリゲンシヤ」に外ならない。理智に偏して情意に乏しいのは此種の人々の代表的性格だ。彼等の生活態度には実行味がない。これ有るものは只冷酷なる批評的興味のみだ。是れ思想上如何にラヂカルであつても、其処に之を行動にうつす情熱と野性とを欠く所以《ゆえん》である。而して斯の如きは畢竟《ひっきょう》彼等に現実な生活苦の経験なく、所謂中産階級的教養に基く一種の固定的品格を鋳り附けられて居るからであらう。されば如何に熱烈な社会運動が眼前に展開しても、彼等には決して躍気になつて其渦中に投じ来るを期待し得ない。彼等は飽くまでも上品な高踏的態度の執着から脱し得ない。

＊

こゝまでが告白の一節。之から僕の意見を附け加へておく。

此種の唯物論が結局に於て実際の社会運動の指導原理となり得るかは論者と共に私も亦疑はんとする所である。無産階級が自己の生活価値から搾り出した思想を適当に整理して之を意識的目標と朦気《おぼろげ》ながら自覚するに至るまでの間は、此派の唯物論も借り物として暫くは持て囃《はや》さるゝだらう。どうせ借り物である。寿命の永かるべき道理はない。尤も高踏的逃避思索家の存在が許される限り、たゞ其の限りに於て、此派の思想も当分余喘《よぜん》を保ち得べきは言ふを待たない。

*

また告白の一節。

次に本能的唯物論者とでも云ふべき者がある。彼等の説く所に依れば、一切の人間悪は社会制度の生んだものだ。自分達がどんな不道徳の行ひをしやうが責任は自分達にはない。故に思ふが儘に本能満足の行動をしても聊《いささか》も恥ぢる所はないと云ふのである。彼等は第一種の高踏的唯物論者と違つて頗る実行的であるが、只其実行欲たるや衝動的であつて、理智と徳操との露ほどの痕跡をも留めない。甚しきは不良少年的な若くは狂乱的な一種の性格破産に陥つて居る者もある。故意に警官と衝突して快をよび、街頭に革命歌を高唱して得意がり、労働を避け衣食の料《かて》を脅喝に得、色を漁り酒を被りて恥ぢざる連中は、正に之れだ。其の最も質のいゝものにした所が、彼等に免るべからざる一つの傾向は、現実を離れ常にイリユージヨンに生きんとすることである。

之等の安価な革命論や上つ調子の自由解放論が久しい間我国の労働運動若しくは社会主義運動を毒したことは言ふまでもないが、併し今日では最早全然労働階級の信用を失つて仕舞つた。無自覚な労働者の眼には、当初革命家気取りの之等の言動はいかにもヒロイツクに映じたのであつたが、放縦無頼なる行動は決して永く信頼を繋ぐべくもなく、真面目なる労働者の遂に彼等を排斥するに決心したのは当然の事であらう。

告白のつゞき。

*

第三番目に来るのは実際の労働運動にまじめに関はつて居る者の唯物論である。彼等が第一智識階級と著しく異る特徴は、透徹な主知主義者でなくて情意に燃ゆる理想主義者なる一面を有する点にある。彼等の生活態度は批判的高踏的でなくして、常に実践的であり戦闘的である。資本主義社会の改革と新社会の建設といふ熱烈なる価値意識に動いて居るのである。只注意すべきは、彼等の理想主義や価値意識やは畢竟階級〔的〕たるを免れぬことである。而して這般《しやはん》の階級観は、実は現下の経済組織に関する考察から生じたものだ。詳しく云へば、現下経済組織の不合理のもたらす痛烈なる生活苦に促され、深刻なる批評眼を環境の解剖に放つた結果、彼等の社会観は遂に協調的たる能《あた》はずして階級的となつたものなのである。即ち彼等は不合理なる経済組織を社会制度の根本悪と認め、之を境界線として社会階級の分裂といふ事実を認める。そして政治なり、法律なり、道徳なり、芸術なり、之等の所謂文化現象をば一方の階級の畑の上に育つたものと為し、無産階級の地盤とは何のかゝはりもないもの、否之と全然相容れないものとするのである。斯くて彼等の立場はまた一種の唯物論と呼ばれ得る訳になる。

彼等も口に正義を云ふ又道徳を云ふ。併しその正義なり道徳なりの絶対性を認めない。皆それ〴〵の階級の範囲を出でないものとするのである。在来の国家主義やはた人道主義やは、余りに漠然たる観念的のものであつて、更に社会的環境に対する現実的洞察を伴はなかつた。若し夫れ社会協調主義の如きに至ては畢竟現状維持論の仮装せるものに外ならずして、而かも往々労働階級抑制〔の〕婉曲なる奸計たるの用に供せらるゝに過ぎない。要するに今日謂ふ所の愛、平和、人〔道〕、正義等の道徳的理念は、無産階級の現実の要求に対しては何等の価値もないものだ。正義も愛も平和も無産階級の生活経験に立脚して発達したものでない限り、毫末の価値もないとする。而して斯種の階級観は、彼等の最も峻厳に奉ずる所のもので此点に就ては一歩も譲歩を肯《がえん》ぜざらんとするこの意味に於て彼等の唯物論的操守にはまた驚くべき程頑強なるものがある。

何が故に斯の如き強烈なる階級闘争観を抱懐するに至つたか。そは云ふまでもなく、強者階級の不当の抑圧の結果に外ならぬ。弱者たる労働階級の自覚が、個性解放の為に現下の不当なる地位境遇の改善を志すと、強者たる資本家階級は此種改善要求の社会的意義をすら顧念することなく、弱者を何時までも現状に維《つな》ぐの階級的利己心にのみ動されて、果ては一方に労資協調の偽善的福音の宣伝に由て、又他方には憚《はばか》る所なき高圧手段に由て、頻りに労働階級の軟化屈従を策する。之等硬軟両面の手段が如何に悪辣を極めたかは、最近の労働史を繙《ひもと》くもの、何人も看過し得ざる所であらう。労働階級の遂に妥協に望を絶つに至れるも当然ではないか。

併し乍ら今日の労働者は、無産階級の内部に於ては、又実に高度の道徳律を要求して居るものである。献身、犠牲、規律、訓練、忠誠、信義、敏活等の諸徳の涵養を大事だと認めて居る。殊に彼等は現実の難境に当面して猶ほ高踏的態度に留るものを非とし、個人主義的な独善的な衝動的な無規律な言動を陋とする。之等の点に於て此一派は明に前二派の唯物論者と其選を異にすると謂て可い。

＊

之から私の意見を少し書き足して見る。

右の一節は今日のまじめな社会運動家の腹中を飾る所なく披瀝したものと観てよからう。私はこの告白に依て、今日彼等一派の頭の中に流れてゐる唯物論は疑もなく境遇の産物だといふ兼ての持論を一層確実にされるのである。思想としては唯物論の成り立つかどうかは別問題として、あゝした圧抑された境遇の下に、階級的社会分裂観の発生するのは少しも不思議ではない。飯も碌《ろく》に食はさないで喰ひ意地の悪るくなることのみを懸念する継母的唯心論者の三省を求めたい。

されぱと云つて当今の労働運動家が之を以て甘んじたらそは飛んでもない大間違だ。況んや自家の態度の必竟境遇の産物たる所以に心付かず、之を理論上に是認せんとするならば、間違を通り越して寧ろ危険だと思ふ。渇して盗泉の水を呑んだのは致方がないといふのは第三者の言ひ草だ。第三者が之を諒としたからとて、本人に自ら自己の過《あやまり》を正当とするの理由なきは明白だ。今日の労働運動に私共の最も憂ふる所は、第三者の諒とする点に自ら深酷なる道徳的反省を試みず、従つてまた由て以て更に向上の理想境を憧憬するの高尚なる情熱の乏しいことである。こゝまで労働運動家の情操が高められて来るまでは、無産階級に真乎人世の精神的覇権を許さるゝ時機は来ないだらうと思ふ。

無産階級が其の内部に於て一種の道徳律を要求して居るといふ説を聞くは真に喜ばしい。是れ彼等が自ら唯物論者を標榜して実は真の唯物主義者でないことを自白するものだからである。私は思想的に徹底を欠くを責めない。境遇の所産として唯物的立場を執り乍ら、情操に於て理想主義的なるを匿《かく》し得ざる所に面白味を見出すのである。併し其の所謂正義も平和も、階級の内面にこだはつて居る中は駄目だ。道徳を特殊階級の埒内に押し込めた結果としての惨憺たる破綻は、所謂国家主義的倫理観に於て最近我々の経験し尽した所ではないか。境遇の圧迫に由て生れた階級的反感は之を諒とする。併し道徳に関しては飽くまで其の絶対的なる本質に於て感激の盃を汲むことを忘れてはならない。理想と現実とさう容易に合はないと云ふだらう。合はなくもいゝ。せめて其の相合はざる所に痛ましき煩悶を感ずる丈けであつても欲しいものだ。何となれば其処に私どもは高尚なる情感の躍動を認め得るからである。

また告白の一節にかへる。

*

今日の社会主義者及労働運動家の多数は、幸か不幸か、概して無神論者である。何故かといへば、宗教は巧みに資本家階級から利用されて其の自家擁護の具となつて居るからである。牧師や僧侶は会社の招聘に応じてよく工場に来る。而して其勧説する所は、型にはめた様な、勤勉従順の鼓吹に外ならぬ。曰く、神はすべてを見給ふ、監督が見へぬとてゴマかしては不可《いけ》ぬと。曰く、働かずに不平ばかりを云ふはかの蟻にも劣ると。曰く、諸君の労働は一に是れ社会の為だ、何時間でも又どんな仕事でも精を出して働けと。又曰く、現世に於ける労働の苦痛は来世に於ける幸運のもとだと。資本家と宗教家との間に如何なる腐れ縁があるか知らぬが、斯種の説教に依て被《こうむ》る労働者の害は阿片にも比すべしと認められて居る。斯《か》かる恐るべき沈〔酖〕毒の用を為す宗教に、労働者乃至労働運動家が極度の反感をそゝらされて、遂に無神論に走るのは怪むに足らぬではないか。

加之今日の宗教家は、霊界の事には通じて居らうが、現実の社会制度に付ては驚くべき程無智なるを常とする。其の結果、安価なる博愛論や平和主義を以て、労働者の正当防衛たるストライキの如きをさへ一概に暴力として非難する。概していふに彼等は無批判に現在の制度を肯定して掛る。之れからが第一の過りだ。従て資本家の暴虐にも眼を閉ぢ、愛の福音を説いて労働者ばかりを責めることになるのだ。そは今日の寺院なり教会なりが、牧師僧侶と共に一に金持信徒の支持に依て立つの結果かも知れないが、要するに労働者が彼等に信頼し得ざる理由は今日極めて明白だと思ふ。

さればとて今日の労働運動家乃至社会主義者を、無神論の結果放恣淫逸の生活を送つて居るものと見てはいけない。宗教と名のつくものに対して限りなき憎悪の感情を有《も》つては居るが、併しその真摯なる解放運動の精神の中には、宗教に近い一種の崇高なる感情が醗酵して居ることは疑を容れない。この感情は、中産階級の子弟の間に多く見る様な、逃避的な女性的な宗教感情よりもモット力強いもつとタツチングなものである。今日の労働運動家並に社会主義者があらゆる迫害に屈せず、操守堅確にして前進を続けて倦まざるは、蓋《けだ》しその原動力をこゝに養ふに依るものと思ふ。故に予は彼等の無神論たるを憂ひない。否寧ろ新社会の根幹たるべき新道徳の萌芽が既に彼等の胸中にはぐゝまれつゝあるを認めてひそかに喜ぶものである。

*

之から私の意見を附け加へて本篇を結ぶことにする。

今日の職業的宗教家に資本家の走狗たるもの尠《すくな》からざること、並に其の相当に真面目なるものと雖も現代社会の実相に通ずる聡明を欠く者多きことは、掩《おお》ひ難い事実である。併し之が為に宗教と名のつく有らゆる教説に敵意を示すべしと云ふは驚くべき軽佻と謂はねばならぬ。論者は曰ふ、既成宗教は排斥するが彼等の胸中には一種崇高なる感激が波打つて居ると。宗教と名のつく有らゆるものを排斥すべしとする軽佻な態度と、崇高なる情念に魂の躍り上つて熄《や》まないといふ事実とは、私にはどう考へても同一の人格の内部に起り得べき現象ではないと思はれる。若し果して崇高なる情感に全心の躍るを禁じ能はずといふのが本当ならば、彼等はモット宗教に対して余裕に富んだ雅量を示すべき筈である。宗教の名に拘泥《こうでい》して有らゆる教説を排斥するといふに、勢の已む可らざるものあるを実況とせば、今日の労働運動は要するに醜陋なる利己的運動に過ぎぬものとなる。労働運動が階級的主張から出発して而かも単なる階級運動に終らず、更に進んで個性解放の全人類の向上の運動たるの抱負を実現せんとせば、彼等はモ少し高処に立つて其思想を整頓し其運動を純化するの必要がある様に思ふ。

今の宗教は下らないかも知れない。併し之を排斥するといふ丈けなら自他共に何の役にも立たない。自他共に大に伸び又大に伸べしめんとならば、本当の宗教を以て偽の宗教に対抗するに限る。若し夫れ偽の宗教の偽善的福音に仲間の毒せらるゝを恐れて故《ことさ》らに悪声を放つのは、丁度我国の軍国主義者が社会主義の憎むべきを民間に流布するのと同じく、御互の最も陋《ろう》として斥《しりぞ》くる所の態度でないか。此点に於ても今日の労働運動家は冷静に反省するの必要があると思ふ。

猶ほ私の考では、今日の宗教家に若し多少でも労働運動に対して実際的障碍《しょうがい》を与ふるの事実ありとせば、それは自ら二つの異つた源から来るものと思ふのである。一つは論者の排斥する様な資本家の提灯持をする類のものであるが、他の一つは、労働運動の人文的真諦に情熱を有つ所から、常に之に対して同情ある而かも無遠慮なる批評を下す底《てい》のものである。労働運動は理想に於て人類の為の運動であつて、実際に於ては労働階級の運動である。自分の利益を譲る所なく主張する事に由て、人類全体の利福を増進せんとする底の仕事の、如何に困難にして又如何に動《やや》もすれば邪路に陥り易きかは、多言を要せずして明であらう。夫れ丈け此の運動は第三者の忌憚《きたん》なき批判を必要とするものである。故に労働運動は、その本来の性質上、其主張の貫徹に最も勇敢なるべくして、而かも第三者の評言に対しては極度に謙遜たるべきものである。而して昂奮せる民衆は、動もすると、この態度を守り損ねる。そこで好意の忠告も悪意の反対と聞ゆることがあるのだ。所謂宗教家の労働運動に対する批評の中には、此種のもの亦尠らざることを忘れてはならぬのである。

且つ此種の宗教家は、今後益《ますます》其批判的態度を峻厳にするのであらう。従つて或種の労働運動に取つては益忍び難き障碍と感ぜらるゝであらう。此時に当つて所謂労働運動家の最も陥り易き過りは、之等の宗教家を資本家代弁の宗教家と同列に並べて、無智の労働者を誘つて一概に彼等に面《おもて》を背《そむ》けしむる事である。功を急ぐものは菽《しゅく》麦《ばく》を弁ずるに遑《いとま》がない。斯《この》弊西洋に於てもあつた。独り我国に之を免れ得んとせんや。深甚の慎戒を要する問題と考へるのである。

終りに私は、今日の多数宗教家が社会改造運動の由来と動機と手段とに就て余りに智識の浅薄なるを嘆ずるものである。労働運動に動もすれば邪路に踏み誤るの恐れありとせば、其の責任の一半は慥《たしか》に此方面にもある様に思ふ。（大正十二、二、十五）

〔『文化生活』一九二三年三月〕

水平運動の勃興

一度僕の紹介で本欄の読者に見《まみ》へたことのある千虎俚人君より再び次の一篇を寄せて来た。時節柄頗《すこぶ》る注目すべき重要問題だと思ふので次に其全文を披露する。

*

*

最近水平運動なるものが大変世間の注目を牽《ひ》いて居る。水平運動とは水平社の運動を意味する。水平社は即ち所謂《いわゆる》特殊部落の解放を目的として集つた部落有志者の団体である。我国には目下全国に亘つて約三百万の特殊部落民が居るさうだ。長い間不当にも有らゆる屈辱と迫害とに虐げられた彼等が、最近新思潮の刺戟を受けて遂に自家解放の為に奮起するに至つたのは実は寧《むし》ろ当然であらう。今や彼等には階級的差別待遇に対する烈しき反抗的感情が燃えて居る。而してその集団的威力に至つては決して侮る可らざるものがある。彼等の地位は露西亜《ロシア》に於ける猶太人《ユダヤ》にも比すべく、其運動は重大なる一社会問題として決して看過すべからざる性質を有するものだ。従来這般《しゃはん》の問題に着眼したものに公道会及び同愛会がある。熱心その解決に努力したのではあらうが、謂《い》はゞ知名の人のする恩恵的施設に過ぎず、特殊部落民からは売名的のものとさへ観られて居つた。従つて兎角十分に其の信頼を維《つな》ぐことが出来なかつた。孰《いず》れにしても此種の運動は、労働運動など、同じく、第三者が主なる活動の中心たる間は真剣なものとなり得ないものだ。故に漸く昨今に至り、特殊部落中の先覚者が長い間鬱積せる感情を爆発して遂に自ら起つて解放運動の烽火を挙ぐるに至つたのは、自《おのずか》ら来るべき処に勢の押し来れるものにして、茲《ここ》に我々は真剣なる一社会運動として注目を怠る可らざる所以《ゆえん》を観るのである。

とにかく此の水平運動は、労働運動や朝鮮人労働運動等と相並んで現代の日本に於ける最も真剣なる民衆運動の一つと謂つていゝ。

＊

特殊部落民の集団運動が、欧洲大戦後に起つた無産階級解放乃至民族自決等の新思潮の刺戟に由るものなることは、疑を容れない。全国に散在する部落民大同団結の気運は、大正十年の末頃から著しくなつた。而して水平社の創立は、京都を中心とし、奈良、大阪、滋賀、東京等の各府県の運動を連絡せる結果であつて、京都に於て其創立大会を開いたのは、大正十一年三月三日である。当日岡崎公会堂をめざして集るもの全国部落の代表者四十名、中々盛況であつた。而して此大会は次の如き綱領と宣言とを発表したのである。

綱領

一、我々特殊部落民は部落民自身の行動によつて絶対の解放を期す。
一、我々〔特殊〕部落民は絶対に経済の自由と職業の自由とを社会に要求し以て其獲得を期す。
一、我々は人間性の原理に覚醒し人間最高の完成に向つて突進す。〔類〕

宣言

全国に散在する吾が特殊部落民よ、団結せよ。長い間虐げられて来た兄弟よ。過去半世紀に亘る種々なる方法と多くの人々とによつてなされた吾等の為めの運動が何等の有難い効果を齎《もたら》さなかつた事実は、夫等《それら》のすべてが、吾々によつて又他の人々によつて常に人間を冒瀆されて居た罰であつたのだ。そして此等の人間を勦《いたわ》るかの如き運動がかへつて多くの兄弟を堕落させたことを想へば、此際吾等の中より、人間を尊敬することによつて自ら解放せんとする者の集団運動を起せるは、寧ろ〔必〕当然である。

兄弟よ。

吾々の祖先は自由平等の渇仰者であり実行者であつた。陋劣なる階級政策の犠牲者であり、男らしき産業的殉教者であつたのだ。ケモノの皮剝ぐ報酬として生々しき人間の皮を剝取られ、ケモノの心臓を裂く代価として暖い人間の心臓を引裂かれ、そこへ下らない嘲笑の唾まで吐きかけられた。呪はれの夜の悪夢のうちにも、なほ誇り得る人間の血は涸《か》れずにあつた。そうだ。そして吾々は此の血を享《う》けて人間が神にかはらうとする時代に会うたのだ。犠牲者が其の烙印を投げ返す時が来たのだ。殉教者が其の荊冠を祝福される時が来たのだ。我々がエタであることを誇り得る時が来たのだ。

我々は必ず卑屈なる言葉と怯懦《きようだ》なる行為とによつて祖先を辱しめ人間を冒瀆してはならぬ。そうして人の世の冷たさが如何に冷たいか、人間を勦ることが何んであるかをよく知つて居る我々は、心から人生〔世〕の熱と光を願求礼讃するものである。

水平社はかくして生れた。

人の世に熱あれ。人間に光あれ。

大正十一年三月三日　　全国水平社

*

創立大会の後、水平運動は恐ろしい勢を以て進展した。その波動は瞬く間に全国に及んだ。而して三月下旬に起つた別府的ケ浜事件は更にこの運動に油を注いだのであつた。四月二日には京都府水平社の創立大会が開かれ、同十四日には埼玉県で、同二十一日には三重県で水平社が生れた。五月十日には奈良県の創立大会があり、七十二の部落が挙つて之に加入するを見た。東京にも水平社が出来た。和歌山にも生れた。更にまた少年水平社、少女水平社なるものも創立された。此種の運動は大阪にも起つた。全国の皮革事業界を動して居る西浜の大部落中にも共鳴者は少からず出来た。熱烈なる宣伝の結果、八月二十五日には大阪水平社の創立大会が開かるゝに至つた。西浜大部落に於ける成功は実に此地方水平運動の進展に一飛躍を促すものであつた。十一月十日には愛知県水平社の創立大会あり、同二十六日には兵庫県のそれがあつた。

＊

斯くして出来た水平社は、不断の宣伝と共に、差別待遇の事件起るや必ず往《ゆ》いてその解決に努力しつゝある。従来泣き寝入りですました侮蔑圧迫に対して、彼等は今や毫末も仮借する所なく徹底的解決を期して居る。例へば穢多と云ふ様な言葉が発せられたとする。水平社は直に其非を責め、厳重なる制裁を要求する。近頃新聞紙上によく「小生今般穢多云々と申したる件誠に御申訳無之謝罪仕候也」といふやうな詫証文を見るは之が為である。そして斯んな事件が起る毎に水平運動の勢を増して行くは言ふまでもない。

＊

本年の三月二日より三日に亘つて第二回の全国水平社大会が京都の岡崎公会堂に開かれた。参会するもの三府二十七県の代表者五千人、背後に約三万の社員を控へて居るといふ。(一)労農ロシアに於けるユダヤ人の視察、(二)治安警察法第十七条の撤廃、(三)普通選挙問題、(四)小学校及軍隊内部に於ける差別撤廃、(五)水平社大学、(六)少年少女水平社、(七)婦人水平社等に付て協議を凝らした。日本労働総同盟を始め、朝鮮人労働団や米国・布哇《ハワイ》方面の同志から送り来つた二百四十余りの祝電の披露もあつた。此の大会で宣言・綱領・決議の協定を見たが、宣言と綱領とは前掲と変らないから茲には繰り返さぬ、決議文だけを次に挙げやう。

一、我々に対し穢多及び特殊部落民其他の言行によつて侮辱の意志を表示したる時は徹底的糺弾をなす。

一、東西両本願寺に対する募財の拒絶断行を期す。

一、政府其他一切の侮辱的改善及び恩恵的施設の根本的改革を促す。

＊

右の決議中にも見ゆる通り、水平運動と本願寺との関係はまた頗る注意を要する。昨年の四月十日、全国水平社は決議の結果東西両本願寺にあてゝ「向後二十年間我等部落寺院及門信徒に対し如何なる名義による募財をも中止されたきこと」を通告した。之が募財拒絶の皮切りで、第二回大会でも之を繰り返して居る所を以て見れば、その決意の程は窺はれる。加之《しかのみならず》第二回大会の二日目には、会衆は十数丁に亙る大示威行列をなして先づ東本願寺の御弥陀堂にくり込み、満場一致左の決議をなしたのであつた。

我等水平社員は東西両本願寺開宗七百年に対する募財を拒絶す。

此決議文を東本願寺に差出して後、この大行列は更に西本願寺に向ひ、同じく之を差出し且本堂を占領した。代表達はこもぐ賽銭箱の上にのつて本願寺攻撃の演説をはじめ、中には銅貨を阿弥陀本尊に投げつける者もあつた。「偶像を破壊せよ」とは会衆一般の異口同音に叫ぶ所であつたと云ふ。

抑《そもそ》も本願寺は多年特殊部落に伝道を続け、多数の忠実なる信徒を有《も》つて居り、少くとも他宗に比し著大なる勢力を此部落に布いて居る筈である。然るに何故斯くも反抗を向けらるゝのであるか。是れ両本願寺が部落民の信仰深きに乗じ従来過当な募財を要求するを常としたからであらう。部落の経済的疲弊の主なる一因は確にこの募財にあるとは、多くの人の一致する所である。孰れにしても水平運動が部落解放の第一眼目として先づ経済的改善に着目し、東西両本願寺に向つて反抗すると云ふ破格の挙に出でたのは、当今の改造思潮とその一面の基調を同うするものとして、太《はなは》だ注目に値する現象と謂はねばならぬ。

猶も一つ注意すべきは、部落僧侶間に亦一種の運動の起りつゝあることである。本願寺は従来特殊部落を伝道区域としながらも、部落の僧侶即ち穢多寺の住職はとくに之を忌避し嫌悪する風があつた。之に不快の感を抱いた僧侶は、水平社に投じて本願寺の官僚的統制から免れんとした。堂斑〔幢幡〕を投げすてゝ、独立せんとする黒衣同盟は斯くして起つたのである。水平運動の傍系を為すものであるが、本願寺に取つては是亦慥《たし》かに一個の脅威であらう。

*

この新しい水平運動に対し、政府当局の態度は如何と云ふに、直接には厳重に之を取締ると共に、間接には温情主義的な部落改善策に由て部落民の気勢を和げんと欲するものゝ様である。新聞の伝へる所に依れば、内務省警保局の得能保安課長は最近次の様な意見を洩したとやら。「我々は水平運動をどう取締るかといふよりもどうしたら円満に発達するかといふことに頭を痛めて居る。綱領宣言を見ると実に立派だが、どうも動《やや》もすると秩序を乱し易い。不用意の言葉の中に侮辱的な言葉があつたとて、二三百人も押しかけて謝罪文を新聞に出させるとか。こうなれば立派な直接行動だから、我々は十分取締らなければならないが、それ以上に斯うしたことが社会の同情を失ひ、識者の擯斥を招く所以であることを水平社のために遺憾として居る。（中略）尤も彼の人々が差別待遇を受けて居ることは、全く不合理なことであり国家の不利益であつて、我等も深く同情して居る。内務当局も水平社の運動に対しては、積極的助長主義を取ることとして、社会局からも予算が提出してあるが、我々と両々相俟《あいま》つて、此の不合理な問題を解決したいと思つて居る云々」。

政府は昨年までは部落改良費として二十一万円を予算面に計上し、以て三百戸以上の部落の道路改修費其他に充て丶居たが、今年からは地方改良費と改称して四十九万円を計上し、従来の二十一万円を控除した残額二十八万円で、部落民に学費を補給し、他日其の中心人物たるべき者の養成にあつるとか。本年の予算に於ては各種の項目概して昨年よりも削減されて居るが常なるに、独りこの地方改良費のみは、教育費の国庫補助と社会事業費と相並んで増額を見たのは、以て当局の意のある所を想見すべきである。併し乍《なが》ら斯くして果して所期の目的は達せられ、部落の改善と部落民の感情融和が夫れ丈で成功するだらうか。政府の部落改善方針なるものも、部落解放の真諦にふれ、彼等の要求の核心にタツチするでなくては、却つて恐る、意外にも部落民の思想感情を悪化するの結果を見ざるやを。本期の議会に於ける星島二郎君の質問の次の一節の如きは、此点に於て大に味うべきものがあると思ふ。曰く、地方改良といふ表面に義名を掲げて居るもの丶、地方改良費の使途には尚ほ頗る疑しいものがある(中略)。政府は部落民の視察、監督、取締等に密かに心を痛めて居るらしく、今予算を増して益々之を厳重にすることになれば、それだけ部落を悪化し、水平運動に油を注ぐこと丶なつて、其結果は由々しき大事を惹起するかも知れない云々と。

*

最後に水平運動について特に注意すべきは、その無産階級化的傾向である。言ふまでもなく、この運動の創始の精神は階級的差別撤廃に在つた。だから其運動のリーダーはもと中産階級たるを妨げず又現にさうでもある。が併し、この運動の進展に連れて漸く無産階級的色彩を帯びつ丶あるを我々は看過してはならない。何となれば、愛蘭《アイルランド》にしても印度《インド》・埃及《エジプト》乃至朝鮮にしても、所謂民族独立運動が段々其勢を増し真剣味の加はるのは、概して其無産階級化と形影相伴ふを常とし、而して我が国部落運動の発展の概勢亦や丶之に共通するものあるを思はしむるからである。況《いわ》んや今日の特殊部落は、被征服民族たると同時に経済的弱者の地位に居るに於てをや。

斯く考へると我々は当然に水平運動の前途と一般労働運動との連繋に思ひ到らねばならない。何となれば、現下の資本主義的経済組織の下に於て、彼等のみの経済的解放の成功は期することが出来ないから。さうすると、彼等は経済的解放に成功する為に先づ労働運動と提携するに至るやもはかられない。労働運動に従事する者の中、早くも此趨勢を見て取り、無産階級解放運動はまた同時に部落解放の問題をも解決するものなりなど、揚言するもあれど、窮極の目標が全然同一でない所に、多少掛引の入る余地はある。良かれ悪かれ、水平運動と労働運動とは勢に於て大に接近するの傾向に置かれて居る。接近することに由て両者共に大に其気勢を高むべきは云ふまでもないが、巧に之を連繋し且つ之を永続せしむるは、また双方リーダーの誠意とタクチクとの力に待たねばならぬ所であらう。

いづれにしても水平運動は最近起つた民衆運動の中最も顕著なものである。而して之が研究は経済的、社会的、倫理的等の立場からも大に論弁せらるゝを要すると思ふので、本篇を切ツ掛けに大に各方面の論策の発表を希望する次第である。

〔『中央公論』一九二三年四月〕

「極右」「極左」共に謬想

*

社会思想の議論に「右」だの「左」だのと云ふ冠詞を附するは如何いふ意味かと云ふに、細かく云へば極めて曖昧なものだ。只大体の傾向に就て分類するに、現状維持に執着して改善をあまり喜ばぬを「右」とし、此傾向の強い弱いに依て「極右」だの微温的の「右」だのの細別を生じ、之に反して現状破壊に急にして破壊の実際に及ぼす結果などを深く顧みぬを「左」とし、之に亦強弱の細別あることは「右」と異る所はない。

現状に満足せず多かれ少かれ之に改善を加ふるの必要を認むるに於て、今日の人間は誰しも異論のない所であらう。此点に於て現代人は概して左的傾向に立つと謂つてゐゝ。併し乍ら過去の経験にも採るべきものがある、之に若干の弊害がこびり付いて居るからとて、後先の考もなく全然之を棄てる訳にも行かない。斯う考へると苟《いやし》くも人として現実の生を営む以上彼は亦必ず右的傾向の一面を離るゝことが出来ぬ。「左」の一面に執着するは「右」の一面に執着すると同じく誤である。此点に於て極左的社会思想は、極右的社会思想と共に排斥せらるべき運命に在ることを免れない。

只実際問題として現代は大に改造を要する時代だ。改造の急要に迫られて居る時代だ。それ丈改造を主張する側の議論は大に強く力説するを必要とせられ又現に幾分誇張せられても居る。而して之と同じ必要はまた右的議論の横行に対して警戒すべきを我々に教へる。そは理に於て正しい右的議論でも、実際に於ては左的議論の鋒先を不当に鈍らす目的に利用さるゝことがあるからである。斯う云ふ事情を考量の中に入れると、我々は幾分右的傾向に峻厳にして幾分左的傾向に寛大であつても差支ないやうに思ふ。但し之は政略の問題だ。純粋の学問上の問題としては、何処までも我々は過ぎたるを過ぎたりとして、中正の途の何れに在るを正直に指示すべきである。況《いわ》んや昨今行はるゝ極右極左の議論には、往々また許す可らざる謬想を根本に於て伴ふものあるに於てをや。

*

人間の社会に「進歩」といふ事あるを肯定する限り、絶対に現状を固執す可らざるは言ふまでもない。然るに世上には今日仍《な》ほ不思議に現状の維持を社会経営の金科玉条とするものが少く無い。而して此種の保守主義者を細かに観察して見ると大体三つの種類がある様に思ふ。第一は「現状」の過分の保護に浴し、其の変革に依て喪《うしな》ふべき恩恵に恋々たる所より自ら保守的立場を取る利己主義者である。貴族・官僚・富豪・寵商等の間に意識して此の立場を執る者を少からず見るが、無意識的に自家階級の利害と国家全般の休戚とを混同する連中も亦皆此仲間だと謂つていゝ。第二は今なほ封建時代の伝統的陋習より脱し切らず過去の経験の踏襲を処世の第一義と心得る連中である。徳川時代の様に日本が則ち世界の全部であつた世の中であれば、所謂祖宗の遺法に遵拠して夢の様な泰平を楽まうといふにも無理はない。「新儀《しんぎ》停止《ちょうじ》」が治安維持の第一義、普通の民家でも兎角先祖の残した家法に背かぬ様にと只管《ひたすら》につとむる。而かも因循姑息の積弊が、如何に国際競争の新舞台に必要とさるゝ活動力の本源を涸らして居るかに気附かない。今日でも先輩の老識者の間などに淳風美俗がどうの、昔ながらの□[国]風がどうのと、気の弱い輩《やから》を威す者の多いのには驚く。第三は改善更革の必要を多少認めつゝも其の実際の効果に対して甚だ自信のない連中である。今の儘では可《い》かぬ、何とかせでは立ち往かぬが、併し、一部の人の云ふ様に改正したからとて果して良くなるだらうか、と疑ひ思ひ迷うて、遂に元通り現状に安定するのである。如何して改善の前途に自信を有ち得ぬかと云ふに、其由て来る所にも亦自ら三様の種類がある様だ。最も普通なるは、世上の突飛な改革論に度胆を抜かれ、あれでは困ると安価に自分の立場をきめる人々である。改善の必要あるを認めても、如何《どう》改むべきやを自ら研究するの労を惜む横着者の間に、此種の連中を多く見る。次には改善の結果を社会一般の人々が適当に味ふや否やに付き、猜疑の念を深うして移り難い人々である。貧乏人に金をやれといへば金をやつたつてうまく之を利用するかどうか分らぬといふ。労働者の這《こ》の正当な要求を聴いたらどうかといへば、一歩譲れば其後どんな飽くなき要求を提出するやら分らないと躊躇《ためら》ふ。要するに物の道理の分つたのは自分丈けで、一般民衆などは自ら何を求むべきやを知らず一旦求めて得たりと味を占めると、其先図に乗つて何を云ひ出すか分らぬと決め込むのである。人を疑ふに慣れて、全く人を信ずることを知らぬ人々である。もう一つは、改善後の社会に於ける新なる道徳的責任に盲目なことである。例へば自分の子供にしたところが、馬鹿で終らしたくないとすれば教育を授けねばなるまい。教育を加へればそれ丈彼の開発に伴うてまた一層面倒な監督と指導とが必要になる。相手方の境遇を改善したからとて、それで放任してい丶といふのではない。社会改善の問題になると、どう云ものか世人は不思議に此点を看却する。普通選挙が実行されるとする。之を喜ぶべしとする所以《ゆえん》は畢竟吾人の道徳的努力が此制度の下に於て一層よく酬《こた》えられるからだ。新しい形勢の上に於て新に為すべき吾人の責任を等閑に附して軽々に社会改革の効果を是非してはいけない。将来に対する道徳的責任につき深き決心と情熱とを欠く者、往々現状満足の姑息主義に堕するのは当然の事ながら甚だ憂ふべきことである。

所謂極右的思想は右の如き誤つた根拠に立つの故を以て我々は理に於て之を斥ける。而して其の流行は種々の形に於て右述ぶるが如き謬想を横行せしむるが故に、我々は亦儼《げん》として之を排すべき実際の必要をも認めるものである。

＊

現状維持にこだわつてはいけぬ、時に応じて改革せねばならぬと云つても、無暗に之に反対するものがあれば、勢《いきおい》不祥なる破壊運動の起るは已むを得ぬ。併し吾人の常に忘る可らざるは破壊そのものには本来何等文化的意義あるに非ることである。破壊は一面に創造的精神の必然的発露たるの本質を具有する時に於てのみ吾人の真剣なる努力に値する。是れ社会改造運動が理想主義を背景とし又理想的条件に拘束されざる可らずとする所以である。然るに世上には只専ら破壊その事に終始する思想並に行動の可なり盛に行はるゝを見るは何ぞや。吾人は其の由《よつ》て来る所をたづねてまた三つの根源を発見した。一は頑迷なる保守的態度に対する単純なる反抗である。露西亜《ロシア》帝政時代に於ける虚無党の如きを其適例とし、我国に於ても官辺の過当の圧迫に悩む所謂主義者等の間に亦此部類に属する者を見出すに苦まない。境遇の所産として我々は其間大に諒とすべきものあるを認むるも、現状破壊の事業が多く此種の人々に依て取りまかなはるゝことは、決して人生の幸福ではない。二は社会組織さへ改むれば問題は徹底的に解決するとする唯物史観論者である。文化価値を生むものは結局に於て人間の魂だとする説を採らず凡ゆる禍害の源は一に外的環境に存すと為し、悪制の改善は直に人生を慶幸する所以だと信ずるのである。社会組織さへ改むれば一躍して黄金世界を現出すべしとするのだから、此見解を執る者は概して社会の改造に手段を択ばない。此点に於てこの立場の極左論は、境遇の変らざる間人間は碌な事の出来る者ではないときめてかゝる夫《か》の極右論と、魂の権威を蔑《ないがしろ》にする点に於て彼此一脈相通ずるものがあると思ふ。官権財力に対して極左的改革の方針を強調する労働運動家に、時々其部内に於て極右的専制主義を実行するに勇なる者を見るは、怪むに足らない。第三には斯くあれかしと冀《ねが》ふ所のものを無条件に現出せしめんと欲して、動《やや》もすると理想を実現すべき地盤の顧慮を忘るゝ観念論者である。思慮浅き教育家の中には、教育学の教説を直に実現せんとするに急ぎ、相手の児童の心理等を全然無視することありとか。之と同じく彼等は現実の地盤を離れて幻想的に理想の実際的発展を妄信するのである。畢竟彼等は改革に専心するのあまり、頓《とん》と何を改革すべきかを忘れるのである。鹿を追ふ者山を見ずとは正に之れだ。望む所意の如く運ばずとて遂に厭世的態度に転ずる者もとかく此種の連中に多い。抑《そもそ》も改革の仕事は取も直さず過去の経験の修整だ。果して然らば吾人は望む所の完全なる実現よりも寧ろ過去の経験の蓄積の上に新しき生命の宿れる事に、本当の満足を感ずべきではないか。

所謂極左的思想は、往々以上の如き先入の謬見に根拠するものなるが故に、吾人は之に与みしない。而して其の流行はまた、種々の形に於て之等の謬想を流布せしむるの怖ありと思ふが故に、我々は亦大に之に警戒すべきを叫ばざるを得ぬ。

〔『中央公論』一九二三年四月〕

両者の正しい関係と間違つた関係
——知識階級と無産階級の相互抱合論——

*

○無産階級必しも無識でなく、有識階級にも無産なるものは頗る多い。無産階級と有識階級とは本来相対立すべき観念ではない。然るに当今社会問題などの実際的取扱に於て、此二者を対立させて何等の不合理を感ぜざるはどう云ふわけか。思ふにこれ、この両者に或る特別の限定的意義を附し、互に連絡する一団中自ら対立する二つのかたまりをいふと解するからではあるまいか。

○第一にこの言葉は、所謂無産階級運動(広義の)に直接間接の関係ある者に就てのみ用ゐらるゝ。斯種社会的運動と没交渉の部面に於て、無産階級対有識階級は今のところ格別の問題となつて居ない。第二に所謂無産階級運動に於ては、主として智能的要素を分担するものと実行的要素を分担するものと二つある。或は運動を指導するものと実行の衝に当るものと分けてもいゝ。後者が所謂無産階級たるは言ふまでもないが、前者は後者の出なると又は外から来り投ぜるものなるとを問はず、均《ひと》しく之を有識階級と呼ぶことになつて居る。斯う考へると二者の対立の意味はよく分る。

○所謂有識階級は、無産階級それ自身の中より出るのが好ましいことなのであらう。併し斯種運動の初期に於ては、之を外から迎へるといふのが普通であつた。何も知らなかつた無産者に取つては之も必要であつたらう。が、段々と訓練と経験とを積むに従ひ、他所《よそ》の手をからずに凡ての必要なる部分を自分達の一手にやるといふことになるのは、亦自然の順序であらう。この事はまた右両者の窮極本来の関係を暗示するものと謂ふことが出来る。

＊

○無産階級の運動に有識階級の参加は不要有害だと云ふ議論がある。この考の正しいかどうかは屢《しばしば》論ぜらるゝ問題だが、之は次の二つの場合を区別して考ふる必要があると思ふ。一は現実に見る様な有識階級が有り難いのかどうかの点で、他は元来有識階級なるもの、参加が道理上必要があるのかどうかの抽象的の問題である。尤《もつと》も凡そ有識階級なるものは、一旦其地位に挙げらるゝと、必ず皆現に見る様な下らぬものになつて了《しま》ふものだと決めて掛るのは別論である。

○今日我国に於て、現に無産階級運動の指導の任に当つて居る人々は、極めて少数なる例外を除いては、所謂無産階級出身の人ではない。少くとも筋肉労働を売つて辛うじて生命を繫いで居た者が仲間の推薦に推されて已むを得ず其任を引受けた、といふ様なものは殆んどない。概して皆外から手伝へに来たやうな人ばかりだ。斯う云ふ種類の人がいつまでも運動指導の任に当るといふは、本来不自然な事だから、其意味に於て有識階級が段々忌避さるゝに至るのは已むを得ない。が併し、今日日本の運動はさうすることに十分適当な時期に達して居るだらうか。

○無産階級以外の義勇有識者流の欠点は、無産者としての本当の体験を欠くことである。どんなにつとめても、子を有《も》つたことのない者に本当の親心は分らぬ様に、義勇有識階級者流では、完全に運動の全体を指導することが出来ぬのだ。彼が斯く云ふ本然的欠点を自覚して毎《つね》に謙遜な助言者たるに甘んずる間は無難だが、動《やや》もすれば自分の思想なり計劃なりの価値を過信し、之を極度に遂行せんと強ひたがるので、破綻が起る。若し夫れ其人の個人的過失乃至不徳に因る種々の失態の加はるあれば、破綻は更に大きくなる。我国無産階級運動に於ける有識者流の失敗が、其原因を多く這般個人的過失に有するの事実は、我々をして大に考へさせるものがある。

○併し我国に於て、有識階級排斥論の流行を見るのは、実は所謂有識階級から煩《わずら》はされたといふ体験に基くといふよりは、書物で読んだ西洋の説明の請売りの又聞きに因る方が著しいのではなからうか。概していふに、特に社会問題については、最近一般に西洋にはやつた偏つた説明が無反省に受け容れられて、公式の様に言ひ囃されるる傾きがある。曰く直接行動。曰く階級闘争。曰く議会制度否認。曰く何。曰く何。而して有識階級の排斥といふことも亦斯種公式の一つに外ならぬのではあるまいか。

○西洋では、過去に於て有識階級が相当に無産階級の為に尽したには尽したが、結局に於て無産階級の本当の要求は、彼等に由ては達せらるゝものでないといふことを、深く〳〵経験した。之と伴つて又多年訓練の結果、自分達仲間の中に本当に指導の任を尽し得る有識分子は今や続々と輩出して居る。斯くて人に頼んでは駄目だ、自分でもやれる、と云ふ消極積極両面の条件が兼ね備つたので、そこで始めて有識階級排すべしといふ議論は、意外の破綻を現はさずに、故障なく行はれ得るのである。而して、之れ丈けの条件も具らぬのに、漫然有識階級の排斥を唱ふるのは、実は丁度子供が大人の真似してあぶない芸当をするやうなものなのである。

○さればと云つて僕は、現今我国の無産階級に今まで通り所謂有識階級の指導に盲従すべきだと勧むるのではない。僕がこゝに特に読者の注意を惹《ひ》かんと欲するは、義勇有識階級が散々にボロを出し、所謂消極的条件は十分に備つて居るに拘《かかわ》らず――且又有識階級排すべしとの議論は盛に唱へらるゝに拘らず――今なほ実際に於ては矢張り彼等の指導助力が大に恃《たの》みにされて居るといふ顕然の事実に付てである。是れ事実は理論よりも雄弁に、無産階級運動は到底有識階級の指導助言を無視し得ざるを語るものと思ふからである。

＊

○僕は無産階級と有識階級との本質的関係を、曾《かつ》て医者と病人とに譬へて説明したことがある。所謂無産階級運動は病をなほすといふ要望の痛烈なる発現だ。といへば其が医者の為の問題でないことが第一に分る、併し病に苦む病人自身は如何《どう》すればこの疾を癒すことが出来るかを詳かに知つては居ない。之を知るには専門の智識が要る。少くとも広く深い教養なしに之を適当に処置することは出来ない。玆に医者の助言を必要とする理由がある。無産階級運動に有識階級の参加するを要する本質的理由は畢竟こゝに在るのである。

○俗諺に、自分の事は自分が一番能く知つて居るといふ。之は一面の真理であるが全部の真理ではない。何処が痛いかは病人自身でなければ分らない。が之を処置する方法に至ては彼自身の全然知らざる所である。自分の事は自分が一番よく知つて居るからと云つて、無産者運動から全然有識階級を排斥するのは、宛《あたか》も医者に無相談で手療治をするに限るといふやうなものだ。危険此上もない話である。

○不幸にして従来の医者は、其の与へられたる分を守らず、僭越にも病をなほすといふ問題を自分の仕事なるかの如くに考へて居つた。病人に就いて其の苦痛を親切に聴くの労を取らず、自分の狭い経験を根拠として、勝手に相手方の疾患は、肺にあるの胃にあるのと独り決めに決めた。そして之に基いて投薬配剤した。斯くして有識階級は、無産者運動に取つて遂に煩累とならざるを得ない。併し乍ら之は指導者助言者の心掛の間違つた結果であつて指導助言そのことに本来有害無用の性質が固着してゐるのではない。

○故に僕は最近の有識階級排斥論を以て、極端を矯める為の極端論と為し、其表現に用ゐらるゝ言辞に過度の誇張あるを已むを得ずと許し、その本来の意味は有識階級の僭越に対する弾劾に過ぎぬと認めるのである。若し彼が正しい地位に立ち還り、名医と同じ様に単なる助言者として其責任を尽すことになるなら、そは無産者運動に取て固より大に歓迎すべき所でなければならぬ。この点に十分はつきりして居ることは、運動の確実なる進歩の為に極めて必要だと思ふ。

*

○要するに、僕の此問題に対する見解を約言すれば次の如くである。

一、無産者運動は、何処までも無産階級の運動である。当人の体験と熱情とに依てのみ成功し得べき運動である。

二、但し如何にして其目的を達すべきやに就ては有識階級の助言に待たねば分らぬ。無産階級は自家の智能の有限なることと有識階級に恃まざる可らざる所以《ゆえん》とを、十二分に知悉《ちしつ》して居なければならぬ。

三、無産者運動と有識階級とは不可離の関係に在るものだが、之をして当然の効果を挙げしむる為には二者が常に正しい関係に在ることを必要とする。而して正しい関係といふの何を意味するかは、上来述ぶる所に依て自ら明であらう。

〔『中央公論』一九二三年六月〕

早稲田の騒動に顕はれた反動思想の擡頭

一

早稲田大学の最近の騒動に就て何か話せと云ふ事だが、事件の経緯に就ては新聞に現れて居る事の外何にも知らない。随て詳しい、且つ正しい事実に基いての批評をする資格は無いが、唯可なり詳しく新聞に報道されて居る事実だけに就て見ると、世間でも評判して居るやうに、学校当局の一部と軍閥の一部との協議の下に行はれたる、可なり拙い芝居を見るの外はないやうだ。学校も軍閥も思切つてくだらない事をやつたものだ、と寧ろ、憫笑に堪えない。が併し之を妨害せんとして、当日会場に押し掛けた文化同盟とやらの連中の仕打も亦くだらない程度に於ては軍事研究団の連中と相下らないと思ふ。

軍事研究団の成立が早稲田大学の歴史に取つて、不名誉だとしても、それを雪《そそ》ぐの途は他に幾らもある。日を異にして或は少くとも場所を異にして、正々堂々と反対のデモンストレーションをやる途は決して塞がれて居ない筈だ。気に喰はないからと云つて、人のやる仕事の中へ態々《わざわざ》押掛けて妨害すると云ふのは、翌日の会合に縦横倶楽部とやらが飛込んで腕力を振つたのと其罪決して相下らない。どつちを見てもあの遣方《やりかた》は紳士らしくない、公明正大を欠いて居る。若し早稲田学園の自由の為めなりと云ふ事が本当なら、彼等の何れもが共に自由の精神を蹂躙して居る事に疑ひはない。此点に於て吾々は殊に自由とか改革とかを叫ぶ人々の為に其軽挙を惜むのである。殊に私自身一種の自由主義であり、一種の改革論者であるだけ、殊に自由主義改革主義の為に奮闘して居る人々に特別の同情を持つて居るだけそれだけ此点を遺憾とするの念が殊に深い。

二

早稲田騒動に附帯して起つた種々の出来事の中、最も強く吾々の目に映ずるものは反動的の勢力の近来殊に著しく擡頭した事である。反動思想などと云ふものは何時の世にもあるものだ。殊に最近のやうに可なり突飛な改革論の行はれる際に方《あた》つては反動論亦之に伴《つ》れて猛烈になるものだが、併ながらそれが一つ一つの社会的勢力として相当の威力を揮《ふる》ふと云ふことは実は近来の事だ。去年位までは、それ労働運動だ、それ小作人の運動だ、或は無政府共産主義だとか云つたやうな風の運動が可なり跋扈《ばつこ》し、頑迷者流をして窃《ひそか》に国家の前途を憂ひしめたのであつたが、去年の後半期からソロ／＼反動の勢力が頭を擡《もた》げ、今年春の関西に於ける水平運動対国粋会の騒擾に於て、反動的勢力の勃興は著しくなつた。国粋会は元からあるのだけれども、あれがあれだけの塊つた勢力として動くと云ふことは矢張り之を一つの珍らしい現象と見なければならない。それでもまだ吾々は、あゝした勢力は国粋会のやうな所には動く、まさか日進の学問を修めて居る学生の中などにはさう這入つては居まい、這入つて居つても極めて微々たるものであらうと想像して居つたのに、今度の早稲田騒動に於て所謂縦横倶楽部の跋扈を見、直接之に属して居るものは少数であるとしても、学生の全体が或は其跋扈を傍観し、或は進んで之を制する勢力の結束を見ないのは、一面に於て多数の学生が消極的に反動思想の跋扈を援助して居るものと云つても差支へない。学生の多数が反動思想の積極的の味方だと云つたら語弊があるか知れないが、併し少くとも其消極的支持なくんば、あれだけの威を発揮することは出来ない筈だ。して見れば是亦所謂反動思想が学生の間にも這入つて行つたと云ふことを見なければならない。兎に角是は昨今の最も注目すべき現象として吾々の注意を怠るべからざる所であると思ふ。

尤も此勢ひが今後益々発展し、今に伊太利《イタリア》などのやうに反動思想が天下を風靡するに至るであらうなどと見るのは、或は杞憂に属するかも知れない、が併し所謂社会改造を標榜する諸々の運動が従来のやうな勢ひで拡がり得ないと云ふことは事実疑ひない。即ち昨今の形勢は是等改造諸運動の鼻先をひし折つた形にも見える。

三

斯う云ふ最近の変調は之をどう説明すべきものか、どう云ふ所に原因すると考ふべきものか。

一つの理由は世界一般の風潮の影響であるとも云へる。露西亜《ロシア》に反動思想が起つたと云ふことは或は言へぬかも知れないが、種々な方面に於て従来の政策を緩和して居ると云ふ報道は、即ち多少同じやうな考が流れて居ると云ふ事を語るものであるかも知れない。仏蘭西《フランス》伊太利の事は言はずもがな、独逸《ドイツ》に於ても、南方には反動的勢力がなか〳〵盛だと云ふ事だ。して見れば戦争後各国を風靡した自由改新の風潮は西洋諸国に於ても昨今ちよつと其鋒先を沮《はば》まれて居る形になつて居る。而して是は一体どう云ふ所に原因するかと云ふに、種々な理由があらうが、其中最も著しいもの丶一つは、所謂改造的諸運動は戦後勢に乗じて勃興し来り、余りに時勢の寵に流れて、過度に或は焦慮《あせ》つて其主張の実現を社会に強要した形跡があると云ふことであらう。どんな善い事でも度を過ぎて強ひられ丶ば厭になる。酒を飲んではいけないと云ふ理窟は万々承知して居つても、多年飲酒の習慣に馴染んで居つた者には急にやめ悪《にく》いと云ふ事情もあらう。自分一人の道徳的修養の方針としては一刀両断、断然禁酒すべしと云ふも差支へないが、之を社会の総ての人に強制する規則としては急にやめ悪い事情の人もあらうと云ふ事実に妥協して、自分の確信を若干値引すると云ふ必要もあらう。所がうつかり値引をすれば又反動思想家に乗ぜられると云ふ虞《おそれ》もあるので、改造論勃興の当初は、正札の通り、自分の言分を主張すると云ふ必要もあつたのだらうが、其処は実際問題として自ら手心の存する所であるべきのに、最近数年間の形勢は所謂正義を主張する者に其正義を文字通りに強要すると云ふ嫌ひのあつた事は疑を容れない。専制の人に嫌はるゝは、単に政治に於てばかりではない。思想に於ても亦然り、道徳に於て亦然り、自由だとか、解放だとか、或は社会の改造だとか、さう云ふ主張には、主張其もの丶根柢に於て正しいのであるけれども、其実現を期する手段方法に於て多少強制の分子を加へて、人の嫌悪を挑発する嫌ひがなかつたとは言へない。さう云ふ所が自ら社会一般の人心に、初は賛成したが今は少し厭になつた、謂はゞ惚れた女も女房にして見て少々鼻につき初めたと云ふやうな嫌ひがないでもない。而して是と同じやうな事情は我が日本に於ても之を見るのである。是が一つ。もう一つの原因は、自由改革を主張する諸運動の間に従来のやうな結束が幾らか減つたと云ふ事である。総て改革の運動が起つた当初は、現状打破の後、如何なる理想的天地を作るべきかの先きの根本問題を考へるよりも、先づ差当り自分達の運動の前途に横はる障碍物を除かう、即ち現状を打破しようと云ふ事を専一に考へる。高等学校に入るのは大学に入る為だけれども、大学に入るには先づ高等学校に入らなければならぬと云ふ所から、中学卒業生は高等学校の入学試験に及第することを一生に於ける最大の事業なるかの如く思ふのと同じ事だ。さうすると現状の打破と云ふことが殆ど差当り唯一の目的であるから、其目的の為には有らゆる改造運動者は皆な一致提携が出来る。さうして反動運動が起れば悉《ことごと》く結束して之に対抗することも出来る。だから運動の初期に於ては反動的勢力に対しても相当強い結束的威力を示すことが出来たのだ。所が段々運動の歩を進めると、現状を打破することに成功すれば無論言ふまでもない事だが、まだ成功しなくとも、略《ほぼ》々将来の見当もつくと云ふことになれば、ソロ〳〵先きの根本問題に考が移る。即ち高等学校の入学試験に及第すれば初めて大学の事を思ふやうなものだ。さうすると将来の理想に就ては、或は甲と云ふ意見を持つ者もあれば、乙と云ふ意見を持つ者もあつて、其間に種々な区別が出来る。其中で最も大きな別れ方は、所謂理想主義的立場に立つ者と、唯物的立場に立つ者とであつて、其間には到底事を共にすべからざる重大なる差別がある。詰り向ふ側に渡る為には同じ船に乗つた。船頭がどうしても船を出さないと云ふ時には一緒になつて船頭を窘《いじ》めた。殆ど其為には死生を共にすると云ふ所まで行く。けれども船頭がやつと納得して船に乗つて見ると、偖《さ》て向ふ側に渡つてからは、自分は東に行くが他の者は西に行く。さうすれば先きに死生を共にし、君と僕と一生離れまいなどと言つた事が無意味になる。成程先きの事を考へれば、あの人と俺とはさう何時までも事を共にすることも出来ない筈だと云ふことに気がつく。それで同じ社会改造と云つても、将来如何なる社会を作るかの理想の点に反省し始めると、今までの友達も友達ではないと云ふことになる。敢て喧嘩をすると云ふ訳ではないが、限られたる問題に就て提携することは出来ても、徹頭徹尾全人格的に提携すると云ふ訳には行かない。理窟を云へば始〔極〕めて穏かな話だが、それが又実際問題になると、彼が裏切つたとか、彼が俺を売つたとか云つたやうな感情の疎隔も伴つて、実は相当猛烈なる喧嘩にもなるのだ。さう云ふ所へ反動的勢力が起つたとすると、又昔のやうに共同の強敵が現れたのだけれども、一旦感情の疎隔を見たのだから、元のやうに命懸けで共同提携すると云ふ訳には行かなくなる。場合に於ては元の仲間が反動者流に窘められることを腹の中で嗤《わら》つて居る者もあらう。少くとも復た最初の第一線に返つて共同の戦線を張ると云ふことは困難になる。是が又最近反動的勢力を跋扈せしめて居る一つの原因だらうと思ふ。

　要するに改造運動家が自己の正義を主張するに焦慮つた事から、社会の同情を失つたと云ふことが反動思想の擡頭を促した積極的の理由。それから改造運動が段々歩を進むるに従つて其間に分派を生じた、それが又感情問題などを伴つたと云ふ事が、反動思想の擡頭に対して改革諸運動の結束的対抗を十分にし得なかつたと云ふ消極的の理由である。

四

斯う考へれば、反動的勢力最近の擡頭は慶ぶべきか否かは別問題として、避くべからざる自然の勢であると云ふ事は疑ひない。さうすれば是は今後段々盛になるか、さうして伊太利などのやうに、是等のもの、代表的勢力が遂に天下を取ると云ふやうな事になるだらうか。此問題に関しての私の考は一言にして言へば、否と答へざるを得ない。換言すれば西洋のやうな風に盛にはならないと思ふ。無論一時的にはもう少し盛にならぬとも限らないが、結局に於て大した根柢のある運動とは思はないのである。

何故かと云へば、西洋の反動的勢力には単に右言つたやうな、時勢の産物であると云ふ事の外に、もう一つ積極的の根拠がある。日本の方は改造論者の不謹慎な失敗と云ふやうな事に基く、謂はゞ自分自身に余り深い発生的理由を持たない現象であるから、相手方の態度が変れば又元の通りにならぬとも限らない。之に反して西洋のはさう云ふ勢ひに乗じたのではあるが、反動思想其者の中に又自ら発生を促す所の深い内面的の理由があるのである。それは何かと云へば、耶蘇《ヤソ》教殊に天主教の宗教的狂熱である。伊太利のファスシスチ運動の蔭にはカトリツク教会があると云ふことは昨今公然の秘密だ。又各国の官僚が国内の中心的運動に対して障壁としてカトリツク教会を利用するに如何に苦心して居るかと云ふ事も、既に識者の洞察して居る所である。是等の点を考へて見れば、例へば彼の墺地利《オーストリア》のメツテルニツヒが、或は又彼の露西亜のポビエドノスチェフが、吾々から見ては驚くべき程の頑迷だと思はれる程の思想を持つて、自分自身は是で以て世界を救ふのだ、是で以て世界を大なる禍から救ふのだと云ふ意気組を持つて飛出して来たやうなものである。斯う云ふ一種の確信に基いて居るのだから、なか〳〵根柢が深い。

所が日本の反動思想にはさう云ふ根柢が無い。唯々変つた新しい事を嫌ふと云ふ一種の本能に動いて居ると云ふ所に或る意味の強味はあるが、併し積極的の確信がないだけ、或る点まで鼻つぱしが強いが、相手方の出様一つに依つては、訳もなく折れる。日本最近の歴史は又実に或る意味に於て之を証明して居ると云つて宜い。何か新しい説が起ると、何時でも日本の社会は之を容れない。飽くまで容れないぞと云ふやうな激しい態度を執つて居りながら、時勢の風向が少し変ると訳もなく折れて来るではないか。そこで私は日本に於ける反動的勢力は仮令《たとえ》此上どんなに盛になつたとしても、それは畢竟一時的のもので、結局に於ては宜い加減な所で引込むものと考へて居る。それだけ又改革主義に対する圧力も弱いので、革命などと云ふ不祥な事はなく、スラ〳〵と遷《うつ》り変る点に一種の特長は持つて居るが、其代り敵も味方も深刻に物を考へると云ふ風が乏しいと云ふ憾《うらみ》がないでもない。

とは云ふものゝ、差当りの所は反動的勢力がもう少し進むかと考へる。何故ならば全体の空気が反動思想の勃興に順調な形勢を示して居るからである。聞く所に依れば最近の早稲田騒動でも縦横倶楽部とやらの連中は随分腕力を揮つたと云ふ事である。さうして警察の方面は之を余りやかましく取締らなかつたと云ふ非難もある。無論私は事実の真相を知らない。けれども新聞の報ずる所に依れば当局では可なり猛烈な言葉を以て学生側を脅しても居つたし、殊に文化同盟に多少の関係ある大山、北沢、佐野の諸教授を少しでも疑はしい点があれば容赦なく処分するなどと云ふ不穏の言葉をも発して居つたから、旁々《かたがた》以て官憲が文化同盟側に甚だ同情がなかつたと云ふ事だけは断定し得る。大山、佐野、北沢の諸君は既に相当に名を知られた学者であり、警察と云へば職務上からしても其人物の程は知らないとは言へぬ筈だ。是等の諸君が如何に尊敬に値いする立派な人格の持主であるかと云ふ事は、世既に定評ありと云つて宜い。警視庁や内務省のどの役人を持つて行つたつて、人格の点に於て是等の諸君に優ると断定し得る者は、さう沢山あるだらうか。それにも拘らず、是等の諸君が不穏の運動の謀士かの如くに見做し、さうして場合に依つては之を処分するに躊躇しないなどと云ふのは、言ふ事自身は勝手かも知れないが、其実際に及ぼす結果如何はもう少し慎重に考へて貰ひたいと思ふ。彼等の良否の批評は姑《しばら》く措《お》いて、反動的勢力が益々跋扈し、官憲が又斯うして不謹慎な態度を執ると、恐らく折角散漫しかけた改革諸運動家は、又昔の第一線に返つて結束することにならぬと保証することが出来やうか。苦しさが極端になると犬と猿でも共同する。犬猿を相争はしめて漁夫の利を占めんとする功利的見地から見ても、昨今の官憲の遣方は確に自家撞著だ。窘められる方の運動家は、或は心中一種の脅威を感じて居るかも知れない。けれども社会革新の機運を無理にも早く助長したいなどと考へて居る者から言つたら、官憲と反動的勢力の昨今の勃興に対して、心窃に快心の笑を湛えて居るかも知れない。何故ならば之に依つて折角散漫しかけた諸勢力の機械的結束を再び実現することが出来るかも知れないから。併しながら斯の如くなることは反動的思想から言つて自家撞着であるばかりでなく、改革運動の健全なる発達から言つても、決して慶ぶべき事ではない。結果は唯々社会全体を不幸な混乱に陥らしむるに止まるのである。

五

鹿を逐ふ者は山を見ずと云ふことを言ふ。差当りの目的を達する為には猫も杓子も結束した方が宜いと考へるかも知れないが、私共の考では運動の初期に於ては成程猫も杓子も結束したが、段々時代が進むに随て銘々結局の目的を内面的に反省する所から、段々彼と我と提携が出来ないと考ふるに至るのが進歩の当然の順序だと思ふ。さうして銘々の結局の理想に反省し、彼と我との分野が極まり、其上で差当りの目的の為に或る範囲内で提携すると云ふことになるのが本当だと思ふ。盲目的の提携ではいけない。彼と我との理想の異なる所を十分に知り尽して、譲るべからざるは初から譲らない、譲り得べき所に於て事を共にすると云ふ所に、社会の本当の進歩が生れると思ふのである。であるから我国の社会運動家の中に最近当初の盲目的結束が段々弱りつゝあつたと云ふ事は寧ろ一つの進歩の徴候だと思ふ。けれども実際の運動家からは此結束の弛頽に堪へられなかつたと見えて、何とかして元通り塊めやうと云つて随分苦心して居つたやうだ。此一両年此の方、一部の人々が所謂社会主義者の大同団結を策して苦心至らなかつたのは、詰り這間の事情を現はすものである。実際家は困つた事だと考へたらう、併し斯うなるのが当然の順序だと私共は喜んで居つたのだ。さうして再び大に結束すべくんば、昔の戦線に戻つて結束してはいけない。一旦目の開きかけた者は再び元の盲目に返る訳には行くまいではないか。目が開きかけた以上は尚ほ一層聡明を啓《ひら》いて、黒白の別を明かにして、其区別の意識の上に相対的共同を策するの外はない。斯くして私は大体に於て順調に進んで居つたと思ふのに、昨今反動が再び起つて、さうして是等の点に反省するに暇《いとま》あらしめず、改革諸運動をして再び又元の機械的聯合に後戻りさせやうとする傾向のあるのは私の最も不幸と思ふ所である。盲目的聯合からは、どの途立派なもの、生れやう筈はない。反動的勢力がどだい一種の盲目的運動なのだ、盲目的運動と盲目的運動相軋《きし》る所、其間如何なるものを生ずるかは識者を俟《ま》たずして明かであらう。吾々は改革運動家に向つても、此際一時の形勢に焦慮《あせ》つて周章狼狽せざるなからんことを希望せざるを得ない。さうして反動運動家に向つても一時の形勢に狎《な》れて横暴を逞《たくま》しうすることの彼等に取つても、如何に恐るべき結果を持ち来すやを反省して貰いたいと思ふ。殊に此際に於て官憲の執るべき態度に就ては、最も慎重なる反省を煩《わずら》はさゞるを得ない。

〔『解放』一九二三年七月〕

学園の自由と臨検捜査

*

今度の事件に関連して学園の自由といふ事が問題になつて居る様だ。併し研究室を臨検捜索したといふに就て司法官憲を責むべき理由はないやうに僕は思ふ。其のやり方が乱暴に過ぎるといふ様な点で攻撃するのなら格別、只臨検捜査したといふ丈なら、研究室だからとて遠慮せねばならぬ理由は些《ちつ》ともない。寧ろそんな点に余計な気兼ねをせずにドン〳〵敏速に目的を達すべき筋のものと考へる。

若し学園の自由といふ見地から責めらるべき者がありとすれば、そは早稲田大学の当局者でなければならぬ。必要があつて許されたる職権内で官憲の学園に立ち入るのは当然の話だが、之を当然として指をくはえて傍観する学校当局者は、慥《たしか》に神聖なる学園の自由に泥を塗つた咎を免る丶ことは出来ぬ。

何故か。

学校は教授講師の人格識量を信頼して講釈と研鑽とを托し、其為に研究室を提供して居るのだ。従つて学校と教師との間には密接なる信頼敬重の関係が成立つて居る筈だ。官憲が不幸にして之等教師の一二に重大なる刑事事件の嫌疑をかけしとせば、その為めの臨検捜査は已むを得ぬとして、一応は必要なる措置を自らの責任の下に取る丈の決心が学校当局者に無くてはなるまいではないか。例へば暫く司法当局の直接に手を下すを猶予して貰ひ、其代りに研究室は封印をした〔と〕同様に一時何人も其中に入らしめず、徐《おもむ》ろに嫌疑の的とされる教師を招ぎ本人をして堂々と其筋の質問に答へしめることも出来やうではないか。学校側から熱心に之を乞うて、官憲の耳傾けぬこともあるまい。不幸にして耳傾けなかつたら、始めて学園自由の蹂躙を叫んでもいゝ。兎に角、教師その人の人格を相当に重んずる丈の手続を尽した上でこそ、官憲の意の儘にまかすべきであつて、其の要求に遇ふや直に一も二もなく之に応ずるは、啻《ただ》に教師其人に対する非礼であるのみならず、又自ら侮るの甚しきものではなからうか。狼狽か、意気地のないのか、早稲田大学当局の措置は余りに醜態を極めて居る様に見へる。

昨今伝ふる所に依れば、高田総長は急に維持員会とかを召集して、学園の権威の為に場合に依ては当局を糺弾すべきの決議をしたとやら。彼等は一体何を戸惑《とまどい》して居るのであらう。学園の権威の為に鎗玉に上げらるべきは、唯一つ学校当局者であつて、断じて司法官憲ではない。世人はこの点を見誤つてはならぬ。

尤《もっと》も事件の一切が明白になつた後、臨検捜査する程の事でなかつたことが分つて、その上で別に司法官憲の軽卒を問題にするのは妨げないが、之れなら何も学校に対する場合に限ることではない。殊に今度の様な質《たち》の事件に就ては、概して我国官憲に斯の弊がある。併し之は一般の問題として取扱ふべきもので、之を挙げて特に学園の自由を傷けた問題だとすることは出来まい。

要するに学園の自由は学園自ら守るべきものだ。学園自ら擁護の道を誤つて、ひとり徒《いたず》らに他を責むるは、飛んでもない見当違ひだ。司法当局に対しては学園の要求あらば相当穏便の処置に出でられんことを希望するが、何の要求もなかつたのなら、普通一般の方法でドン〳〵捜索の手を進めて少しも不都合はないのである。

特殊の問題、特殊の相手、といふことに拘泥せず、冷静公平に物を観る人は、必ずや僕のこの見解に異議はなからうと信ずる。

＊

そんなら司法当局に全然責むべき余地はないかと云ふに、さうではない。臨検その事に異議はないが、事件を臨検捜査に値する重大事と観たその見識に聊《いささ》か疑問がある。

尤も之は事件の真相が分つた上でないと容易に速断は出来ぬ。どんな事を企てたのか、之を詳《つまびらか》にせずしては何ともいへぬのである。只僕の感ずるが儘をいへばかうだ。(一)問題となつて居る人々、殊に早稲田大学関係の学者達は、そんな大それた事を企らむ様な人々ではないと思ふ。官憲は彼等の計劃と称せらるゝものと彼等の平素の人格とを結びつけて能く考へたであらうか。(二)外国から多少の運動費を得たとか又は外国の同志と何等かの連絡あるとかいふが仮りに事実として、さて斯かる事柄を官憲は非常に怖しいものの様に考へてゐるのではあるまいか。斯かる事実が実際にどれ丈の災を我国に加へ得るものかを、彼等は冷静に考へたことがあるだらうか。(三)共産主義といふ名と又内密に同志を連繫するといふ計劃とを、何等か怖しい陰謀でゞもあるかの様に妄想して居るのではなからうか。こんなものは無い方がいゝに相違ない、有つたにしても大したものではないと思ふのに、此辺の観方が我々と官憲の諸君子とは大部違ふ様だ。そこで我々が屁でもないと思ふ事に、官憲が飛んでもない大げさな力瘤の入れ方をするのであるまいか。馬鹿々々しいと思ふが、併しさう信じてゐられるのなら仕方がない。而してさう信じてゐる以上、些細のことにも気を廻して、やれ臨検だやれ捜索だと騒ぐのも亦已むを得ないとする。故にいふ。臨検捜索その事には罪はない。只之を臨検捜査に値する重大事だと信じたその低級な見識に文句をつければつけられると思ふのである。

*

仮りにたとへば共産党結社に関する重要書類が研究室から発見されたとせば如何。それでも僕の前述の立場は変らない。官憲の見識の低いこと、早稲田大学当局の意気地ないことに変りはないからである。只此場合に別に問題となるのは当該教師の態度そのものでなければならぬ。

教師が学術の研鑽以外実際運動に干与するの是非は別に論ずるの余地あるが、仮りに実際運動に与《あずか》るとして、研究室を其の策動の一根拠地とするは、学園の期待を無視するの甚しきものである。研究室を設備する学校の目的はもと決して無条件ではない。換言すれば提供を受けた教師は研究室を何に使つてもいいといふのではない。だからこそ、研究室は神聖なりとせらるるのだ。研究室といふ名に神聖なる性質があるとして、茲処を丁度いゝ安全なる策源地とするは、卑怯でもあり又憎むべき学界の冒瀆でもある。事実の如何を今僕は知らないが、若し少しでも学術以外の証拠品が多量にここに見出されたとすれば、僕は当該教師の不謹慎を極度に責めざるを得ない。

*

終りに学者の実際運動に干与する可否について僕の平素考へて居ることを一言する。

僕は研究に忙しかるべきの理由を以て実際運動に干与すべからずとするの説を取らない。研究に忙しくして運動を顧慮する遑《いとま》なしといふなら、それで隠遁的生活を送るもいゝ。又時に感激する所ありて無為にして居るに堪へずと思はゞ、その熱情を実際運動に移すも妨げない。良心の命ずる所に忠順なる限り、どつちになつても差支はないと思ふ。

けれども我々は結局に於て学者として立たんとする限り、換言すれば真理の探究者として始終せんと欲する限り、如何に実際運動に熱情を覚へても、其現実の目的の達成の為に些《いささか》でも所信を枉《ま》ぐるが如きは、其の能くし得ざる所でなければならぬ。世の中の実際運動には、良心に対する絶対的忠順を傷《そこな》ふことなしに出来るものもあるが、又大同に合して多少の妥協に服し、場合に依つては目的の急速なる成就の為に不本意なる非義をすら黙過せねばならぬ底《てい》のものもある。政治運動や社会運動にはことに這般《しゃはん》の種類のものが多い。

だから僕は、どこまでも学者として立たんとの潔癖より、常に絶対的な批評の自由を体せんと欲して、出来る丈け実際運動には腐れ縁を結ばぬやうにと自らを警戒して居る。尋ねらるれば意見は述ぶる。時としては進んで助言もする。が、どんなに心やすい人のやる事でも、実際運動には容易に没入せぬことに用心して居る。之が学者としての当然の態度だと信ずるからである。

さればと云つて、実際運動に干与するその事がわるいと云ふのではない。この方面に自己の使命を感ずるなら、其方に方向を転換するがいゝ。併し其時は則ち現実の目的達成の為に従来の所信の或程度に於ける譲歩をば予《あらかじ》め許すことを意味するのだから、最早《もはや》学者としての純真な生活は送り得ぬことに諦めをつけなければならぬ。さうでなくて依然学者の衣を脱がないなら、そは取りも直さず学者の地位にかくるるものであつて、結局に於て自ら保つ所以《ゆえん》にあらず、又兼ねて学界を瀆《けが》す処為だと考へる。この点に於ても或は早稲田の一二の教師は問題になるかも知れぬ。が併し僕の知つて居る限りでは此事に就ても彼等は大抵無難な様だ。大山郁夫君の如き、随分あぶない様に世間からは見られて居るが、あれで実際界には一歩も足を踏み入れて居ない様だ。だからこそあれ程思ひ切つた評論を下し得るのであらう。いづれ事件の真相の明になるに従つて其中にはこの辺の事情もはつきりするだらう。

〔『中央公論』一九二三年七月〕

〔『国際労働会議と日本』〕序文に代へて

今度浅利関口の両君が国際労働会議を主題とした研究を輯《あつ》めて一書を公にすると聞き、両君を識る僕として自ら一言なきを得ないのであるが、国際労働会議といふ問題に付ては多少の考もあるので、此の機会を利用して僕の考の一端を述べ、併せて両君の書をひろく江湖に推薦したいと思ふ。

*

第一に僕はかね〴〵労働問題の解決は本質上国際的協定にまたねばならぬものと信じて居る。世の中には単独で解決の出来る問題と協同的にやらねば出来ぬ種類のものとある。例へば禁酒禁煙といふが如きは、之を一つの社会運動としても固より相当の意義あるものに相違ないが、併しやめようと思へば自分ひとりでも止めることは出来る事柄だ。隣りのおやぢがやめない中は自分もやめにくいといふが如きは人情として尤もの点もあるが、本質上ひとり〳〵をやめさすことは出来ぬといふ問題ではない。之に反して例へば小売商人の物価協定などになるとさうは行かぬ。豆腐一丁を五銭で売ることにきめる。仲間の人にひそかに此の協定を裏切つて四銭五厘に売る者があるとする。さうすると一旦約束した以上之を破る様な不徳義はせぬなどと馬鹿正直を立て通す者は得意を皆他に奪はれて自分は散々の失敗を見ることになる。斯んな類はどうしても全員一致でなければ出来ぬ事柄で、ひとりでも裏切るものがあると全体が破れて了ふ。従てまたひとりでも異議ある者があれば実は初めから協定が成り立ち得ない。而して斯く云つた様な問題は国の内外に亘る公けの事柄に付ても随分沢山ある。国際的関係の問題にして斯種の事項に属する最も代表的なものは軍備制限であらう。或る一国が如何に軍備大縮減の必要を痛感しても、隣りの国が依然脅威的大設備を擁して居る以上は、削減どころか場合に依ては不本意なる拡張をさへ余儀なくさるゝことがある。如何に平和の風潮が輿論的に旺《さか》んになつても、実際問題としては世界の強国悉く一致の誠意を示さなくては、軍備制限の実現する見込はない。是れ軍備制限の国際的協議の屢々《しばしば》試みられる所以《ゆえん》である。而して其の実際的協定の容易に成立せざる所以も亦以上の微妙なる事情に基因するや疑を容れぬ。兎に角軍備制限といふものは斯う云ふ性質のものだから、誠意ある世界的協定の完全に成立するまでの間は、一旦之に賛成したからとて俄《にわか》に必要なる補充乃至拡張を遠慮することも要らず、又之を発企した国が若干の拡張をやつたからとて直に其の平和的誠意を疑ふの必要もない。序《ついで》ながら一言しておく。

労働問題に付ても、僕はかねぐ〵斯うした国際的性質の存在を認めて居るのである。一体労働条件をどう決めるかといふ様な問題は政体をどうきめるかといふ類と同じく、固より第一次には国内的問題而して政党の決定如何が自ら間接の影響を隣国に及ぼすが如く、労働条件の決定も全然他国と没交渉ではあり得ない。併し労働条件の方は実はもつと直接な形態に於て隣接他諸国と深い交渉があるのである。是れ今日の世界に於て経済関係の国際的なるより来る当然の結果であらう。是に於て僕は労働問題をば第二次には国際的問題だと考ふるのである。詳しく云へば、甲国に於ける労働関係の特殊の解決は、全然隣接乙国に何等の影響なしにとゞまり難く、又丙国に於ける労働問題の特殊の解決は、隣接諸国の労働関係が之を助長するやう少くとも之を礙《さまた》げざる様に出来て居ないと結局うまく成功するものではない。於是《ここにおいて》甲国が労働問題の解決に熱心になればなる程、乙丙諸国の労働関係に無関心であり得ないことになる。此処から労働問題に関し各国家間に一種の道徳的干渉権が発生する。道徳的干渉権は直に法律的権利義務の形には変へ得ない。けれども出来る事なら斯く変へることが必要だといふ所から、新に労働問題の国際的協議と云ふものが起らねばならぬことになる。最近新に起つた国際労働会議が他の平和を目的とする諸会合と並んで今日の世界に重きを為すも偶然でない。

*

以上の立場から僕は労働問題の国際的性質といふことを能く〳〵国民に了解して貰ひたいと思ふ。世間には外国では何と決めやうが我国は之に拘泥《こうでい》する必要はないなどと云ふ人もある。我国の特殊の事情を無視して西洋できめた型に盲従せよと云ふのではない。只我国が我が所謂特殊の事情一点張りで勝手に決めたのでは、結局他国にも迷惑をかけ、軈《やが》てまた我れ自らを傷くる結果になるを知らねばならぬと思ふのである。政府すらが国際労働会議そのもの並に其の協定に対して已に聊《いささ》か冷淡の色あるは僕の甚だ遺憾とする所であるが、何を差しおいても大事なのは此点に関する民心の開拓といふことである。而して本書はこの方面に大に貢献すべきは僕の信じて疑はざる所である。

*

次に僕は労働問題の国際的解決に就ては予《あらかじ》め大体の方針を指示して置くことの必要を痛感する。と云ふ意味は、現今この点に関しては二つの異つた方針が流れて居り、之が我国に於ても相当に強く争はれて居るからである。早い話が一方国際労働会議に代表者を出さうと云ふ者があれば、他方には出すまいと主張する者があるではないか。昨今我国労働団体の多数の態度は著しく変つて来たと云はるゝが、去年位までは、国際労働会議を認めるなどは労働運動の堕落だと説いて居つたのである。国内の普選問題などに付ても、之が利用を不可とする論の方が景気がよかつた様に思ふ。之が昨今著しく変つて来たのであるが、兎に角斯んな風に二つの違つた思想の流れがあることは明である。そこで我々はこの孰《いず》れに加担すべきかを定むる必要があると思ふ。この方針を予めきめて置かなくては漫然国際労働会議を云々しても何にもならない。
労働問題解決に関する思想上の根拠を何れに取るべきやに就ては、僕嘗《かつ》て御粗末ながら一書を公にして世に問うたことがある。『社会改造運動に於ける新人の使命』といふのがそれだ。僕の立場を一言にして云へば、ボルシエヴイズムを排して人道主義をとり、第三インターナシヨナルよりも第二インターナシヨナルに傾投し、殊に唯物的解決を極力斥けて理想主義的解決を推奨したのであつた。去ればと云つて世の所謂協調主義など云ふ微温的な妥協を可とするものでないことは言を待たぬ。之等の点はこゝに一々詳説するの煩《はん》を避くるが、兎に角細目の点はどうでもいゝとして、右の論点だけは予め旗幟《きし》鮮明ならしめて置く必要があると思ふ。而してこの肝要なる点に於ても浅利関口両君の立場は全然僕と同感であることは僕の最も喜ぶ所である。是れ両君の該博犀利なる論究を十二分の確信と尊敬とを以て江湖に紹介する所以である。

*

此機会に於て序に一言世の識者に告げたいことがある。それは世間の所謂赤化脅威といふことである。曰く露国では世界中を赤化しやうと陰謀をたくらんで居ると。斯くて赤化といふ二字に非常に怖しいものを想像して居るのであるが、之はいろ〳〵の意味に於て大変な誤解だ。尤もまた反対に露国の赤化的努力といふものは丸で嘘だと否認するのも正当でない。僕の屢々述べた如く労働関係の解決は国際的のところまで行かなければ安定を得ないものだ。故に露国のボルシエヴイズムも露国だけの改革に留めては失敗の運命を免れまい。そこでどうしても他国にも之を流行せしめねばな〔ら〕ぬと思つてゐるだらう。と云つて急に他国を思ふ様に左右することも出来ないから、露国では今や已むなく一旦きめた施設を若干枉《ま》げてもゐるさうだ。が、之を我々は改革の失敗に鑑《かんが》みてまた逆戻りしてゐるのだなど、安価に評定してはいけない。思ふに彼等は之を当座の辛抱と我慢して更に鋭意他諸国の赤化といふ根本事業に熱中するのではあるまいか。況《いわ》んや彼等には自国の改革は世界に於ける全労働階級の福音たり、この福音は広く天下に頒たざる可らずとの伝道者的熱情に燃ゆるものありと云ふに於てをや。要するに我々は露国に――少くとも露国人の間に――所謂世界赤化の企劃あることを認めないわけには行かない。何となればこの企劃なしにはボルシエヴイズムのあれ丈けの大改革は畢竟無意義に了らなければならぬからである。故に僕は例へば英露の間に赤化宣伝をやらぬとの条件で承認問題が解決されたといふ様な説を文字通りには受取らぬ。又赤化宣伝をやらぬといふ条件の下に於てのみ露国と交渉に入るべきだなどいふ主張の愚をも笑らはずに居れない。赤化宣伝はボルシエヴイズムに取つて大事な生命だ。之を封じ込むことの可能を信ずるは、童貞厳守の条件の下に娼妓稼業を許さうといふに等しい。

*

赤化宣伝の事実を否認しないと云ふと、直ぐそれだから露国とは国交が開けぬと力むものがあるが、之も亦飛んでもない間違だ。露国のボルシエヴイズムに就ては非常に怖しい伝奇的怪譚が余りに深く人心に滲み込んだので、今日之を取り消すのは容易でないが、切《せ》めて識者階級だけはも少し正しい見識を有つてもよかりさうに思ふ。之等の点にまで立入つて弁論に骨折るのは僕のこの小篇の目的とする所ではない。要するに所謂赤化宣伝の内容を不当に誇大視し、為に露国と国交を開始するの断じて避くべきを説くが如きは、余りに見つともないから止さうではないか。但し他の論点から承認問題の可否を論ずるのは自ら別問題である。

赤化宣伝は恐るゝに足らずとして、其の思想の根底に誤りありとすれば、吾人はまた全然之を不問に附するわけにも行かぬ。然らばどう之を処置するか。対策は決して其の禁圧ではない。又禁圧したとて効のあるものでもない。陳套な言葉だが矢張り思想は思想を以て闘ふの外はないと思ふ。然らば如何なる思想を以て夫《か》の赤化宣伝に対抗せしむべきかといふに、言ふまでもなく、第二インターナショナルの立場を措《お》いて他にないのである。是に於てこの立場よりする労働問題の研究は、我国の今日に於て実に焦眉の急務と云はねばならぬ。労働問題それ自身の解決の為めには勿論だが、赤化対抗の意味に於ても極めて緊要な事業なのである。この点からも本書が今日我国の急要に応ずるものたるは多言を要せずして明であらう。

斯く考へて僕は今日我国の官民がボルシエヴイズムの威力を不当に怖がつてゐる態度を遺憾とする。而して之に対抗する最も有力にして且つ最も合理的なる武器は、健全なる思想と其の具体的の運動とであるべきに、あつものに懲りてなますを吹くの譬に洩れず、労働問題に関する一切の思想と運動とに動《やや》もすれば正当なる処置をあやまるのは亦僕の甚だ残念に思ふ所である。

*

いづれにしても浅利関口両君のこの述作は極めて時務に適切なる書として進んで世上に推薦する。浅利君は人も知る如く国際労働事務局に職を取り、斯種問題の研究に一生を捧げんとしてゐる方である。関口君は朝日記者として僕の同僚たるのみならず、労働問題の熱心なる研究家として以前からの知友であつた。両君の斯方面に於ける造詣は多言をまたずして明だが、僕の本書を推挙するは、啻《ただ》に一知人としての情誼から来るばかりではない。両君を識ると否とに拘らず、本書の如きは正に今日の時勢に欠くべからざるものと信ずるが故に以上長々と僕の所見の大要を披瀝して、敢て推薦の理由を明にした所以である。

大正十三年三月十六日

東京朝日新聞社楼上に於て　吉野作造

〔朝日新聞社編『国際労働会議と日本』一九二四年四月刊〕

〔『国際労働会議と日本』序文に代へて〕

失職者問題と思想善導問題

来るべき一年に於て何が世間のやかましい論議に上るだらうかの予言は出来ぬが、何が吾人の慎重なる攻究省察を要するかと云ふなら、吾人は遅疑する所なくそは失職者問題と青年思想善導問題との二つだと断言する。所謂国事多端の際、論ぜらるべき問題は外にも沢山あらう。併し其の取扱方の如何に依ては遂に帝国将来の致命的痼疾となるの恐あること右の二問題に若《し》くものはあるまい。

失職者問題の根本的対策は決して所謂求人開拓ではない。馘首《かくしゅ》者に対する潤沢なる給与では無論ない。若干の退職賜金は以て一時の窮を救ふに足らんも、結局に於て多数は早晩何かの職業にありつくの必要に迫らるゝ。そこで職業紹介が本問題の根本的解決なるかに看做《みな》され、その為にや政府側でも或は職業紹介の全国的統一をはかるとか又は求人開拓デーなどと騒いで頻《しきり》に応急の効果を挙げんと努めて居る。洵《まこと》に結構なことだが、只一つ遺憾なことには、折角の努力奮励も無い仕事を探すに焦り、仕事其ものを潤沢ならしむべき根本的涵養策を彼等は等閑に附して居るのではあるまいか。諺にも無い袖は振れぬといふ。求人開拓も職業紹介もそが能く失職者問題の解決策たり得る所以《ゆえん》は実は世上に労働の機会が沢山ころがつて居ることを前提としての話ではないか。

所が世間に仕事がない。仕事のないのは不景気の結果で不景気は戦後世界の一般風潮だといへば夫れ迄の話だが、我国には外にモ少し考ふべき点がある様に思ふ。そは民間経済に対する過当なる財政的圧迫といふことである。この圧迫が単に課税の形に現るゝものゝみに限らぬことは言ふ迄もない。然らば何の為に這《こ》の圧迫が余儀なくさるゝかといふに、中す迄もなく第一に来るものは尨大なる軍備である。今日の軍備が量に於ても質に於ても一大整理を要するは公知の事実。軍備以外の費目と雖も、政府従来の放慢無責任なる施設やら政治的意義を帯ぶる無謀の対外投資やらの為に、転々民間を湿《うる》ほすの用を為さずして空に飛んで了つたもの亦頗《すこぶ》る巨額に上る。其外にも種々の原因はあらうが、要するに民間今日の経済を此種の財政的圧迫から何とか解放してやらなくては、産業は到底興りやうがない。産業振はずんば失職者問題の解決は駄目だ。否それぱかりではない、日本国民の生活其ものが結局に於て脅かされることになる。昨今の失職者問題を一国の有識遊食階級の発生といふ方面からのみ心配するのは甚だ浅薄の見であらう。

青年思想の善導、之も随分云ひ触らされた問題だ。現代青年の間に思想悪化の傾向あるは吾人と雖も之を認むる。併し乍ら所謂悪化を以て責めらるゝもの丶中には、之を識る者の頑迷謬妄の誤認に出づるもの決して尠《すくな》らざるを注意しておきたい。純真なる心を以て社会の欠陥に直面し、爰《ここ》に改革の熱情を燃して胸中種々の劃策を蓄ふるをば、単に因習伝統に従順ならざるの故を以て、一概に罵倒し去るは間違つて居る。真に憂ふべきは寧ろ他にあつて茲処にはない。それは何かといふに為すまじきことを考へる斗《ばか》りでなく更に之を軽々実行に移さんとする者の昨今著しく多くなれること是である。思想そのものが恐るべきではない。直に之を実行に移したがる傾向が怖いのだ。この問題の要《かなめ》を見損つてはいけない。

此憂ふべき傾向に対し、始めから青年にそんな不都合な事を考へさせまいと骨折ることは、愚の骨頂である。文政当局は之を適策と信じてか昨今色々劃策する所ある様だが、それは年頃の男女に性欲のことを思はせまいとするに同じく、労して効なきに了《おわ》るや言を待たぬ。考へる丈けのことは致し方がない。要は考へること丶実行することゝを離せばいゝ。而してこの二者の間に自ら一の溝渠を作るものは実に境遇の力ではないか。思想は人をラヂカルにする。而して境遇は人を保守的にする。玆にうまく釣合の取れる所に健全な進歩がある。夫の虚無党的兇暴は全く境遇の産物なりといふ西諺は実に味のある教訓である。

果して然らば本問題の根本的対策が青年の境遇改善の外に絶対に途のないことは明であらう。斯の立場から熟々《つらつら》当今の形勢を見ると実に寒心に堪へぬものが多い。金なくば碌な勉強も出来ぬ。あつても入学試験の難関を如何せん。うまく第一関門を通ても第二第三の難関は常に若い心を極度に不安ならしめる。数へ挙げれば際限もないが、要するに当今の青年は人世の大事な時節を危惧不安に襲はれ通しで暮す。若し夫れ一旦途中で蹉跌《さてつ》することあらん乎、彼の前途は忽ち暗黒となる。斯うした陰惨な境地に投ぜられて青年の心状が如何の傾向をとるかは智者を待たずして明であらう。青年の思想を憂ふる者は須《すべか》らく先づ此点に思を致すの必要があると思ふ。

〔『中央公論』一九二五年一月「巻頭言」〕

無産政党問題に対する吾人の態度

無産政党問題に関する二三の質問　多くの読者より最近無産政党問題に関して質問を受けた。昨今問題になつて居る無産政党準備運動に筆者も関係して居るかといふのが一つ、少くとも結成の出来た暁無論之に参加して熱心に尽力するだらうといふのが一つ、最も多数の質問は自分達も当然之に加入すべきものと思ふが如何といふのであつた。之に対する私の宿論を卒直に述ぶれば、第一に無産政党は急いで作るべきものでない、第二に出来ても無暗に之に加入すべきものでない、従て第三に自分は差当り右の運動に関係して居ないが恐らく将来も関係せぬであらうと云ふに帰する。

と云ふと如何にも無産政党に同情のない言ひ方の様だが其実決してさうではない。私は無産政党の発生を心から冀《き》望《ぼう》する一人である。其の健全なる発達は私の最も焦心する所である。それだから私は一個の国民として無産政党に直接の関係を有たぬ様にと戒心するのである。この点を明にするのがこの小篇の目的である。

無産階級運動と無産政党との別　無産階級運動とは何ぞと云ふが如き細目の学究的説明は姑《しば》らく措く。無産階級の擡頭と其の自覚に基ける各種の運動は将来の社会に対する一光明として無条件に之を助成すべきものなることを私は先づ許してかゝる。さて無産政党運動は所謂無産階級運動の一分派には相違ないが本来はその目的を達する一手段として存在するものに過ぎぬ。此点に於て政党運動は自《おのずか》ら其の運用に条件の附せられないわけには行かぬ。是れ無産政党運動がその儘直に無産階級の為の運動として無条件の承認を要請し難しといふ所以《ゆえん》である。況《いわ》んや無産政党運動は政党運動としての本質上動《やや》もすれば無産階級の本筋より脱しがちのものなるに於てをや。

無産政党運動はなぜ無産階級運動の本筋より脱し勝のも〔の〕と云はれるか。其の主たる理由は二つある。一は政党運動としての本質上其の主張に時に応じて種々の妥協が余儀なくさるゝことである。出来合ひの衣物の様に実際の事情に応じて多少の切り盛りを許さぬのでは政党運動にはならぬ。が、何処までが許し得べき妥協であるかの見定めがなか〳〵困難だ。頑強に過ぐれば政界の落伍者たるを免れず、伸縮自在に過ぐれば遂に脱け難い堕落の淵に陥る虞《おそれ》がある。二者共に頗《すこぶ》る無産政党運動のあやまり易き所と謂《い》はねばならぬ。第二は多少の妥協を必要とする結果、主義政綱の具体的声明に分派を生じ易く、従て全体を一つの意見にまとめることが困難になることである。而して政党運動として本質上之等の分派はまたブルジョア政派に対抗して協同動作に出づるの必要も大にあるのだが、そこがうまく行くかが問題である。手短にいへば、分れて而して合するといふ六つかしい芸当が要求さるゝのだが、問題は其分るゝや公明正大の進退を期し得るや否や又合すべき必要の起つたとき小異をすてゝ大同に合するの雅量を示すや否やにかゝる。此点をうまくやらないと、啻《ただ》に無産階級の要求を徒《いたず》らに無効に終らしむるに留まらず、時として敵の乗ずるにまかせて結局社会の進運を停滞せしむることなしとせぬ。斯う考へて見ると、無産政党運動は無産階級に取つては勿論のこと社会一般の発達の上にも大切なものではあるが、舵の取り様如何に依ては却《かえつ》て可なりの弊害を来さぬとも限らぬものである。

然らば之等の弊害を防ぐ方法はないか。ある。唯一つある。所謂民衆的監督がそれだ。而して民衆は実に監督者であるべきものなるが故に政党に直接の関係をもつてはいけないと私はいふのである。

民衆と政党との関係　民衆と政党との関係に就て私が之れまで各種の機会に述べた所は其儘無産政党の場合にもあてはまる。私は従来政党は政治家の作るものであつて、政治専門家でない一般民衆は之に加入すべきでないと説いた。民衆が政党に加入すると、政党に取て所謂地盤なるものが出来、一方には地盤のあるのに安心して立派な政治をするといふ熱誠がゆるみ、他方には地盤の維持開拓のために種々の腐敗行為を敢てするに至ると説いた。若し我々一般民衆が政党に対して超然たる態度を維持し何れにもあれ良い方に賛成すると構へて居れば、各政党は之等の投票を得る為に嫌が応でもよい事を為すに競争せざるを得ぬことになる。政党を潔め政界の健全なる発達を期する唯一の良法は実に民衆一般の超然的態度に在りと主張して来たのであつた。この主張はいま無産政党問題を論ずるに当ても些《いささか》の変更の必要を認めない。

前にも述べた通り、無産政党の前途には幾多の暗礁がある。此暗礁をうまく乗り切つて正しき針路を踏み外さゞらしめんが為にはどうしても第三者の監視が要る。外部の批評と助言とがなければ屹度《きつと》間違をやるにきまつて居る。而して此大切な役目を為すものは実に民衆を措《お》て外にない。故に民衆はどこまでも厳正中立を守らなければならぬ。断じて特殊の政党と腐れ縁を結んではいけない。之がまた本当に政党を活かす所以でもある。

また政党に取つても斯うした超然的態度は本来決して不利益ではない筈だ。今まで地盤ときまつたものが今度は当にならぬことになるのだから一見非常に不利のやうにも見へやうが、自分を離れた民衆が必しも敵党に鞍替するとは限らない。従来のやうに盲目的に或党に投票するのではない。能く考へて良い方を翼賛しやうといふのだから、今まで陰険悪辣な方法で民衆を瞞着して居たものでない限り、少しも心配は入らぬ筈である。却て敵の党を離れた民衆の投票が自分の方に来ぬとも限らない。自信のある敵党〔政〕に取て何の不安もない筈である。却て事前の約束は当にならぬことにはなつたが良い事をしさへすれば幾らでも民衆的同情は殖へるといふ見込はあるではないか。斯うなると始めて政党も自然に良くなり社会の健全なる進歩も期せらるゝのだ。故に私は繰返して云ふ、民衆の超然的態度は政党の為に同時にまた社会の為に其の向上発達の不可欠条件だと。私が民衆に向つて無産政党に関係するなと勧めるのを以て一概に政党に同情なきの言とされては困る。

斯く論ずると玆《ここ》に一つの反対説を立つるものがあるかも知れぬ。即ち私の説が民衆と政治家とを始めから分けて考へて居るのを指摘し之を根本の誤謬と論ずるものがあるかも知れぬ。政治家などといふ特殊の支配階級を認めるから民衆が彼等の弄ぶ所となるのだ。政治は民衆の仕事だ、政治家は民衆の指揮の下に犬馬の労を取る代弁者に過ぎざる筈のものだ。斯の理を押して行けば始めて政治家をして真に民衆の用を為さしむることが出来る。而して此目的を達する為に民衆の政党が必要になるといふのである。斯う云ふ考方は昨今相当に盛のやうだが、実は之が根本の謬見であると思ふ。腹の痛い痒いは患者本人に聞かねば分らぬ。併し如何して之を癒すかは医者でなくては分らない。従来の医者は患者を見もせず勝手に投薬したので、遂に民衆は其無責任を憤り医者無用論を唱へ、甚しきは自分で医療のことが分るやうな気にも一時はなつたのだが、本当のところは矢張り医者に頼まなくては分らぬのである。只問題はその医者が絶へず誠実に患者と連絡を取て居るか否かに在る。政治に於ける亦然りで、従来の政治家が頼むに足らざりしとて一概に之を斥けるのは専門の智識なくして勝手に薬を手盛りする様なものである。政治は政治家にまかせる。只民衆は厳に其の監視を怠らない。之が理想的の状況だ。而して政党は政治家の作るべきもので民衆は直接に之に与るべからずとする論拠も亦実にここに在る。

するとまた斯く論ずる人があるかも知れない。君の説の如きは無産階級政治運動の相当に発達した上ならいゝ。今は全民衆結束の力を以てブルジヨアの金城鉄壁に当るべき時だ。仮令《たとえ》それが正則でないにしても、敵の堅塁を倒す迄の繋ぎとして無産階級の全衆を結束するの必要はあると。一応尤もの様だが、少しく綿密に考へて見ると直ぐ是亦空言採るに取〔足〕らぬ所以が分るだろう。

明治初期政治運動の経験　之に付て想起すは明治初期の政治運動である。当時民間政客の旗幟たる藩閥打破は正に今日の社会改造であつた。あの頃の藩閥の勢力と蛮勇とはとても今日のブルジヨア階級の如きものではなかつた。この金城鉄壁に当るには一人でも多くの力を結束するの必要ありとして、地方の豪紳は先輩の勧誘に応じて進んで政党に加入するの責務を感じたが、其の結果ははたしてどうであつたか。「国民自由の権利」の為と蹶起した彼等が第一に迷つたのは同じ目的を有する政党が二つも三つもあつたことだ。第二に迷つたのは其等の政党が互に烈しく反目してゐたことであつた。政党が二つ以上あるといふ事実が既に自ら民衆の超然的態度を要求するものだのに、当時識者はこゝに気附かず、各々好む所に依て入党を強いたので、無垢の民衆までが遂に党籍を異にするに由て烈しく反目する様になつた。斯ういふ所から我国の政治史は吾人に二重の苦き経験を訓へて居る。一は民衆の超然的態度を棄てしめたが為に政党そのもの、健全なる発達を妨げたことで、も一つは早くより反目の勢をなしたが為に藩閥に対する威力も案外強からず又不当の方法を以てするに非れば全般的結束を見難きの風を馴致したことである。之等の弊に懲りたればこそ今日更始一新の政を行ひたいなどといふのではないか。然るに今また同じ誤りを繰返さんとするは何事ぞ。無産政党だけはせめて踏み出しの第一歩から純正公明のものであらしめたいと思ふのである。

無産政党結成の順序　無産階級の民衆は原則として政党に関係す可らずといへば無産政党は如何にして発生し得るか。私の考としては、無産政党は決して作るべきものではない。少くとも急いで作るべきものではないと信ずる。昨今新聞の報ずる所に依ると、日本農民組合其他の肝煎《きもいり》で此秋には無産政党の出来さうな勢が見える。新聞の社説などにも普選の実施を見てなほ無産政党の出来ないのはどうしたものかと、暗にプロレタリアートを煽動するが如き論も見える。私の考では政治運動は大に起つてよし又起らないのが嘘だと思ふが、政党の結成には機未だ熟して居ず、機に先じて之を作れば必ず其結果が面白くあるまいと思ふのである。

政党を作れば政綱も定まる。政綱の定ることは夫れ丈門戸を狭くすることだ。人は感情の動物である。政党既に成立して幹部の顔触等が定まると、後に代議士にでもなつたものは主義立場を同うしても一寸それに這入《はい》り難いといふこともあるのだ。要するに早く政党を作るといふことは門戸の狭き沢山の党派を分立せしめる恐れがある。他日必要が起つても其の結束を甚だ困難ならしむる恐れが大にある。

故に私の考では、今日の政党運動は之を転じて単純な準備的政治運動となし、此際は将来の選挙の際に応ずべき物質上精神上の準備のみに専心する方がいゝではないかと思ふ。そしていよいよ総選挙のあつた時相当の人を挙げて之を議院に送ることの出来るやうに用意しておく。――斯くてこゝに既成政党に属せざる若干の労働代表議員とでもいふ者が現れたとき、之等の人々が集つて倶楽部《クラブ》が作られ、之から漸を追て政党を発達せしめるといふのが最も適当の順序であるまいか。斯くすれば同じ傾向のあらゆる人々を網羅するにかたくないのみならず既成政党から従来の不満に堪へ切れずして馳せ参ずるものもあらう。之れ〳〵の主義主張に賛成のものは来れといふよりも、既成政党の政策に慊焉《けんえん》たるものは来れといふ方は門戸が遥に広い。門戸を広くして多くの人材を集め、其上で政党的結束を彼等に成さしむるといふのであれば玆に政党としての力のこもつた本当のものが発達するに違ないと思ふのである。

無産政党運動家に対する希望　無産階級に取て政党運動は無用ではない。併し無産階級の民衆一般は自ら進んで政党を組織し或は参加してはいけない。政党はどこまでも自家階級中の政治専門家に任かすべきである。而して民衆一般が無産政党と直接の関係がないからとてブルジヨア政党の籠絡する所となる可らざるは云ふまでもないが、無産階級だから必ず無産政党に投票すると固定するのは却て無産政党を堕落せしむる所以である。故なくブルジヨア政党に籠絡せられざるの聡明を維持しつゝ、場合に依ては之と結ぶこともあるべき位の自由の態度を失はず以て絶へず無産政党を緊張せしむることが必要である。要するに無産階級運動と無産政党運動とは二者混同してはいけない。互に独立別個なる二つの運動として対立してゐなければならぬ。たゞ両者常時適当なる取引関係に置かるゝを要するは云ふまでもない。

無産階級は政治問題の処理を無産政党に托するの対償として其の物質的支持を引受くべきは、他の政党と民衆との場合と同様、当然の話だが、この点うまく行くかどうかは将来の問題だ。而して之等の点に無産階級を訓練指導することは今日何よりの急務といふべきである。この意味に於て私は今日無産階級内の有識者間に政党運動の起るのを必しも喜ばない、寧ろ之等の人々が教育運動に熱中し他日の準備を今日に築かれた方がどれだけ有意義であるか分らないと考へて居る。

最後に私は繰返していふ。民衆一般の立場として政治運動に目を開くのは幾ら開いてもいゝが、無産政党には断じて這入てはならないと。(九・九)

〔『中央公論』一九二五年一〇月〕

無産政党問題追記

どうせ出来るものなら、無産政党は全国的に統一されたものが唯一ツであつて欲しい。二つや三つになることはなるたけ避けたい。而して一たび二つ三つ出来てしまうと、後之を一つに纏めるといふことは頗《すこぶ》る困難になる。我々はとくに此事に注意して置くの必要がある。要するに政党は急いで作ると二つ三つに分れ易い。現に政治研究会が分裂したの共産主義派に乗取られたのといふ噂があるでないか。先き頃新聞に見えた無産政党準備委員の暫定綱領とやらを見ても、あゝした偏理突飛な主張に拘泥するのでは、政治家としての素質に富んだ人程之に参加するを難んずるだらうと思はれる。感情から云つても、将来の代議士が政治に経験のない学校出だての政党幹部の頤使《いし》に甘んずるだらうか。つまらぬ感情で動いてはいかぬと云つたつて事実がその通り行かねば仕方がない。只問題は斯くの如く放任して可なるや否やにある。而してこれ実に無産政党運動の前途に取て重大の関係があるのだ。枝葉の戦術に属する一小些事と謂はゞ云へ、全国的に統一された唯一の無産政党を得んと欲せば此事断じて軽々に附して〔は〕いけない。故に曰ふ、無産政党は決して其の結成を急ぐ可らず、而して無産階級代表の議員が出来た上で彼等に其の仕事を一任せよと。

他日無産階級代表の政治家たらんとする者から観れば、政党は一日も早く出来た方がいゝ。殊に選挙に於て政党のあるとないとが成功不成功に重大の関係がある。併し政治家一時の便宜は以て無産階級永遠の利害を犠牲とすべきではない。若し早く政党を作り其の力を以て選挙に臨まん乎、其の結果は政治家が目前の効果を挙ぐるに急ぐのあまり、既成政党の忌むべき常套手段を依然踏襲して政界の腐敗を来すことがないだらうか。然うでないとすれば、やがて選挙民の方が政治家の要求を煩累と感じて政治に対する熱情を冷却するに至るだらう。

就中私の最も憂ふる所は労働組合の政党化である。労働組合が政治運動をやる、之は毫《ごう》も差支はない。けれども労働組合が其儘政党となるは、都鄙《とひ》の百姓町人が進んで政争に没頭すると一般、百害あつて一利もない。労働組合の支持をうくる無産政党の出来るは好ましいことだ。が、労働組合そのものが政党となつてはいけない。近頃唱へらるゝ無産政党は、私の観る所に誤なくば、労働組合そのものを直接の踏台とするものらしい。是れ私が特に無産政党の急速なる結成に反対する所以である。(九・一一)

〔『中央公論』一九二五年一〇月〕

労働組合法制定の最大難関

社会局原案の労働組合法　は目下行政調査委員総会ですつたもんだの論議最中である。新聞伝ふる所に依れば、社会局の原案は従来自由に発達して来た労働組合をそのまゝ認めるといふ趣旨を以て立案したとやら。然るに幹事会は之に反対し種々の修正意見を出した。之が議事停滞の原因だといふ。今頃こんな有様では、到底近き将来に筋道の通《と》うつた労働組合法の制定さるゝ見込はなささうだ。

労働組合をして十分に其の社会的機能を発揮せしめんが為には、其の自然に生るゝが如くにして生れしめることが必要だ。官庁で予《あらかじ》め型を示し此の型に合ふ様に役人の肝入りで作つたのでは、妙にみな魂が抜けてしまう。既に存するものに青年団がある。労働組合までを此式に堕落させられては困ると評する者もある。既に出来た者を保護助長し又自然の発達を透観して適当な助成の途を講ずるのが組合法の使命だのに、幹事会の意見なるものは全然之に反し、従来発達の跡を無視するは勿論、実地とは離れた一定の要求に指導され、其の指令に従て一定の型を与へ、凡ての組合をして一々之によらしめんとするものの如くである。是れ組合法の根本精神に反するものにして、斯んな趣旨で作らるるものなら、寧ろない方がましだ。尤も修正意見なるものも、表面上は右の変な主張を徹頭徹尾通さうといふのではあるまい。流石《さすが》に其処までの頑迷な態度は遠慮したものと見える。して見ると結果は社会局の原案の肝要な点が右の趣旨で打壊されるといふことにならう。斯くして出来上つたのが吾人に与へられる組合法だと考へると甚だ心細い。斯ういふいきさつの中に私は組合法の大難関を認めるものである。

得るからである。

蓋《けだ》し二の相容れざる思想が機械的に妥協して出来た法律程厄介なものはない。手心次第で良くも悪くも適用され

修正論の根本動機如何　を進んで考へて見ると一層心細くなる。幹事会の修正意見を指導する根本要求は一体どこにあるか。少しく精細に之を探究して見ると、二つの発源地があるやうだ。一つは国家の隆運を阻止せぬ為には、産業発展に些《いささか》でもの障害を与へてはならず、而して労働者の擡頭は一時的にもせよ産業の発展に大なる支障を来すとの思想である。之れ資本家の利己的立場よりする勝手な意見にまで一部の政治家が迂《う》つかり共鳴する所以《ゆえん》である。モ一つは労働者の団結的行動は本来決して歓ぶべきものでないとする思想である。勢已むを得ないから許す、許すにしても無茶なことをされては困るから、予め法律を作つて其行動を制限する。本来結構なものでないのだから、出来る丈之を作るに不便なやうにする。中にも軍需品工場などは国家の立場から大切なところだからこゝでは組合は作らせぬ。斯んな考は労働組合を遊廓か何かの様に本来無くもがなのものと認めるでなければ出て来ぬ思想である。組合運動がいゝもので国家も大に助長して然るべきものとするなら、差当り軍需品工場などでこそ最先《まつさき》に之を認めねばならぬではないか。斯んなところに謬見が可なり深く根ざして居ると私には思はれる。

労働組合の発達が産業の興隆を一時的にも阻止するものかどうか、国家全般の発達の上から好ましからぬものかどうかは、吾々読書生には疾《と》うの昔に解決された問題だ。今更誌上で説き立てるもきまりが悪い。然るに之が実際立法事業の途上に於て一大難関を為すと聞いては、理論の世界と実際の世界との余りに懸け離れてゐるに一驚を喫せざるを得ない。理論と実際との懸隔は何処の国でも免れない。併し我国は特異なる政治組織の結果として理義の徹底は格別遅い。さるにしても労働組合法審議の席に於ける右の如き状態は余りにひどいと思ふ。況《いわ》ん

や各官庁の若手の錚々《そうそう》を集めたる会合なるといふに於てをや。

〔『中央公論』一九二五年一一月〕

共同戦線論を評す

共同戦線論の是非　共同戦線といふことが一部の社会主義者から叫ばるゝ。万国のプロレタリアートよ団結せよなどのマルクスの古典的標語でも持て来ると、思慮浅き年少輩の熱血は容易に奔騰する。併し共同戦線を張り得る時代はもう過ぎ去つたのではあるまいか。

私は元来共同戦線を以て労働運動必然の戦略なりとは考へない。唯其の初期に於ては之を絶対的に必要なりと信ずるものである。下層階級の利害が凡ゆる方面に於て蹂躙されて居ることに気附いた当初は、被害者全部が力を合せて其回復に努力せなくては到底その目的を達し難い。けれども一ト通りの主張を貫き公けの問題につき発言権を認めらるゝといふやうな時代になると、進んで建設的方針をも立てねばならぬ所から、翻《ひるがえつ》て自家の理想に諮《はか》るの必要が起る。従て運動の方針にも漸次個性的特色が鮮とならざるを得ない。同じ汽車に乗つて同じ土地に旅するのだといふ丈けでは漫然と蟇口《がまぐち》までを共同にする訳には行かなくなる。落ち付く先での仕事が彼と我と必しも同一なるを得ないからだ。この事を我国政治運動の初期の歴史に徴すると、藩閥打破の為には大同団結も叫ばれ且策せられもしたのだが、議会一たび開けてよりは同じ民党でも協調が中々容易でなかつた。政党内閣の慣行が認められてよりは、政党の分立はいよ〳〵動かし難い勢となつたではないか。之と同じ様に、共同戦線は労働運動の永遠の虎の巻ではない。が、其の初期に於て必要なることは明白に認めざるを得ぬ。

然らば労働運動の現状に於て共同戦線は必要かといふに、私は之を必要とする時代はまだ去らないと考へて居る。資本家の政界に於ける勢力、官界に於ける頑迷思想の横行などを思ひ廻《めぐら》すと、共同戦線の必要はまだあると信ずるのである。そんなら今日之を主張し力説して物にしてはどうかといふ段になると、吾人は残念ながら悲観論をとらざるを得ない。なぜならば共同戦線を実現する機会は、労働運動家自身に依つて疾くに亡《うしな》はれてしまつたからである。

一体共同戦線といふものは其の必要が起つたからとていつでも実現出来るといふものではない。之れの実現には一定の前提条件が具備せられて居なければならぬ。然らば

共同戦線の許さるゝ条件　とは何かといふに、外でもない、公正互譲の精神である。抑《そもそ》も労働運動者は改革精神に燃ゆる熱情家であり、従て理義に鋭敏で主張に潔癖なるを常とする。其の為めか識らず〳〵我執偏僻に陥るの欠点を免れぬ。且つ此種の人には敵方から来る巧妙なる誘惑もあるので、之に備ふる為には凡ゆる妥協論に警戒する様自らも心掛け他にも勧めることが必要になる。其処から妥協互譲を何となく罪悪視し、思想上の独断的又専制的態度を是とする傾向も自然に生ずる。斯う云ふ人々が相集つて共同戦線を張るのである丈け、大局に着眼し其宜しきを失はず適当に相譲り相許すの雅量はとくに最も必要である。斯く最も困難とすることが最も必要とせらるゝ丈け、主動者に取つて大に骨が折れる訳だが、此間また殊に主動者に慎むべきは、功を急いで小策を弄せぬことである。一時の安きを偸《ぬす》んで小策に失敗した例は甚だ多い。而して我国の労働運動はこの点に於て従来如何の成績を挙げて居るか。

私の観る所にして謬《あやま》りなくんば、我国の労働運動はもと比較的穏健着実な人々に依て始められた。是れ幸徳一派の陰謀に累されて所謂《いわゆる》主義者の表面的行動が全然封じられた跡を承けたからでもあらう。然るに其後段々社会主義者との連絡が結ばれ、労働者階級間に於ける社会主義の浸染も広く且つ深くなつて往く。其後また内訌《ないこう》に依

て分裂したり、分裂したものが反目したりした現象もあるが、段々階級意識の烈しくなるに連れて、資本家階級に対する共同策戦の必要が痛感せらるゝに至つた。所が実際に之を力強く説いたものは何人《なんぴと》かといふに、何れかといへば左傾派の人に多かつた。之が実に共同戦線の必要益々盛にして其の機会を永遠に逸した重なる原因になる。

私は今日之を以て左傾派の人々を責めやうとするのではない、況《ま》して左傾派の誰れ〳〵に責任があると指摘しやうとするのでもない。只大体の傾向としては、(一)左傾派の人々は最も事功を挙ぐるに熱心であり其の結果動もすれば鹿を逐ふに急にして山を見ざるの譏《そしり》を免れなかつた、(二)且共同戦線を張るにしても、大衆をかり集める捷径として彼等は手段を択ばなかつた傾がある、(三)而して集つた大衆をば自己の意の儘に統御しやうと専擅的行動に出たことも争はれない。最近でも此派の人々は、あらゆる団体に自家の一党を送り、漸を以て幹部の地位を一味の掌裡に乗取り、斯くして自己の思ふ様な大同団結を作り上げんとして居る。うまく行けば御手際だが、さう旨くは問屋が卸さない。他の一部の人々は漸く此派の人々を悪辣恐るべしとするに至つた。そして彼等に依て専ら唱へらるゝの故を以て共同戦線論は眉に唾して聞くべしとさへ説くに至つたのである。

共同戦線論は昨今に至りて再びまた高調されて居る。而して之を高調する者は極端左傾派の人に多きは言ふまでもない。私共の耳には「個性をすて己れの部下となつて奴隷的に働け」といふ様に聞える。又彼等の悪辣を憎む者に対し失望的悲鳴を挙げるに此好名辞を濫用するのではないかとも疑はれる。共同戦線の必要とされる今日、其の不当なる過去の濫用の為に、この名辞の立場の斯くまで誤られるに至つたことは返す〴〵も残念である。

共同戦線論の最近の運命 は一言にして尽せる。駄目！と。労働総同盟は明瞭に左傾派に対して宣戦を布告した。政治研究会も庇《ひさし》を貸して母屋《おもや》を取られた形に於てはツきり二つに割れた。もう斯うなつては仕方はない。共同一致の悪夢より醒めて、之からは各々奉ずる所の信念に根拠し、間口は狭くとも奥行のある運動を各種の方面から別々に進めるの外はあるまい。此方が労働者階級にも却《かえつ》て落ち付きが出来てゐ丶かとも思ふ。之から先きの健全な労働運動は、共同戦線論を葬つた廃墟の上からそろ〳〵頭をもたげるのかも知れない。

〔『中央公論』一九二五年一一月〕

学生間に於ける社会科学研究の問題

早稲田大学当局が先頃学生の軍事教育反対演説会を禁止したと云ふ事件は、種々のことを私共に考へさせる。制度としてきまつたものを示威運動的に執拗に学生から反対されるのでは、当局者も嘸《さぞ》困ることであらう。斯うした問題に付て反対の気勢を挙げやうとなら、殊に学校内の運動としてやるのなら、学生諸君の側に於て亦格別慎重な態度を取るを賢明とすべく、此点に於て学生諸君に反省を求むべき点も多々あつたらうとは思ふ。が、当局者が唯ひたすらに高圧的禁止命令を以て無理押しに学生の熱情を抑止せんとするのは、どう考へても思慮ある方策と称することは出来ない。

就中《なかんずく》早大当局の禁止理由として挙ぐる所の「学生は時事問題に容喙《ようかい》すべからず」との説に至ては、謬妄固陋《ころう》も亦甚しい。今日の様な時代に於て、政治法律を学ぶ青年に時事問題の論究を阻止するは、去勢にも比すべき無謀な教育法である。実際社会に何等かの効果を顕さうとする底のキヤムペインをやるのなら、学生の分際を超えた不当の行動として之を取締るに相当の理由はある。此「分際を超えぬ」との注意を加へつゝ、自由に時事問題を論究させるのが寧ろ学校当局の指導に期待さるゝ点であり、同時に亦公民教育の徹底を図る最要の方法ではないか。若い者の常として動《やや》もすれば常規を逸するの憂はあらう。だから全然之を阻止すべしと云ふのは、所謂羹《あつもの》に懲りて膾《なます》を吹くの痴態にひとしく、余りに臆病な処置ではないだらうか。

併し早大当局の禁止命令は、実際のところ、純《もつぱ》ら斯の理由のみに出でたものではあるまい。之はたゞ表面の理由として仮用されたもので、根本は恐らくもつと深いところにあるのだらう。そは何かと云ふに、即ち昨今各学校に頻々として起て居るかの社会科学研究団に対する圧迫と共通の思想が働いて居るのではなからうか。若しさうだとすると、事はもはや一早稲田大学の問題ではなくなる。

高等学校程度以上の諸学校に、この数年来、社会科学の研究を標榜する団体が生れて居る。名称は区々になつて居るが、社会主義に共鳴し進で更に之が研鑽を目的とすることは皆同様である。社会主義の共鳴者が学生間に殖へるのは一体憂ふべき現象なりや否やに付ては、別に大に論ずべきものあるが、仮りに之を大に憂ふべしとするも、今日の教育当局者のやるやうに高圧的に之を禁止するのは、果して其目的に協《かな》ふや否や大に疑なきを得ぬ。目的に協ふ協はぬは暫く別論としても、為に青年を無用に亢奮せしめ、冷静自由なる研究心を害《そこな》はしむるの弊に至つては、実に痛心に堪へざるものがある。若し今日の青年を目して時の流行に血迷て居ると云ふ者あらば、吾人は血迷て居る者は寧ろ教育当局者の方に多いことを指摘せんと欲するものである。

尤《もつと》も教育当局者の立場に同情して考へて見るに、学生間に於ける所謂社会科学研究の現状には何等危惧すべき点なしといふわけには行かないかとも思ふ。指導者としての老婆心から、あゝでないかかうでないかと心配するのは無理もないと考へらるゝ節もある。試みに疑惧の種となるべき二三点を挙げん乎、(一)彼等のうちには或る種の社会理論を無条件に信奉するといふ先入の偏執に捉へられ、自由討究の若々しい弾力性を喪《うしな》ふものはないか、(二)本当の意味の研究を離れ、寧ろ宣伝といふ方に格別の興味を感じ、其結果反対の立場に対する寛裕の徳を亡《うしな》ひ、自家の主張を無暗に他に強制するといふやうな嫌《きらい》はないか、(三)宣伝に興味を感ずるの結果、学生に相応《ふさわ》しい自由な論究よりも外形的勢力の振張といふことに焦り過ぎ、それ大会だそれ全国聯盟だと、丁度政党の拡張運動のやうな空騒に浮身をやつすことがないか。数へ上げれば外にもあらうが、先づ之等は当局者としても又学生自身としても最も戒心を要する点であらうと思ふ。学生の教養訓育に心思を労する者に取て、之等は決して等閑に附すべき問題ではないと思ふのである。

それにしても、之等は教育当局として森厳なる警察的取締を以て臨むべき問題では断じてない。如何なる方策を可とするやは玆に論ずるの限りでないが、早大当局を始め現時多数の教育当局の執る所の手段が、学生間に於ける一種流弊の警《いまし》むべきものあるを認めながら、之に対する自家の指導責任を丸で忘却した驚くべき失当の処置たること丈けは疑ひない。若し夫れ単純な社会主義思想の研究そのものをすら恐るべしとする者に至ては、吾人はもはや之に対して誨《おし》ふべき言葉を知らない。(十一・七)

〔『中央公論』一九二五年一二月「巻頭言」〕

単一無産政党の前途

単一無産政党成立の事情　新聞の報ずる所に依れば、多少の曲折のあつた準備行動も首尾よく終り、全国的単一無産政党は近く結党式の挙行を見るべしとのことである。然るにこの目出度《めでた》かるべき報道と前後して、日本労働総同盟は会長鈴木文治君の名を以て「政治行動に関して一般組合員に告ぐ」なる声明書を発表し、中に「第一回綱領規約整理委員会に於て衝突したる根本的に相容れざる二個の政治的意見が、第二回の委員会に於て一方の譲歩によつて兎も角表面上は一致したと云へども、評議会側の真意に対する我等の疑心と警戒とは容易に取り去ることは出来ない。……蓋《けだ》し危機は根本的に除かれたるにあらずして一時弥縫的に蔽《おお》はれたるに過ぎないのである」と云つて居る。結婚はせにやなるまいが相手の真意は依然として疑はしいといつたやうな態度である。斯くして出来た世帯の前途は果して吾人の祝福に値するだらうか。

鈴木会長の声明書にもある通り、来るべき無産政党の構成分子たる諸労働団体の間には、「根本的に相容れざる二個の政治的意見」がある。もつと突き詰めて云へば「根本的に相容れざる二個の人生観」があると云つた方が適当かも知れない。この相違なり対立なりは思想の上にも現はるれば行動の上にも現はれ、果ては感情の阻隔にもなつて来る。其の代表的なものは総同盟側と評議会側との反目暗闘であるが、直接労働運動に関与して居ない人々の間にも、各その牽引する所に従つて自ら二分派をなして居ることは疑のない事実だ。而して無産政党もいよ〳〵出来るといふ今日の間際に斯かる反目暗闘の露骨になるのは階級運動の前途に取つて由々しき大事なりとして、非常に心配する人もあつたのだが、さりとて今更之をどうすることも出来ない。もと〳〵人生其ものに対する態度が根本的に違ふのだから、何かにつけて二つの意見二つの感情が截然《せつぜん》と対立するのは到底之を避け難いのである。それも無産階級の自覚のまだ幼稚な時代、金権官権に対する反抗に熱して居る丈の時代なら兎も角、今や進んで社会改造の積極的活動にも目醒めて来た時代となつては、各自その理想に反省し深く根を人生観におろさうとするのは当然だ。従て無産階級が斯く根本的に相容れざる二派の対立に悩むのは、階級運動の熱情を冷却せるの証左ではなくて、実は寧ろその進歩の当然の階段に向上したものと謂ふことも出来るのである。

何れにしても二派の対立は今や事実として之を避け難い。之を如何に切り抜けて全国的単一無産政党の成立を実現すべきやは、昨今大小策士の頻《しき》りに煩悶する所の問題のやうである。如上の形勢に鑑み更に政党創立の政略論や政治的民衆教育の根本義やから考へて、単一無産政党案に対して吾人が可なり強い反対の意見を抱持せることは、また従来の所論に依て読者の既に承知せらるゝ所であらう。併し吾人の議論は顧みられなかつた。当事者は一所懸命単一政党の実現に努力して居る。斯くていよ〳〵近く結党式を見得るまでに漕ぎ付けたといふが、ひそかに其裏面をうかゞふに、其のこゝに到るまでには実に幾多苦肉の計策も行はれたと云ふ。果して然らば其前途に就て吾人は安心して十分の楽観を寄せ難くも思はるゝ。

評議会側の狡智と総同盟側の優柔　相容れざる二派をそれぞれ評議会派と総同盟側とに代表させておく。或は共産派と組合派、或は極左派と右傾派などゝも云へぬことはあるまいが、若干語弊ある様にも思ふから、表題の通りにしておく。さて単一政党準備策動に於て、評議会派のやり方は頗《すこぶ》る巧妙であつた。之に較べると総同盟側の態度は如何にも意気地が無さ過ぎるやうに見へる。単なる小手先の争としてあれではてんで相撲にならない。但しこの争に十全の勝利を得たからとて直に大局の死命を制し得ないことは言ふまでもない。

評議会側は普選の実施を利用して無産階級者の宜しく全国的単一政党を作るべきの輿論を作興するに成功した。無産政党は全国に唯一つあるべく、而して之を妨げ少くとも其分立を策するが如きは正に之を階級運動の裏切者と目すべしとさへ信ぜしむるに成功した。斯く大衆の輿論を指導しつゝ、此一派は巧に既成諸団体の幹部の地位を占領した。其の為に如何なる手段を取つたかは今詮索するの限りでない。若《も》し彼等の計劃が思ふ儘に十二分の成功を見たなら、各団体を糾合してやがて単一無産政党の成立を見るは事まことに容易であつたらう。が、世事固《もと》より意の如くならず、既成団体の中には漸く彼等の幹部乗取り策に反感を催すものを生じ、之に警戒する者に至ては昨今頗る多きを加ふる様になつた。是れ前述の如く第一回の準備会に於て所謂根本的に相容れざる二派の正面衝突を見た所以《ゆえん》である。斯くして無産政党構成分子間に於ける二派対立の形勢は、此時に於て既に明白なる事実となつたのである。そこで評議会側は考へた。第一此際二派の対立を見るは不得策だ(大衆の大部分は或は反対派の方に附いて行くかも知れぬからである)。第二にどうせ一緒になれぬものなら決裂の責任を反対派に負はさうと。於是《ここにおいて》彼等は第二回の準備会に於て意外の大譲歩を示し、反対派をして分袂《ぶんべい》独立するに口実なからしめた。それでも一所にやられぬとなれば、その責任は一に総同盟側にある。此策戦は見事に図星にあたり、相手方を大に困らした。鈴木会長の前述の声明の如きも、実はこの窮境に押し詰められての一悲鳴に外ならぬものである。

総同盟側に評議会派と一緒にやる気のないことは知れ切つて居る。またその方が賢明でもある。そんなら何故飽くまで堂々と独立を宣明しないのか。識者を納得せしめ大衆を満足せしめ得る理由は幾らもあらうのに、計こゝに出でず、断然嫌と言ひ切れずして不平を云ひつゝ引き摺られて行くその優柔さ加減は、寧ろ醜陋の譏《そしり》に値しないだらうか。尤も此派も曾《かつ》ては単一政党主義を力説したことはある。其手前俄《にわか》に旗幟《きし》の塗替《ぬりかえ》を難んずるといふ事情もあらう。併し決裂の責任を反対派に嫁して巧に独立の功を完うしやうといふ小策の上の争なら、評議会派の方が遥に上は手のやうだ。小手先の争に齷齪《あくせく》することを私は総同盟側の為に取らぬ。彼等の為に此際一番いゝ方法は、事情を正視し、理義に徹底し、対策の出直しを断行して改めて勇敢に正々堂々の陣を張ることである。

単一無産政党の前途　無産階級の為の政治運動は二つも三つもに分れべきものでないといふ思想は、一寸考へると尤もに聞へる。之は国家の為めなら挙国一致すべきだとする専制政治家に有り勝の共通謬想と同じく、頗るおめでたい説として昔から嘲笑の種となつて居るものである。日本の政治家は、憲法を布いた当初から、此の意義に於て、政府に反抗する政党の存在を罪悪視した。その熱心な信奉者に山県公あつたことは人の知る所、寺内伯などは在世当時頻りに此説の宣伝につとめたが、近くは山本伯の如く各政党の首領を普《あま》ねく集めて所謂挙国一致内閣の可能なるべきを夢想した人もある。英国あたりの政治史を読むと、国家の為なら各派異色の人を同じ政府に集め得ないこともあるまいといふ考の馬鹿〱しい妄想なることは、一六九九年以来明白になつたと書いて居る。蓋し人生に対する態度の根本的相違は、どうしても実際政策上の対立を来さずんばやまず、又斯く対立牽制することに相当の倫理的基礎もあるのである。無産階級の政治運動だつて此道理にかはりはない。根本的人生観の異同に依て分派の起るのは当然である。之を強て一緒にするのが寧ろ不自然なのだ。無産階級の解放運動だから単一政党でなくてはならぬといふのは、山県寺内辺の妄想程度のもので、我々政治史家から観れば二百余年前から分り切つた笑ふべき謬想の蒸し返しに外ならぬものである。

尤も目前卑近の便宜から云ふと、呉越同舟、出来るだけ多くの有象無象をかり集めた方が都合はいゝ。その為めか彼等の中の誰れ彼れは、従来何かの機会をねらつては多数糾合を目論《もくろん》で居た。目的をかくしては人を集める。

やがて覆面をかなぐりすてるに遇うて驚いて逃げ帰つたといふ人の話も一度ならず聞いた。逃げるのも臆病な話だが、い丶加減な餌で人を釣るのも罪な話だ。が、之れ程までに苦心する所を以て見ても、一部の人が、その動機の如何は姑《しばら》く別として、多年同志の糾合結束並に其外形的膨脹にいかに苦心したかを想像することは出来る。即ち観る、単一結集の希望は彼等に於て決して一朝一夕の思ひ付ではないことを。故に無産政党問題に於て彼等が単一主義の信条を今また強く振り廻すのを独り特に怪む理由はないのである。

併しこの単一結集は彼等多年の宿望であつたに拘らず、実際の形勢は常に彼等の予期に反したことも亦歴史の明示する所である。明治三十年代の末季安部磯雄氏は何故に社会主義団体を脱したか。四十年代の初期木下尚江氏等は何故に幸徳堺等の諸氏と分れたか。表面の口実は何であれ、之等の事実の真相は皆根本的人生観を異にするもの丶到底永く積極的事業を与にし得ないことを語るものと私は信ずる。欧洲大戦後社会思潮の沸騰を極め、所謂同志の士の非常に多くなつたに拘らず、其派の人々の間に兎角歩調の揃はぬ所あるのも、皆一つにならぬものを強て一つにしやうと無駄骨を折るからではないか。斯う考へて来ると、之等の運動は少くとも二つにわかれるのが当然の道筋で、所謂単一無産政党なるものは、よし一時出来ても、そは明治二十年当時の大同団結程度のものに過ぎまいかと思ふのである。

之も新聞の報道に依ると、来るべき単一無産政党は安部磯雄氏を頭首に戴かうとして居るといふ。各派異色の人々も安部氏の傘下には喜んで集るだらう。安部氏を頭首に戴くことは、今のところ、本来不自然なる単一無産政党の生命を少しでも永からしめ得る唯一の条件に相違ない。が、明治三十年代以来苦き経験を嘗《な》めて居り而も道徳的感情の特別に鋭い安部氏は、果して無条件に其の推戴を受けるだらうか。安部氏は木偶《でく》ではない。評議会派の少しでも優勢なところへは断じて行くまいし、又安部氏が一諾の下に勇進する時は、必ずや評議会派が無理押に押し出さるゝ時でなければならぬと考へる。孰《いず》れにしても近々開かるべき結党式に於て党首問題がどう解決さるゝかは、無産政党の前途を予測する重要なる一標識になる。但し之が一時円満な解決を見たからとて、単一無産政党がいつまでも分裂せずに行けるものでないことは明白である。

合理的共同戦線論　以上の如く論ずると、人或は吾人を目して、無産階級の統一的活動を呪ひ陰にブルジヨア階級の為にはかり、其の便とする形勢の実現に骨折る者と為すかも知れぬ。若しさう考へる人があつたなら、それは飛んでもない誤解だ。成る程無産階級政党は単一なる可《べか》らずと主張するは、即ちその政治的活動力の分裂を説くものだから、外観上無産階級の勢力集中を妨ぐる主張の様にも見へやう。若し分れたものが、単に一緒にならないといふだけの理由で、一から十までの敵味方とならねばならぬものとするなら、右の説の結果は洵《まこと》にブルジヨア階級に乗ずべき恰好の間隙を与ふるものに相違ない。併し一緒になれぬ当然の理由ありて堂々と分れたものが、時々の必要に応じて、また堂々と提携協働することが何故出来ぬだらう。私共の考では、所謂共同戦線は、目的の範囲をさへ限定するなら、両派の協議に基いて立派に且つ有効に張て行けるものと思ふのである。

一体我国の政界は、各派の共同策戦といふ方策には由来極めて拙い。其の方面には丸で訓練が出来て居ないともいへる(尤もかうした訓練のないことにも政党発達史上相当の理由はあるが)。だから稀に共同の事実があつても永続きがせぬ。のみならず下らぬ理由ですぐ分れてしまう。護憲三派の末路が其の適証を示して居る。之に反し少し立ち入つた提携が出来さうに見へると、合同といふ所まで行かないと承知せぬ。合同まで行かねば本当の一致行動が出来ぬと考へるものらしい。かの政本合同の動機の如きも畢竟《ひっきょう》はこんな処に在るのではなからうか。各々個性の独立を維持しつつ特定の目的の為に暫く事を共同にするといふことに止まり兼ねる。此等は丁度教育のない男女の交際のやうな有様で、少し交りが進めば直ぐ醜関係に堕落する。此処まで行かず、各々個性の独立を傷けずに純潔に交つて行くことが出来ぬのである。斯の如きはもと政界一般の通弊だから、独り新無産政党にのみ全きを期待するわけには行かないが、併しどうせ早晩分立は免れぬものとしたら、この部分的協定に共同戦線の活路を見出すことの外に、無産階級の統一的活動を纏めて有力にブルジヨア階級に対抗する方法はないではないか。

根本的に相容れないものを無理に一つにしやうとする結果は、永遠の混乱である。無産階級の政治運動を永遠の混乱より救ふ唯一の方法は、実に共同戦線を一つの取引と観るに安ずることである。社会改造の建設的方面に在ては、相容れざる意見の対立は免れない。そは人生に関する根本的態度の異る結果として已むを得ない。けれどもブルジヨア的圧迫に対抗して自家階級の解放を主張するといふ段になると、彼等は等しく同一の利害関係を持つ。此の限られたる目的の為に共同することは一向差支はない。但しこの共同の必要は如何に緊急であつても、本来の積極的理想に対する責任をまで無視せしむる権利はない。が又他の一面に於ては、此点に譲るを得ずとしても、限られたる目的の範囲内に於ける必要なる共同策戦を拒避するのは余りに偏狭である。斯くして彼等は各々その独立の個性を維持しつつ、一種の取引に依て鞏固《きょうこ》なる共同戦線を張り得る筈なのである。此点に十分の成績を挙げ得るか否かゞ、実は無産階級の統一的活動の前途に一番重大の関係を持つのである。単一無産政党論の空想的謬妄を説いたからとて直ぐ之を、統一的活動の妨害者だと思ふのは、飛んでもない見当違である。

独逸《ドイツ》あたりでは、社会党は極右の保守党とさへ一種の取引関係に入ることがある。殊に選挙の場合に甚しい。例へば甲区に於て中間党の候補者を排し社会党候補者の選出を助くるの報償として、乙区に於て保守党は社会党の支持を受くるといふが如き是である。表面上不倶戴天の敵ともいふべき之等両党の間柄にてさへ、限られたる目的の範囲内に於ける取引は盛んに行はるゝ。凡そ完全なる無条件の共同は根本理想を同うする者の間に於てのみ存し得べく、然らざる者の間に於ける協同は必ず目的を限定するものでなければならぬ。而して根本に於て相容れざる者が、其の当然の結果として大局に於て争ひつゝ、而も特定の事項に就き緊密に協同するのは、実は特殊のすぐれたる訓練を必要〔と〕する。反対派をば徹頭徹尾仇敵視し、其の説を聴かずして先づ相手方に悪声を放つといふ様な軍国主義的訓練のみに依て養はれた我国の政界に於ては、此事特に困難であらう。それ丈けまた此点に成功するならそれこそ無産階級の大なる誇りにもなる。要するに無産政党の単一主義に反対するのは必しも其の政治的活動の統一を呪ふことにはならない。統一的活働の効果を本当に挙げる方法は寧ろ外にある。而して無産政党の多元主義と共同戦線の取引観とは、実に真に無産階級の政治的活動を統一あらしむる所以であり、又同時に我国一般政界の通弊を救ふ所以でもある。

余論　鹿を追ふ者は山を見ず、主張に熱中するものが他種の言説に盲目なるは当然だ。己れの外に真理は無い、天下の人は悉《ことごと》く己れに同意すべきだといふのは、外から観て頑迷だが、其人としては熱情のほとばしる所寧《むし》ろさうなくてはならぬ筋合だ。併し傍観者に取ては、如何に其人が熱心でも、自分を枉《ま》げてまで彼に就くの必要はない。要は一に其の立つ所に聡明であり忠実であるを緊要とする。

天主教会では、人の罪を救ふ能《ちから》のある本当の教会はおれの教会のみだと主張する。わが教会に従はぬものは神に対する反逆だと罵る。けれども世界には宗教の数一にして足らぬ。而して識者は天主教会のみが神の光りではないと教へる。新教も希臘《ギリシア》教も果ては仏教も回教も、各々厚薄の違はあれ、ひとしく皆神の光の顕現であると説く。此の達観と寛容とが実に近代の世界を平和に連絡する紐帯《ちゅうたい》となつて居るのだが、天主教会のみは伝統的主張にこだわつて兎角この協同に離れ勝である。今や無産政党結成問題に就ても、天主教的理論が世上に横行し、敢然として其の誤りをたゞす者甚だ少い。誰か起てルーテルの跡をおふものはないか。差し詰め総同盟側などはモ少しはツきりした態度を執て然るべきに、事茲に出でないのは吾人の甚だ怪訝《けげん》に堪へぬ所である。

終りに一言する。総同盟側とか評議会側とかいふもの丶、之等が労働組合として其儘政党組織に加入するの是非は別論として留保しておく。此点は本誌前々号にも説いたから参照を乞ふ〔本巻所収「無産政党問題に対する吾人の態度」「無産政党問題追記」〕。吾人の切なる希望としては、政党組織はどこまでも之等組合の幹部の人々の問題として貰ひたい。国内無数の無産者を政治運動に興味を有する少数者の踏台にすることは、吾人の憤慨に堪へぬ所であり、且大衆の本当の政治教育は、彼等を政党組織外に超然たらしむることに依てのみ可能であると確信する。不幸にして此点未だ無産階級先達《せんだつ》の承認を得ないのは、吾人の甚だ遺憾とする所である。

〔『中央公論』一九二五年一二月〕

学園の自由と警察の干渉

去年十二月一日の早朝京都の警察官憲が京都帝大及び同志社大学の学生三十四名を検挙拘留したといふ事件は、著しく同地学生間の憤激をそゝり、今や彼等は所謂《いわゆる》学園の自由を旗幟として盛に警察の干渉に抗弁して居る。学園の自由は嘗《かつ》て早稲田大学研究室の臨検捜査の際にも問題となつた。あの時も私は本誌上に卑見を公にしたが〔本巻所収「学園の自由と臨検捜査」〕、今度の事件についても亦同じ様なことが胸に浮ぶのである。

今度の事件について私の考を個条書にして述べると次の様になる。

第一に学園の自由といふことに就て私は学生側に重大な誤解がありはしないかと思ふ。西洋で昔学園の自由と唱へて学生の身分に就き官憲の干渉を排斥したのは、学校に一種の刑罰権が認められたからである。所謂学園は国家の司法組織に対する一治外法権区域をなしてゐたので、其以上警察的取締は必要とされなかつた。現に独逸《ドイツ》の諸大学中でも少し古い歴史を有するものになると、今なほ牢屋を昔の儘に保存してあるのがある。今日は事情が一変した。刑罰権は国家の一手に集中さるることになつた。従て昔の様な意味での学園の自由は認められぬことになつたのである。故に若し今日なほ学園の自由といふ言葉を用ふるなら、そは研究の自由といふ位に解されなければならない。そこで警察が必要ありと認めて為す検挙拘留に対して今日の学園は其自由を楯として之に対抗すべき理由を有《も》たないのである。

第二に警察は、正当に其権限に属する事件たる限り、学校だらうが寄宿舎だらうが臨検捜索を行ふに妨なく、必要あらば検挙拘留したツて一向差支はない。但し学校には学生の取締に付て相当の責任者がある。一応之にはかり又は其の協力を求むるは徳義上の義務だと観てもよからう。此点に於て京都の警察官憲に多少の懈《け》怠《たい》あつたことは当局者自身も認めて居るやうであるが、併しこの点は大した問題ではない。事件が正当に警察の権限に属するものたる限り、而して取締上斯くせねばならぬ急須の必要ありとせば、多少学校当局の信頼に裏切つても後に十分弁解の道は立たう。だから臨検捜査その事は大した問題ではないと思ふのである。只問題は今度のやうな事件は果して警察官憲の取締るべき正当な範囲に属するか否かに在る。こゝになると私は大なる疑問を抱かずには居れぬ。

第三に警察官憲の正当なる権限範囲なりや否やを判ずるに就き、検挙訊問の結果大した事件でなかつたといふことは全然問題ではない。後に証拠不充分で無罪になつたからとて嫌疑者の告発をば其始めに遡つて不当とするわけには行かぬ。始め嫌疑をかけたことに相当の理由ありさへすれば、それで警察官憲の面目が十分に立つ。何も証拠がなかつたではないかザマア見ろといふのは、学生側の立場として感心した態度ではない。

第四に警察官憲のにらんだ様な事実が仮りにあつたとして、そは警察の当然取締るべき事項なりや否やと云ふ点になると、始めて我々は警察官憲と全然その見解を異にする。警察側は曰ふ、軍教反対の宣伝ビラを市中に撒きちらしたと。又曰ふ、共産主義の一学説を秘密に翻訳して印刷頒布したと。又曰ふ、各学校互に気脈を通じて主義の宣伝に奔走したと。然らば問ふ、主張の宣伝はなぜ悪いのか。仏教青年会や基督教青年会などは多年全国的に連絡して学生間に熱心に信仰を宣伝して居る。之をばなぜ黙許して居るか。然るに実際一は許し一は禁じておる。一を黙過して一を許す可らずとするのは、畢竟宣伝その事がわるいのではなくて、宣伝するものがわるいと認めるからではないか。斯うなると、共産主義なり社会主義なりの研究そのものの可否といふことが問題の核心になる。之を取締るといふことになれば正に研究の自由と正面衝突するを免れない。

尤も専心攻学に余念なかるべき学生の分際として宣伝などに狂奔するはその本分を誤るものだといふ説も立つ。が、之なら学園内の指導訓練の範囲に専属することで、断じて警察の干渉を許すべき事項ではない。

斯く考へて見ると、今度の事件で問題の中心となるものは警察官憲が其の権限を誤解したといふ点に帰する。警察官憲側には又別に相当の見解もあらうが、いづれにしても争点は専《もつぱ》らここに存し、検挙拘留その事の可否にあるのではない。

第五に京大其他の学生が頻《しき》りに警察官憲を攻撃するのは全然狙ひ所を間違つて居る。このことは前述する所でも明であらう。検挙拘留を問題とするのなら警察側にも強い弁解の道が具《そなわ》つて居る。之に対抗すべき所謂学園の自由は実は旧時代の反故《ほご》に過ぎぬ。真に争ふべきは警察官憲の頑迷な思想そのものに就てゞはないか。権限を超えて故意に警察力を振り廻したと憤慨すべき問題ではなくして、その抱持する思想の頑迷低劣なるを憐んでやるべき問題だ。怒るひまがあるなら丁寧に教へてやれ。私が若し京大学生であつたら、警察糺弾演説会の代りに、警察官憲を招待して茶話会でも開き、塩煎餅でもかぢり乍ら笑つて昨今世界の大勢を親切に教へてやるだらう。

〔『中央公論』一九二六年一月〕

農民労働党の禁止

無産政党問題に関し前後数回に亙りて本欄に公にせし論策を読まれた諸君に取て、無産政党の成立並に其禁止に至る最近の経過は甚しく意外と感ぜられぬ所であつたらう。吾人は始めから単一政党主義には反対した。殊に総同盟側に対しては寧ろ勇敢に脱退分離を決行すべきを慫慂《しようよう》した。果せる哉、十一月二十九日の綱領規約委員会に於て総同盟は脱退を声明した。斯くして無産階級の政治運動は、吾人の希望の如く二つに分れてしまつたのである。余りによく吾人の予言通りに運んだので、二三の読者から、総同盟と私との間に何等かの連絡なきやを問はれたが、私は総同盟の幹部に多くの友人を有するも、直接之等の問題につき語り合つたことはなく、間接にも何の進言をもしたことはない。つまり大勢に基いた私の判断が事実の上に現れたといふに過ぎぬのである。

併し十二月一日やつとの事で成立した農民労働党が直ぐ政府の禁止する所となつたのは、私の全く意外とする所であつた。準備委員会が、総同盟の脱退に対して、その敵手の労働組合評議会をも自発的に脱退せしめ、斯くして相争ふ両チヤムピオンをのけて中立の第三者を以て結党の功を挙げたとは云へ、沿革の上から評議会派の勢力が依然優勝たるべきは疑を容れなかつた。夫れにしても之を禁止するは決して適当の処置と思へぬが、併し所謂共産主義なるものに附する為政階級の在来の解釈に依れば、禁止されるのが当然の運命であつたかも知れぬ。私一己としては、禁止を以て甚だ遺憾なことゝはする。さりとて共産主義的の政党に謳歌するのでないことは言ふまでもない。

農民労働党の成立並に其の禁止に関連して、私は更に共産派と私共の立場との根本的相違点や、又無産政党に対する政府の見解等につき大に論じて見たいと思ふことがある。其中《そのうち》総同盟側でも何等かの活動を始めるだらうから、其時を機として再び読者の教を乞ふことにしやう。

〔『中央公論』一九二六年一月〕

労働農民党に対する希望

労働農民党の成立を喜ぶ　三月のはじめ労働農民党の名を以て去年以来期待された無産者政党はめでたく成立を告げた。在来政界の腐敗を矯正し普選施行の美果を収むべく新局面を打開する為には、所謂無産階級の政治的結束は必要であつたのだ。此意味に於て新政党の成立を見たことは我々の大に喜ぶ所である。殊に新しいこの政党が大体理想主義の立場に在る人々を中心として組織せられたこと、為に各地の大衆が安心して之に参加し得るに至れることは、一層我々の喜びを深うする。但し無産政党の成立その事が直に一切の美果を我々に持ち来すものでないことは勿論である。無産者階級の政治的結束は我々の達せんとする目的の遂行の第一の関門で、之に依て前途の方向がやつと決まりかけたといふに止まる。最終の目的を達成するまでには、之から先き又色々の努力奮闘が必要であり、且つ之を妨げんとする障礙もこの先き絶へず起るべきを覚悟する所なければならない。朝に一寨を抜き夕に一城を屠《ほふ》る。日に夜に奮闘は続けられざるを得ず、途中で迂《う》つかり気をやすめては所謂九仞《きゅうじん》の功を一簣《いっき》に虧《か》くの恐れなしとせぬ。一つの成功を見る毎に吾人は一層気分を緊張せしむる所なくてはならぬ。

無産政党に対する私の立場　無産政党の問題に就ては去年の秋以来私は再三再四本欄で評論した。之を記憶に留めらるゝ読者は、前段の私の所説を読んで怪まるゝに相違ない。何となれば私は絶えず、㈠無産者階級は自ら進んで政党組織に干与す可からず、㈡政党のことは自ら政治家を以て任ずる専門家に委《まか》すべく、㈢而して之等専門政治家の問題としても、政党組織は無産階級代表の代議士を中心とするを得策とすべく、今急いで結党するのは将来に於て政党を大にする所以《ゆえん》でない、㈣且つ政党運動と政治教育運動とは根本的に其目的を異にするものなるが故に、政治教育者を以て任ずる自分としては断じて政党には干与せぬ積りであるとの旨を繰り返して来たからである。斯く云ふ所以が無産政党運動に反対する為でないことは言ふまでもない。無産者政党の本当の発達を希望するからこそ斯く苦言を呈するのであることは、読者諸君も定めし諒とせらるゝ所であらう。従て私は今度出来た労働農民党に対しても、自分の希望した様の経過を取らなかつたからとて無下に之に反対するものではない。出来た以上は同情もしその将来の健全なる発達をも希望する。但だ私は元来あゝした経過を執ることを不可としたゞけ、あゝした経過を取つて出来た新政党の前途には格別の難関がないだらうかを心配する。之をうまく処置しないと折角の新政党も散々味噌をつけぬと限らない。斯くて私は一方に新政党の成立を歓ぶと共に、他方その健全の発達の為に別にまた種々の注文を提出したい。新政党が若《も》し将来に於て健かなる発達の途を辿《たど》るものとすれば、表面の言ひ分は何であれ、事実上は必ず私の注文せるが如き態度を取る結果でなければならぬとひそかに自信しても居る。

新政党に対する希望　新政党に対する私の注文といふのは是れだ。曰く、新政党は須《すべか》らく㈠経綸の樹立と㈡代表者選出の準備とに主力を注ぐべく、㈢純政治行動の規準は他日挙げらるべき代議士に委し自らは之に干渉すべきでないと。

こゝに一寸「政治」といふものゝ意味を説明して置くの必要を観る。「政治」は「経綸」そのものではない。例へば金融の問題はどうすればいゝか、産業の振興にはどうすればいゝか、之を理論に照し実際に徴して攻究するのは「経綸」である。或は「政策」と謂てもいゝ。之をいよ〳〵実地に行ふときに始めて「政治」の問題が起る。而して理想としては「政治」は則ち「経綸」の実行そのものでなければならぬのだが、現実の世の中は極めて複雑で、為に経綸その儘の実行を許さぬことが多い。丁度医学上の原則が患者個々の体質如何に依り処方箋の上で自由勝手に斟酌《しんしやく》されねばならぬのと同様である。在野党時代の主張を政府の局に当つて頓《とん》と実行せぬのはどうした訳だなどと能く議会で問題になるのであるが、是れ「経綸」と「政治」との別より来る当然の現象なのである。尤も此二者の近いのが政界の健全なる証拠であり、又この二者を出来るだけ近づけるのが頼み甲斐ある政治家に期待さるゝ所だけれども、兎に角実際的施設に当ては抽象的に論定された「経綸」を其儘行ひ難きは已むを得ないのである。以上は「政治」と「経綸」とを阻隔せしむる物的原因であるが、其外に人的原因と云ふものもある。そは外でもない、「政治」に在ては多数の賛成を得るを要するといふことである。「経綸」は独りでも立てられる。「政治」はさうは行かぬ。而も思ふ通りにならぬとて中途で思ひ止ることも出来ぬ。政治は謂はゞ急病人に投薬する様なもので、病人がある以上、薬は何としてもやらなければならぬ。而して之をやるには多数の賛成が要る。その多数の賛成を得る為めには場合により最善の薬を見すく\棄てゝ次善の薬に倚《よ》ることあるも致し方がない。理想通りにならぬからとて、丸で投薬もせずには置けぬからである。斯く云ふ点から、政治は妥協だとも謂はれる。理想家から云はすれば残念ながら妥協を余儀なくさるゝのである。さてこの妥協を余儀なくする原因には、官僚的専制思想の余毒もあれば、資本家階級の利己心もある。そこで之を憎むの極遂に議会政治否認の説も起るのであるが(この意味に於て私は此種の説に理論上の承認を拒みつゝ事実上大に同情を表するものである)、既に議会政治を認むる以上、原則として到底右の妥協を認めて掛らなくてはなるまい。実際問題としては、固《もと》より妥協の程度に従つて是非の論起るを避くべきではなからうが、原則としては、既に議会政治を容認せる以上妥協そのものを排斥するのは謬りであらうと思ふ。

ことに我国のやうな政界の現状の下に在つては、妥協を必要とする程度は中々甚大であらうと思ふ。それ丈け国民として監視の目をみはる必要があるが、同時にまた之は実際の掛引に与らぬ人々に依て決定さるべき問題ではない。即ち之れだけはどうしても代議士に委せなくてはならぬと思ふ。監視の方法は別に立てる。臨機応変の処置は彼等の人格を信じて代議士に一任する、傍から指図すべきではないと考ふる。是れ私が純政治行動に就て他日代議士の行動を拘束するが如き規準を決めることは今度の新政党に慎んで貰ひたいと云ふ所以である。

私が以前の論文に於て急いで政党を作るなと主張したのも実はこの意味であつた。政党といふ意味を純政治行動をする者の団体と狭く限れば、一人の代議士もないのに政党といふのもをかしな話だ。無産者階級が政治的結束の必要に目醒めて茲に恒久的団結を組織し、之に政党といふ名を附したとすれば、彼の差当り為すべき当然の範囲は、経綸の大綱を示すことと自家の代表者を選出する為に今より準備しておくことに限るべきだ。政党としての完全なる活働を今すぐに始むべきではない。其外労働組合が其儘政党組織の構成分子となるを非とする別個の論拠も加はつて居るのだが、とにかく私は英国の昔の労働代表選出準備委員会のやうなものに止めて欲しいと思ふのである。之れだけの仕事に限るものなら、政党といふ称呼は適当でないが、併し政党といつた方が事実この勢に大衆を引きつけるには便利かも知れない（便利なだけ後に起る弊害も懸念されるが）。要するに名目の問題はどうでもいゝとする。私は新政党が純政治行動の干渉を慎むといふ条件の下に其成立を歓迎するものである。

一部無産階級者の政党観　右のやうな事は一体言はなくても分つて居る。今度の新政党が将来も政党としての機能を発揮するの日は、必ずや私の云ふやうな風にやつて居る時に相違ないからである。それにも拘《かかわ》らず私がこゝに之を諄々《くどくど》しく説く所以は、一部の人の間に全然私の立場と違つた説を堅く信ずる人があるからである。それは外でもない。代議士は民衆の代弁者である。従て一々其の訓令するまゝに行動しなくてはならない。在来の政界の弊害は実に代議士があべこべに民衆を指揮したから生じたのだ。実際政界に於ける中央集権的仕組は断じて認めてはいけないと。サンヂカリズムだのボルセヴイズムだのが紹介されてから、斯うした議論を尤もと信奉する者の著しく多くなつたことは、改めて説明するまでもなからう。

この説の謬りなることは後に説明するとして、一体斯かる思想の起つた歴史的事情を考へて観ると、成程とうなづかるゝ節がある。そは従来民衆政治といふものを誤解して居つたからである。従来は民衆政治とは民衆自身のやる政治だと思つてゐた。デモクラシーの定義としてよく引き合に出さるゝリンコルンの言葉即ち Government of the people, for the people, by the people の如きは、正に其の著しき証拠だ。斯ういふものと妄信し切つて、さて能く実際の政界を観察すると、政治は必ずしも民衆の為めばかりではなく、而も実際政機運用の鍵を握て居るものは民衆の代弁と僭称する少数者と分つた。斯う分つて見ると、爰《ここ》に反動は起らざるを得ない。斯くして起つた反動を説明する学説にまた二種類ある。一つは民衆政治主義徹底の不可能(Undurchführbarkeit der demokratischen Idee)を説くもので、有名な Michels の政党論などが好代表であらう。此派の極端なものになると、どうせ民衆政治だなんて駄目だから、寧ろ始めから少数賢明の官僚に委した方がいゝなどと云ふ。哲人主義だの善政主義だのと称するのは之れだ。他は今までの民衆政治は皆虚偽の民衆政治だから、之からは本当の民衆政治にしなくてはならぬ。それには我々民衆が直接に且つ完全で一切の問題に対する支配権を握らなければならないとするもので、或は代表制度はいけない代理主義で行かうの、又は政界の中央集権制を抑えてソヴイエト主義で行かうのといふ諸主義は、みなこの部類に属する。従来の民衆政治が種々のあやまりを重ねた所より考ふれば、斯種の説の生じ来るのも無理はない。併し乍《なが》ら冷静なる研究家から観れば、所謂徹底的民衆主義の政党観も、官僚的善政主義と共に、実は同一の根拠から発芽した境遇の産物に過ぎぬことが明であらう。

所謂徹底的民衆主義の政党観の誤謬　一体徹底的民衆主義の政党政治といふものは実際に行はれ得るものかど

うか。何人にも考へつくことは、支那のやうな民間に古来自治的訓練の行届いて居る処なら幾分行はれるかも知れぬことである。それでも政治問題の処理は本来特殊の専門的智識を必要とするものなるを思ふとき、如何に自治的訓練が行届いて居ても、民衆が自ら直接に治め得る仕事の範囲には限りがある。此点に於て一番人をあやまる言葉は、「自分の事は自分が一番よく分る」といふことだ。成る程腹が痛いか頭が痛いかは他人には分らない。併しそれが何の病気であるかは必しも本人に明了ではない。況《ま》して如何にして之を治癒するかに至ては専門家たる医者に聴かなくては到底分るものではない。政治に於ても亦然り。政治家を医者と同様に専門家と観れば、その智能を信頼して一切を之に托した方が得策ではなからうか。故に徹底的民衆主義の政党観の如きは、従来の医者の不信に懲りて自分で自分の病を処置する様なもので、所謂生兵法は大疵の基、危険之より大なるはない。

尤も我々をして斯かる謬見を抱くに至らしめた原因に就ては大に諒とすべきものがある。そは単に専門家に過ぎなかつた政治家が我々に向つて永く支配者の態度を以て臨んだからである。甚しきは我々の疾患を毫も診察せず勝手に怪げな薬を盛つたからである。併し事情は事情だが理窟は理窟だ。どこまでも其区別ははツきりして置く必要がある。従来の弊害に憤慨するの余り多少常規を逸した議論をするは已むを得ぬとして、その常規外れの議論を其儘真理と振り廻されては困る。是れ私が老婆心を顧みず敢て斯んな余計な詮索を試みる所以である。

も一つ序に云つておきたいことは、所謂徹底的民衆主義の実際的試みは、今日其結果に於て立派に期待を裏切つて居ることである。例へば露西亜《ロシア》では、この主義のチヤンピオンとして起つたと称し乍ら、事実上今や之とは反対の極端に立つヂクテーター政治をやつて居るではないか。之を弁解する者は曰ふ、民衆の訓練がつくまでの暫定的政治様式だと。其の通りだ。民衆の訓練が到らぬ間は、その完全なる自治は望まれない。問題は何時《いつ》になつたら訓練が完全につくかの点に在る。民衆の完全なる自治即ち専門家を不要とする完全なる民衆直接政治は、実は民衆の極度の発達を前提とする。而してこの極度の発達は、人類不断の努力の最終目標にして、永遠の将来にのみ期し得るものではないか。換言すれば、現実の世界では到底期せられないといふことではないか。故にヂクテーター政治を暫定的様式だといふのは、理論上あやまりではないけれども、他の一面からいへば、この以外の形式に倚る見込は現世には絶対にないといふことにもなる。是れ人類の完成の上にのみ言ひ得べき無政府主義が、現世政界の実際主義たり得ないと同様である。故に言葉を極端にしていへば、徹底民衆主義的政治を主張するなどは一種の欺瞞だともいへる。故に之を真《ま》にうけて、之からの民衆政治は万事この式に依るべきものと思ふなら、それこそ飛んでもない大間違である。

徹底的民衆主義を試行する結果の予想　仮りに今度の新政党がこの主義を差し当り実行したとしたら如何《どう》なる。政党構成各分子の委員が集つて中央執行委員会を組織する。それが一々代議士の行動を指揮せんとする。其通り行けば結構だが、代議士が果して其の言ふ事を聴くだらうか。聴かねば再選せぬまでだといはんも、代議士の選挙を左右するまでの力はいろ〳〵の点に於て急に新政党には望めない。又さう代議士の行動を拘束するやうでは、中央執行委員会の威望の名実共に大なるものでない限り、代議士がついて来ない。折角の政党も議会に於て多数の代弁者を有《も》たなくては駄目だ。代議士を我に牽きつけて置く為に、中央執行委員の我儘は何よりの禁物だ。少くとも議会制度そのものが今日の如くである以上、政党の中心勢力はやがては代議士の方に集るのが当然の運命ではないかと思ふ。現に既成政党の状態を見ても、代議士だけが政党の実際上の構成分子で、代議士以外は殆んど有名無実でないか。故に新無産政党に於ても、中央執行委員が権威を張れば代議士と衝突して悲惨な崩壊を見るに終るべく、幸にして政党としての機能を発揮する様に発達するとすれば、勢力の中心は疾《とう》に代議士に移つて居るに違ひない。また斯くなる事が当然の順序でもある。

〔新〕政党の今後執るべき途

於是《ここにおいて》私は新政党に対し今後執るべき途につき一つ二つの提言を献じたい。

第一は新政党の当然の運命に従順なることである。詳しくいへば、将来勢力の中心が代議士に移るを予想し、純政治行動は彼等に一任し予《あらかじ》め之を拘束するなからんことである。従てまた他日代議士を選定するに当ても、一旦信任を与へた以上は故なくその行動を細目に於て左右するなからんことである。何となれば斯くすれば政党は潰れるにきまつて居るからである。

第二は民衆と代議士との関係に就ては在来政党の陥つたやうな常弊に堕せざる様心掛くべきことである。在来の政党も同じく党員は之を大衆の中に求めたのだ。此点新政党と毫も変らない。併し実際は中央幹部が一切を切り盛りし、地方党員は中央の命の儘に機械的に盲動し即ち其指定する人に一票を投ずる道具に過ぎない。其間選挙人の自由意思の実際に働く余地は毫末もない。新無産政党もこの同じ過誤を踏襲してはならぬ。代議士の行動を個々に拘束せぬ代り、全体として人格的に監視するを怠つてはならぬのである。それには民衆が判断の自由を確保してゐなければならない。この意味に於て私は実は民衆の政党参加に極力反対したのであつた。徒《いたず》らに政党の地盤政策の犠牲となり、政界の野心家の踏み台となるに過ぎざるを恐れたからである。之と同じ主意で私は今度の新政党に向つても、せめては純政治行動(仮令《たとえ》そが代議士を有つに至つたときでも)だけには極力遠ざからんことを望むものである。

第三に私は経綸政策の大綱の樹立と近き将来に於ける選挙準備とに関しては万遺算なからんことを希望する。私は代議士選出の標準は人格的信頼に置くべく、個々の行動を政策的細目の提示に依て束縛す可らざるを信ずるも、其の主義政策の大綱に於ては固より始より定る所なくてはならぬと考へる。是れ新無産政党が既成政党の外に別に設立せらるゝを必要とする根本理由だからである。而して是亦同時に所属代議士の行動に対する最大限の拘束線を示すものである。其中に如何なる条項を掲ぐべきやは概して略《ほ》ぼ定る所ありと信ずるが、其中に特殊の人生観を奉ずる者に限るの一条を逸す可らざるは云ふまでもない。之等の点に付ては新政党の今後の行動に徴し更に筆を改めて評論することにしやう。

〔『中央公論』一九二六年四月〕

思想は思想を以て戦ふべしといふ意味

官憲に依る思想取締の無根拠　思想は思想を以て戦ふ可しとは、権力を以てする思想の取締を非とする人々から能く使はれる言葉だ。従て前者が少くとも後者を其の内容の一つとすることは疑ない。然らば思想は何故に官憲の力を以て取締る可らざるか。之を了解するには、先づ今日の官憲が如何なる主意に基いて思想の取締をやつて居るかを吟味するの必要がある。私の観る所では、今日官権の思想取締を是認すべき根拠は、「悪思想の跋扈《ばっこ》を放任するは社会に多大の実害を流す」といふ仮定の外にはない。然るにこの仮定は正しいかと云ふに、能く考へて見ると随分怪しいものである。思想頽廃して国運危機に瀕《ひん》すなどと、議会の閑人輩は好んで慷慨の声を放つも、事実何を以て社会的危険と目すべきやは、曾て彼等に依て説明されたことはなく、且之をいふものは、多く在来の制度に依て僅に自己の立場を維持して居る因循姑息の徒に過ぎぬ。従て所謂《いわゆる》悪思想と云ひ実害といふも、実は一部特権階級より観てその利害に反するものの謂《いい》にして、全体の見地より観てそが果して悪思想なりや実害なりやは、容易に断じ去ることは出来ない。而して本当の悪思想ならば、今日開明の世に在て決して永く其の流行を保ち得るものではない。今日の民智は、もはや相当健全なる社会的淘汰をなし得る程度に進んで居ると考へる。たゞ年老つた人々の間に、今尚ほ封建時代の陋習より脱け切らぬ者あり、動《やや》もすれば大衆は暗愚にして容易に過誤に誘はれるものと思ひ込む所から、悪思想の流行と聞いて無反省に直に社会の実害を連想するのである。実害の現存するに非ず、封建的民衆観が知らず識らず之を幻想せしむるのである。貴族院辺の老人の思想問題を説くものなどを見ると、此点最も鮮かに分る。斯く云つた丈けではまだ取締つてわるいと云ふ理窟は出て来ぬかも知れぬが、只官権的取締の如何に薄弱なる根拠の上に立つものかは、極めて明白に分るであらう。

姑《しばら》く一歩を譲り、「悪思想の跋扈に因る社会的実害の存在」が客観的事実として立証せられたとしても、之に基く官憲の取締を是認する為には、少くとも次の二つの事が前提せられなければならない。(一)は思想の善悪を判定する能力を官憲が具備して居ることで、(二)は一歩を進めて官憲は更に悪思想に代るべき善思想を指示し得ることである。併し乍《なが》ら今日の官憲に之が出来るか。全く出来ないこともあるまいが、之を判定する最適任者が少くとも官憲でないことだけは疑ない。而して官憲は敢て平然としてこの判定を実際に試みて居る。甚しきは思想上の研究を専門の職務とする学者教授の進退にまで、無遠慮に立ち入らうとする。若《も》し世間がこの冠履顛倒を少しでも是認して居るとせば、是亦封建的思想の余毒ではあるまいか。若し夫れ堂々たる帝国議会の議員までが、軽卒なる世俗の判断に雷同して、学者教授の任免黜陟《ちゅっちょく》を文政当局に迫るに至ては、実に言語同断である。

思想取締を非とする積極的理由　思想取締に根拠のないことは前述の通りだ。根拠がないといふ丈けならまだ我慢も出来る。併し官権の取締には更に之を非とすべき積極的理由もあるのである。今日の政治家がこの事に気の附かぬのは、私共の常に大に遺憾とする所である。

何故に官権の取締を非とするか。

第一に官権の取締は思想上の善悪の別を固定するからである。思想上の判定は極めてエラスチックでなければならぬとは、文化政策上の第一原理である。今日の善も明日は悪となるかも知れぬ。其時々の判断に拘泥しては、思想の進歩は停滞してしまう。然るに官権の干渉は、其の是とする思想の信頼を国民に扶殖することも覚束ないが、其の非とするものの講明は機械的に之を禁ずるので、国民の思想生活をば時の政府の判断に依て不当に拘束するの弊がある。此種の弊は形の上に現はれぬだけ、余毒の及ぼす効果は怖るべきものであることを知らねばならぬ。

第二に官権の取締は思想生活に於ける一番正しい態度を国民に阻むの結果を来すからである。思想生活に於て一番正しい態度は、常により正しからんと努むることだ。之が正しいと一時の判断に執着するは、既に過誤の第一歩に踏み込むものである。固《もと》より其時々に於ては、一番正しいと信ずる所に拠《よつ》て行動せねばならぬことは勿論だが、之と同時に、もツとより良き立場はないものかと常に懐疑的態度を執ることが必要なのである。而して斯の態度は独り自由政策の下に於てのみ育つものである。然るに官権の取締は正に之に相反し、取りも直さず国民の思想生活を盲目的ならしむるものに外ならない。尤も中には、どんな事を考へてもい丶と許したら、暗愚の民衆は何を考へるか知れたものでないと難ずる人があるかも知れない。之は前にも述べた如く、大衆を愚物視する封建的謬想に捉へられた考方であつて、今日の様に「人」を信じ「その良能の発達」を信ずべしとする時代に在ては、「自由」こそ各人をして「その無くてならぬもの」を発展せしむる唯一の機会だと謂はねばならぬ。尤も教育普及の程度その他種々の社会事情に依て、多少の制限の認めねばならぬことはあらう。が、官権的思想取締の百害あつて一利なきことだけは、何の点から観ても、極めて明白であると考へる。

思想問題に於ける自由政策の価値　官権の取締はいけないときまつた。然らば自由に放任してさへ置けばい丶のかといふに、必しもさうではない。自由を許すことが先決条件であることは云ふを待たない。而して官憲としては之れ以上思想問題に干与す可らざることも勿論である。併し乍ら官権の干与を非としたのは、民間に於ける思想的活動を自由にしたいからである。それは精神文化の領域に於て、立派な美果を生むのは、その自由なる活動だからである。自由そのものは決して積極的に新しい価値を創成するのではない。於是《ここにおいて》私共は、一方に官権の無干渉を要求すると同時に、他方に於て民間の目ざましき活躍を期待するものである。政府に向つては出来る丈け消極的な態度を要求すると共に、民間の識者に向つては出来る丈け積極的な且自由闊達な活動を希望する所以《ゆえん》なのである。

民間思想家に対する注文　国民の思想生活に於て主たる役目を勤むるものは民間の識者である。官権の取締を非としたのは、その自由活動を阻むを恐れるからである。併しそれかと云うて、民間の思想的活動は如何なる形態を取てもい、と云ふわけではない。官権の取締を非としたと同じ理由は、また二三の制限を彼等の態度にも加へんことを要求する。その主なものを挙ぐると、一は思想的活動は飽くまでも教育的なるべきことで、二は反対説に対しては絶対に寛容なるべきことである。思想的活動に最も忌むべきものは宣伝と偏狭とである。宣伝に堕するは国民の聡明を欺くことであり、偏狭に失するは一種の思想的専制主義を振りかざすことに外ならぬ。斯くの如きは精神文化の開発を妨ぐること、官権の取締よりも甚しい。思想生活に身を捧ぐるもの、深く反省すべき点であると考へる。

私は現下の日本に於て、偏狭なる民間の思想的宣伝が官権の干渉と迎合して国民の思想的自由を蹂躙する甚しきものあるを憎むと共に、之に反抗する者が又只単に反抗其もの、為に官権取締の非を唱うるに止まり、自分自ら亦偏狭なる態度に執して一種の宣伝に浮身をやつすものあるを不快とする。思想自由の積極的意義がもつと国民の間にはツきりせんことを冀望してやまない。

〔『中央公論』一九二六年五月〕

英国炭坑争議と我国小作問題

本誌前号に於て、英国労働争議の起因経過等に関する諸家の説明を研究せられた諸君は、我国の小作問題が種々の点に於て頗る彼国の炭坑争議に似て居ることに気付かれたであらう。其の本質に於て頗る相似たる所あり、従つて其の解決の方針に付ても結局彼れに倣ふべき多くの理由を有《も》つと私は考へる。然るに官憲や地主などの態度はといふ段になると、彼と我と実に霄壌《しようじよう》も啻《ただ》ならざる相違がある。こゝが英国と日本との異る所といへばいへる。併し何れにしても、英国に於ける炭坑争議の経過が我国小作問題の解決に一大暗示を与ふるものたるは疑なく、英国坑夫の主張が漸を以て着々聴容せられ行くの形勢には、また大に吾人の意を強くせしむるものがある。

*

第一に事業が土地に定着し、且つその土地が少数所有者の壟断《ろうだん》に帰して居る点に於て、英国の炭坑業と我国の小作農業とが甚だよく似て居る。只彼に在ては外に企業家といふ中間階級があるが、我にはそれがない(ありとすればそは小作人彼自身だ)。之が一つの相違といへばいへる。

さてこの土地所有といふことは、本来其上に行はれる生産業に対して何《ど》れ丈けの発言権を有し得るものか。遠く其土地を所有するに至つた因縁に遡《さかのぼ》るまでもなく、単に土地台帳に自分の名が登録されて居ると云ふだけで、他人の粒々辛苦の結果を大半掠め取るといふは、どうしても今日の倫理観念が承知しない。英国に於て土地所有権が今日如何に取扱はれんとして居るかは玆に管々《くだくだ》しく論ずるまでもなく、我国にても少くとも学者間の論究には、此点に関し、自ら略《ほ》ぼ一定する所があると考へる。只実際の取扱如何といふ段になると、今猶ほ土地所有権は他の一般所有権と同じく、絶対的なものとして神聖視されて居る。我国の小作問題も実は、この伝統的思想に一大転回の来ないうちは――殊に地主階級自身が其の頑迷なる態度から醒め且社会に対する道徳的責任に反省しない限りは――容易に好ましい解決を見ることはむづかしいと思ふのである。

*

次に富の直接の生産者は、彼に在ては坑夫であり、我に在ては小作人である。此点も似て居る。若し企業家をも直接生産者の一人に数ふべくんば、この資格をも兼ぬる我国の小作人は、英の坑夫よりも、富の生産者としての意味に於て、一層強いと謂はねばならぬ。従て生産された富に対する権利に於ても、我国の小作人は決して英の坑夫よりも薄弱であつてはならぬ道理である。

英国に於ては、坑夫の賃銀は優先に支払はるる。我国に於ても、事実に於ては(理論上認許されてゐるのではないが)小作人の収得は地主に先んずると云つていゝ。併し其の最低額に至ては如何にも低い。近年小作料の段々下がつて行くことは事実だ。下がる度毎に地主はきまつて採算上その忍び難きを訴へる。斯くて小作料の決定は形式上ともかく地主小作人の協議に依るのではあるが、其際に標準とさるるのは、毎《つね》に地主側の投資としての採算であつて、決して小作人の生活ではない。無論小作人は生活が苦しいからとて小作料の引下を哀願する。地主はまた勢に迫られ、実際の採算上どうかかうか忍び得る範囲までは譲歩もする。併し採算といふことは要するに小作人の要求を拒絶する当然自明の障壁となつて居り、世間も亦之を当然の事と認めて怪まない。が、よく考へて見ると、元々の小作料のきめ方が不当に地主に厚かつたのだから(地主が主人で小作人はその隷属とされた時代の惰性と観れば之も致方がない)、一挙に思ふ存分の引下げをやらぬ限りは、何度之を繰り返しても小作料引下げの必要の熄《や》まざるは当然だ。と云つて、小作料の引下げが今なほ地主に対する哀願と云ふ形で要求されて居る間は、思ひ切つた引下げの実現を見る望も絶対にない。

英国では、富の直接の生産者として坑夫は、生産されたる富に対して第一の要求権ありとされる。従て彼等の生活必需品は何事を措ても絶対に保障されねばならぬとされて居る。坑夫の生活の必要が十分にみたされて後、企業家や地主は始めて若干の分配に与《あずか》り得る。是れが実に英国産業界の正義なのである。地主といへども之に対しては一言の異議を挿むものはない。

我国でも本来なら、第一に小作人の最低生活線といふものがきめられ、之を標準として其の最低収得額が理論上きめられねばならぬのでは無《なか》つたか。其辺のことは、森本博士や那須博士あたりに聞いたら、之を確定するに決して難しいことはなからうと考へる。

＊

仮りに小作人の最低収得額といふものがきまつたとしても、其を取り去つた残りの全部が当然地主に帰すべきものかといふにさうではない。英国では、坑夫の所得に対して企業家の所得(此の中に地主の所得も含められてゐる)なるものが法定される。之を払つて猶ほ剰余あれば、亦之を一定の割合で双方に分ける。即ち英国の正義は、残りの全部を企業家の所得に許さないのである。我国の地主の地位が理論上英国の企業家よりも猶ほ薄弱なものなることは前にも述べた。然らば英国の企業家以上の要求権を地主に認め難きは云ふまでもなからう。仮りに姑《しばら》く一歩を譲つて、英国の企業家同様の地位を認めてやるとしても、その所得は、姑く英国の例を以てするなら、小作人のそれの一割五分でいゝわけだ。卒然として斯んなことを云つたら、地主も役人もびつくりするかも知れぬ。固より私にも英国の炭坑業の例が其儘我国の小作問題にあてはまると言ひ張るつもりはない。只大体の理論の筋道を示すに止まるのであるが、兎に角冷静に考へられたなら、私のこの仮定にも多分の真理あることは認めらるるであらう。

孰《いず》れにしても、小作人の為には最低所得高をきめてやる必要があり、地主に対しては最高所得額をきめておく必要がある。併し我国小作問題の現状はこの当然の要求と相距る頗る遠きものがある。且近き将来に於て好ましい改革を見るの見込もないことは云ふまでもない。

*

そこで我国の小作人が生活権確立の旗幟の下に小作料の低減を叫ぶのは当然だといふことになる。従て小作争議の今後益々面倒になるのも怪むに足らぬ。漫然之を困つたものだなどと憂ふるのは、時勢に盲目にして徒らに惰眠を貪るものの寝言に過ぎず、我々はどこまでも公平なる第三者として、漸を以て正しき解決に達するやう事態を適当に導くことに心掛けねばならぬ。殊に斯うした態度は最も切に官憲の人達に要求されねばならぬと私は思ふ。所が我国の官憲はどう云ふものか今仍《な》ほ所有権を絶対万能とするの観念に捉はれて、地主小作人を主従関係と観る昔ながらの封建的因習から今以て脱け切らず、甚しきは小作人の地主に対する強要は一種の恐喝だなどといふ謬想にこだはつて、地主の保護は即ち正当なる所有権の保護、加ふるに是れ正に社会的秩序を維持する所以《ゆえん》だなどと考へ、切《しき》りに小作人に不当の干渉を加へんとする。この点になると、彼我官憲の思想には実に天地の差がある。英国の保守党政府でも、理に於て時代の正当なる要求は決して誤り観なかつた。処が違へば斯くも思想の違ふものかと、正しきことの中々に行はれ難きを歎ずる次第である。

*

かく云へばとて私は、我国に於ける総ての小作争議を現にみな正しいと主張するのではない。我国の小作問題の本質を明にするのがこの小篇の目的で、幾多現実の小作争議に対する私の批判は自ら別問題だ。現実の問題としては其の要求の不当なるものもあらう、又不当なる方法を以て要求の強要されてゐるのもあらう。どんな正当な要求でも、之を貫くに正当な方法を以てすることを怠つては、その要求に自ら重みのなくなるのは已むを得ない。不当なる方法を択んだといふ点に道徳的欠陥を暴露するの誘因を作り、之に基く社会的不信が禍根となつて、遂には社会をしてその当然の要求にさへも耳目を掩はしむるに至る。斯の如きは世上に決して珍らしいことではない。さういふ所から、現実の問題に対してはまた種々別種の批判を加ふるの必要はあるが、一般的概論としては、何と謂ても、我国今日の小作人の立場は、之を極度に且つ無条件に振張する必要があると信ずる。官憲も、地主も、時としては一般世人も、小作問題に於ける「正義」をば余りに低く評価し過ぎて居る。英国炭坑争議の経過を見て昨今ことに此の感を深うして居る次第である。

〔『中央公論』一九二六年七月〕

学生大検挙に絡まる諸問題

今春来いたく世人をして憂惧せしめた学生大検挙事件は、去月十五日の記事掲載解禁に依り漸く其真相の一端を現はし始めた。之に依ると検挙された者の総数は三十八名、主として東西諸大学の学生で、中に少数の既に学籍を去つた者も混つて居る。罪名は全部が治安維持法第二条の違反、その中の約三分の一は併せて出版法第二十六条違反とある。不敬罪に当るとせらるる者も一名あるが之は特別の例外と観てよからう。故に結局本件は治安維持法と出版法とに関する犯罪事件と謂つてい丶。

*

事は去年十二月一日の払暁、京都府警察部特高課が京都帝国大学・同志社大学等に在学する社会科学研究会員三十余名の宿舎を襲ひ、之を検挙拘置せしに始まる。検挙拘留と共に二三の書物を押収したが、之が如何にもさうした本を読むことが怪しからぬと云ふ様に見へた所から、乃《すなわ》ち研究自由の圧迫といふ問題が起つた。之に加ふるに警察のやり方には手続上の法規違反があるといふ非難もあり、京大法学部並に経済学部教授諸氏の声明書が発表され、之に勢を得てか学生側が一時大にいきまいたのであつた。やがて拘留学生も一ト先づ釈放されて一段の鳧《けり》がついた様に見へた。当時私は、警察のやり方に手続上の疎漏あることは明白だが、そんな事は本問題の主たる論点ではないと論じた。最も大事な点は研究自由の範囲如何に関するものだが、之に付ては世俗並に官界の見解と吾人の見解との間に大なる隔りがあり、之を一朝にして解決することは困難だ、従て今度の事件に関しても、今更之を官憲と論争するは何の役にも立つまい、寧《むし》ろ学界の人と官界の人とが、事件の表面的解決の一段落を告ぐるを待つて、共に一堂に会し篤と懇談を遂げて見てはどうかとの案を提出した。拘置学生の一ト先づ釈放せらるるや、社会科学研究会の諸君は得たり賢しと追撃戦に移り頻りに官憲に喰てかゝる。之に対しても私は、其の己れを省みずして濫《みだ》りに他を責むるの愚を論じ、少くとも官憲に対しては懇切に諒解を得るの寧ろ望ましきを勧めたのであつた。孰《いず》れにしてもこの第一段落に於ては、警察官憲が軽々に無用の圧抑を学生に加へたるの外観を呈したことは争はれなかつた。

やがて第二段の活動が本年一月二日から始まつた。同月十四日以来、記事掲載禁止の命令があつて、永く事情を知ることが出来なかつたが、九月十五日の解禁に依り、始めて去年十二月十六日司法省に開かれた秘密大会議で大体の方針が定まり、閣議の決裁を経てこの再活動の開始を見たことが分つた。其結果は即ち前項述ぶる通りである。

*

治安維持法第二条に触るる罪とは、国体を変革し又は私有財産を否認することの目的を以て、その目的たる事項の実行に関し協議を為したるものを指すとある。今度の事件は国体変革には関係が無い様だから、詰り共産主義の実現を期し其の実行手段を協議したといふことになるのだらう。所謂《いわゆる》社会科学の研究を以て任ずる血の気の多い青年の事としては、強《あなが》ち無さそうな事でもない。

出版法第二十六条は、政体を変壊し国憲を紊乱《びんらん》せむとする文書図画を出版したる者を所罰する規定である。即ち社会組織改造の目的を達成する為め、革命的手段に依るべきを鼓吹する所謂第三インタアナショナルの戦術を説く文書の出版の如きは、正に此の法条に該当するものである。之等の図書の或るものは、輸入を禁止されて居るとは云へ、事実随分各方面に這入《はい》り込んで居るさうだ。従て自らそが社会科学研究者の机辺に出没するは已むを得ない。而して之を研究する傍ら多少の複本を作つて有志に之を配るといふが如きことあらば、是亦同法の違反たるを免れないであらう。

右に述ぶるが如き事情なるを以て、私は問題となつて居る多数の学生が治安維持法第二条及び出版法第二十六条を以て問はるるに至つたことを別段深く怪まない。併し事実彼等が本当に之等の法条を以て論ぜらるるに値するや否やは、もつと詳細な報道に接しなければ分らない。

*

治安維持法第二条出版法第二十六条に触るると聞いて、今次事件の頗る重大なるを唱導するものがある。新聞の報ずる所にして誤りなくば、京都地方裁判所の古賀検事正は大逆事件にも比すべき怖るべき重大犯罪だと語つたとやら。成る程共産主義の実現を期し革命的手段に訴へて社会組織を根本的に改造せんことを企てたといへば、如何さま恐るべき陰謀のやうに聞へる。段々調べた上で、そは真に恐るべき陰謀であつたといふ事になるのかも分らぬ。併しそは又実に治安維持法及び出版法の違反であるだけ、私共に取つては、単に右の法条に触るると聞いた丈で直に検挙学生の不逞を推定するわけには行かぬのである。そは案外無害な行動でも、多少の不用意の為め、右の法条に触るることもあり得るからである。

この事を明にする為めには先づ次の三点に留意することを必要とする。

一、治安維持法は制定当初より其の無用を説かれ又その濫用をおそれられしこと。並びに出版法も特に其第二十六条につき字義の曖昧なることが非難され来りしこと。

二、私有財産の否認を目的とする結社又は其の実行に関する協議は其事自身何故治安に妨げありや、且つ単純なる共産主義は何故に国憲の紊乱と見做《みな》されざる可らざるや。此点に関する治安維持法及び出版法の根拠並に解釈に付ては世上大に疑義あること。

三、右第二の点に関する見解の異る結果、同一事実に対する評価の著しく相違し得ること。即ち共産主義を非常に悪いと観る人は、例へば之に関する単純の雑話をも所謂協議と目して処罰せんと欲し、又一寸した手控の謄写の如きをも直に出版法違反を以て論ぜんと欲するだらう、斯れ亦決して絶無に非ること。

斯く云へばとて私は学生を曲庇する積りは毛頭ない。今度の事件に関連して、私は社会科学研究を標榜する学生の最近の態度には頗る慊《あきた》らぬ節あることを明言しておく。併し単に治安維持法第二条出版法第二十六条に該当すると聞えた丈けで、その表面の形の重大なるに驚き直に恐るべき大隠謀の暴露のやうに狼狽するのは、余りに見苦しい早計だと信ずる。

＊

出版法第二十六条は、政体の変壊・国憲の紊乱を目的とする文書図画の出版を所罰するものである。その限りに於て之は固《もと》より必要なる規定だ。併し何を以て政体の変壊とし国憲の紊乱とするか。之は一に官憲の解釈に委《ゆだ》ねられて居る。そこで官憲の見解如何に依てはこの個条はまた大に濫用さるる憂ないではない。国憲紊乱の字義の解釈につき今日の如く極端に反対な意見の行はるる時代に在ては、殊に強く之を懸念すべき理由がある。例へば社会主義の理想に基く社会組織の根本的改造を主張するとする。甲は之を以て無上の理想となし、その実現の為には身命を捧ぐるに値すると信ずる。之に対して、乙は之を嫌ふこと蛇蝎の如く、国基を傷くる恐るべき害毒として極力その実現を妨げんとする。元来之は思想の争なのであるが、今日の我国では公権的解釈を以て一方を立て他方を抑へて居る。之は本来甚だ面白くないことだが、差当り如何ともし難い。而してせめて我々評論家だけでも特に此点に関しては冷静公平ならんことを努めたいと思ふ。是れ私が今度の問題に付ても世上の狼狽震駭に雷同せず、努めて先入の偏見に累せられざらんことを期する所以である。

若《も》し夫れ治安維持法第二条に付ては、一体私有財産制度の否認並に其の実行の協議がそれ自身何処《どこ》が悪いのかと云ひたくなる。その手段方法さへ宜しきを得れば、共産主義の実現も一向避くべきでないではないか。共産主義になつたがい丶かどうか、之はまた別問題である。私自身は元来之に賛成はしない。併し之を実現せしめざる可らずと主張する議論があつたからとて、何も之を極力禁圧せざる可らざる必要はないと思ふのでこの事は更に次にモ少し詳しく論じておきたいと思ふ。

＊

治安維持法は「私有財産の否認」を「国体の変革」と並べ之を無条件に恐るべきものに数へて居る。「国体の変革」は如何なる方法を以てするも之を許す可らずとするに相当の理由はある。「私有財産の否認」に至ては、之と並んで絶対に許す可らずとする理由は何処に在るか。法律の許す範囲内に於て漸次私有財産制度をやめようと云ふ類の説は何故わるいのだらう。治安維持法第二条は、斯うした穏健の実行方法を協議するものまでをも、七年以下の懲役又は禁錮に処せんとする。是れ此の法律の是否得失が常に世上に論議せられる所以《ゆえん》である。同法制定の際識者間に非難の多かつたのも主としてはこの為でなかつたか。而してこの法律あるが為に、我々の目して以て無害と為す行動も時に重刑に処せらるることあるは免れない。尤《もつと》も斯かる法条あるを知て仍《な》ほ敢て之に触るる者の不謹慎なるは亦言ふまでもない。

但し「私有財産の否認」即ち「共産主義の主張」を以て恐るべきものと看做したに就ては、一応の理由はある。そは共産主義は多くの場合「無政府主義」と結んで主張せられ、所謂「共産派」は其の主義の実行に概して極端過激なる手段を執るからである。私共は歴史の研究に於て共産主義といへば直に無政府主義を連想し、共産派といへば毎《つね》に兇暴なる直接行動を思ひ浮べる。従てまた自ら共産主義に一種の偏見を寄せたくもなる次第である。そは自ら俗情の免れ難き所とはいへ、併し両者はもと決して必然相伴ふべき筈の現象ではない。故に理窟の上では何処までもこの二者を区別して考へる必要がある。共産主義といへども、許されたる方法に依り、その漸進的実現を要求するものなら理に於て之を斥くべきではないと思ふ。排斥すべきは、従来多くの場合に現はれたるが如く、そが兇暴なる直接行動に依て主張さるる時に限るべきであらう。果して然らば真に恐るべきは実は共産主義そのものではない、之を実現するが為に執らるる所の手段に在るのだ。思ふに我国の官憲はこの二者を混同して居るのではあるまいか。少くとも其の手段に恐るべきものあるを苦に病んで目的そのものまでを排斥するの過誤に陥つて居るのではあるまいか。

斯くして我国の官憲は、どうも怖るべきものを見誤つて居る様だ。例へば不義を以て富を作つた者を見て、直に金を儲うけたこと其事が悪いと云ふ。富を作り得ずんば不義も咎めず、金を儲けた者はその方法の如何を問はず皆わるいと責められる。責められた者に悪い奴も無論ある。併し全部がみな悪いのではあるまい。そこで私はいふ、治安維持法で問はれたからとて、必しも皆悪い奴とは限らないと。只法の存在を識つて之を遵奉せぬ罪は固より免れない。たゞ外形を見て内心の不逞を説くのはまだ早いと云ふのである。

*

治安維持法又は出版法に問はれた事を以て直に学生の不逞を推定してはいけないと云ふ論と、問題となつた三十余名の学生は全然不逞の徒でないかどうかの論とは、全く別問題である。この第二の問題に付ては自ら事件の進行がやがて明に語る所があらう。此際我々は只之れ丈けのことを云つておく、最近所謂第三インタアナショナルの戦術に興味を有つ者わが学生界にも頗る多くなつたことを。社会科学の研究は実際上昨今なか〳〵盛んである。そは決して所謂この研究を標榜する者のみに留らない。而して之を標榜する者に自ら一定の色彩あり一定の傾向あることも疑なき事実である。之等の点も今度の事件を公平に判断せんとする者に取ては看逃してはならぬ点であらう。

第三インタアナシヨナルの戦術が公安妨害の譏《そし》りを免れ難きものなるは云ふまでもあるまい。この事は現に之に拠らんとする者の亦自ら隠すことを屑《いさぎよし》とせざる所でもある。蓋《けだ》し彼等はこの方法に依るに非れば社会改造の期し難きを信じ、一身を挺して敢てこの聖業に当るのだと声言する。事未〔然〕前に敗るれば一死も辞せず、即ち自ら革命の闘士を以て任ずる所以である。その動機や洵《まこと》に尊敬すべきものあるが、併し社会の秩序を重んずる者から観てそがまた危険千万なものなるは申す迄もない。気の毒だけれども彼等が法の制裁を受けるのは免れ難い運命である。彼等としても固より強て之を逃れんとするが如き卑怯な事は考へもすまい。孰れにしても斯うした考の人の昨今段々我国に多くなつたことは事実だ。而して学生間にも此種の人の今日少らざるは亦言を待たぬ事実である。

但し今度検挙された人達がこの第三インタアナシヨナルに共鳴する一味なりや否やはまだ明でない。彼等の属する社会科学研究会が必しも斯うした仲間と限らぬことは、過般京都帝国大学及び同志社大学内の同研究会の発表した聯合声明書に明白だ。彼等は頻りに自分達の団体が色眼鏡で見られ、左傾赤化の悪宣伝を蒙り、共産主義聯盟の焼印ををされるのは心外だと叫んで居る。故に或る一部の人がいふが如く、社会科学研究を標榜する者の全部を不逞のかたまりだと見るのは誤りであらう。併し少数ながら其中に危険視さるる丈の人もありとせば、今度の様な事件を以て単純な思想圧迫と見るのは当らぬのである。固より之に関連して思想圧迫の事実の起るは予期せねばならぬだらう。併し今次の裁判事件そのものは思想抑圧の外に別に独立の理由を有つものと観なければならない。

＊

今度問題となつた学生が事実どれだけの事をしたのかはまだ十分に分らない。之に関連して目下世上には学生の分際といふことが問題になつて居る。学生が其の分際を超へて余計なことに狂奔するから斯んな事が起るのだといふのである。

然らば一体学生はどれ丈けの事をしていゝのか。世間では漠然と研究はいゝ宣伝はわるいと云ふ。今度の事件について京大及び同志社大学の社会科学研究会幹事の発表した前記聯合声明書にも、自らを指称して真摯の研究者となし、切《しき》りに之を弾圧するの不法を鳴らして居る。松村警保局長の談として新聞に現れたものにはまた、研究に名を藉《かり》て実行又は実行に移る協議をしたのが宜しくないといふ様な言葉がある。研究以外に出でないのだから兎や角云はれる筋はないといふのも、研究範囲に留らないから悪いのだといふのも、共に「学生の本分」を「研究」といふことにおく考である。其の逆をいへば、即ち実行宣伝はすべて悪いといふことになる。這《こ》の考は世間にも相当広く流布されてあると見え、或る新聞には大学の教授にして実行に参加して居るものもあるなどと眼をむいて驚いた様な記事も見へて居た。知らず、実行宣伝は無条件に爾《しか》く悪い事なのか。

私の考では、学生だからとて、宣伝実行すべて罷《まか》り成らぬといふ理窟はない。仏教青年会などは盛に宣伝をやつて居る。而して之を誰も不都合なこととは責めぬ。基督教青年会などに至ては宣伝の為に米国の金をさへ使ふこともある。而して私は未だ之に依て日本の実質的弊害を断ずる人あるを聞かない。東京帝大のセツトルメントの如きは、立派に足を実行の域に踏み入れたものではないか。此種の社会事業に手を染めて居る者は外にも多い。

而して世人は寧ろ之を学生界の美挙とさへ賞めて居る。是れ皆宣伝実行の必しも咎むべからざるを語るものではないか。但しその為に学生の本務に悖《もと》る可からざるは云ふまでもない。尤も偶々《たまたま》本務にもとることありとしても、そは単に学校訓育上の問題たるにとゞまり、刑事問題などを引き起すべき筋合でないことは勿論だ。孰れにしても宣伝実行一切不可なりと速断するの誤りなることは明白である。

そんなら宣伝実行常に無条件に差支ないかと云ふに、さうも云へぬ。宣伝実行してならぬものもあるからだ。詰り実の所は宣伝実行そのことに良否の別があるのではなく、宣伝実行さるべきものに本来善悪の区別が立つものなのである。何を標準としてこの区別を立つるやは今こゝに詳説せぬが、研究と宣伝実行とを境として此処に学生の分際が定まるとする考の誤りなることだけは、篤と了解しておく必要がある。

＊

こゝまで書いて来て、さて本日の新聞を見ると予審決定書なるものが発表されて居る。之に依るとだいぶ巨細の事実が分る。同時に又前段に於て私の予測したことが大抵間違でなかつたことも分るのである。即ち之を読んでの私の考を略叙すれば次の通りである。

(一) 暫く目的たる事項の如何を念頭に置かず、唯その手段だけを見ると、なか〳〵精密入念に工夫したものと感服するの外はない。私共も学生時代に宗教的目的のための青年会を組織し其の全国的統一を企てたこともあるが、之れ程精密なものではなかつた。其の用意の周到なるには取り分け感服の外はない。而して斯く精密入念の組織の下に宣伝実行に従事するといふこと其自身には、何等の不安も危険も感ずるの必要はない。

(二) 学生達の這の計企に何等かの不安と危険を感ずる必要ありとせば、そは必ずや其の目的たる事項と関連しての話でなければならぬ。宣伝実行が悪いのではない。悪い事を宣伝実行するから不問に附して置けぬことになるのだ。斯の観点からすると、裁判所の行動は成る程、固より一部の人のいふが如き単純なる思想圧迫と断じ去ることが出来なくなる。

(三) 私は先きに、同じく共産主義実現の実行手段の研究といふても、理論上無害なものと危険なものと二種あることを述べた。治安維持法はこの区別を立てず一様に之を禁止して居るから、理論上無害なるの故を理由として法の制裁を免るることは出来ない。この法律はわるい早晩改廃さるべきだと論ずるはいい。が、正しくない法律だからとて之を犯しても構はないと云ふ理窟はない。此点から云へば、仮令《たとえ》治安維持法の存続に反対の考があつても、今度の事件そのものを無条件に失当と云ふわけには行かない。

(四) 学生達の行動が予審決定書に挙ぐる通りであるか否かは、今後の事件の進行に徴するの外はない。仮りに法の制裁を免れぬものとして、さて彼等の行動は我々の所謂無害なるものに属するや否や。この点に関する裁判所側の情状判断は、他日如何の斟酌《しんしゃく》を刑の量定に加へたかを観察することに依て明白にし得ることだが、予審決定書に現れた所だけに付て推定するに、どうも相当重く見て居る様に考へられる。さうと言葉をはツきり使ては居ぬが、危険なる思想を危険なる手段に依て実現せんとする企と観るのが裁判官憲の狙ひ所らしく思はるる。

＊

予審決定書に対する是否の論は、局外の者からは容易に下し難い。一般的に刑事政策上の見地から多少文句を云ふ余地はある。予審決定書に現れた司法当局の論点そのものに対する直接の抗弁は、ひとり被告自身のみがなし得る所である。この点に付ては今の所私に何もいふべきことはない。

唯一つ学生側の発表せる声明書に付ては、一言しておくの必要を認める。京都で社会科学研究会が声明書を出したことは既に述べた。東京でも全日本学生社会科学聯合会の名を以て簡単な声明書が発表された。裁判上での被告は先きに取調べを受けた三十八名に外ならぬも、元来彼等は皆社会科学研究会を中心として行動したものだから、社会的には之等の団体が即ち被告だともいへる。従て前記の声明書はその儘被告側の抗弁と見ても差支へあるまい。そこで私は之を土台として、此際に於ける被告側の態度を簡短に批評して見る。

（一）東西両地で発表せられた声明書は、文字は違ふが、大体その趣旨を同うして居る。そして共に当局の処置を目するに封建的弾圧を以てし、研究並に普及に対する挑戦と呼んで居る。研究及び普及に対する抑圧は成程わるい。併し之は司法当局の狙ひ所を適切に云ひ当て〔た〕ものだらうか。司法当局の処置の自然の結果として、研究並に普及に何等かの障礙を来すことは勿論あらう。併し彼の直接に狙ふ所は恐らくここではあるまい。学生側が適切なる抗弁を当局に呈し併せて世間の誤解をも一掃せんと真面目に考ふるなら、何が双方の論点なりやをもツと慎重に考へ直す必要があらう。

且つ研究普及の擁護を楯に取て抗弁すると、軽卒なる傍観者は官憲の処置が研究自由の蹂躙に在ると妄信する所から、安価に世上の同情を自家に集むるの利便はあらう。併し少しく事件の真相を研究せんとする者をしては、却《かえ》て学生側の窮せる余り顧みて他を言ふものに非ずやを疑はしむるの恐れがなからうか。更にもツと困る事は、一方に於て、研究と普及とだけをやつて居るのだから之を弾圧するのが不都合だと説く所からして、他方に於て、研究普及の埒《らち》外に逸するものは学生達も始めから不都合なものと考へて居るかに思はしむる恐れのあることだ。若し他日たまたま彼等の行動が研究普及に留らざりしことが明かとなつた場合、彼等は果して何と之を弁明するだらうか。幸にして世間の俗説は漫然として研究の自由を犯すは怪しからぬといふ。さればと云て忽ち其尻馬に乗り、全くその通りだ、我々は只研究だけをやつて居るに過ぎぬ、それを政府が兎や角いふのは不都合だなどといふのは、不得策であるばかりでなく、又甚だ男らしからぬ態度のやうにも思ふのである。

（二） 私の感ずる所を卒直に述ぶるなら、学生側の弁明には、自分達のやつて居る所を正直に告白し之が何で悪いかとも少し大きく出る態度があつても然るべきだと思ふ。どう云ふものか、彼等は余りに世間の批評に気兼ねする。世間で研究の自由は尊重すべきだといへばすぐ我々は研究だけをやつて居るのだと附いて来る。思想の普及を謀るも差支あるまいといへば、忽ち防禦線を「研究」から「普及」にまで拡げる。即ち官憲の拘束に対する防禦線をば、事毎に世間の思惑にかり、而して事実何をやつて居るかは一切秘密にする様に見へるのである。今度の事件が起つてからも、いろ〳〵の事に付て、私は切にこの事を痛感して居る。或る人は彼等の行動を評して、名を研究に藉つて云々の事を企つると云つた。云々の事を企つるといふの当れりや否やは別論として、名を研究に藉るの譏りは到底免れまい。名をこゝに藉りて不規〔軌〕を図るものなどとは固より信ずることは出来ないが、専ら研究に全力を集中するものとはどうしても考へられない。私どもの知人で今度特別弁護人たらんことを嘱せられたものも少くないが多くは皆この点で引受けを躊躇したやうだ。彼等が実際何をして居つたか分らぬからである。彼等自身の勢力は成る程青年の間には着々拡がつたらう。而してまた之に依て十分の目的を達したのであらう。併し乍《なが》ら之に依て先輩の間に漸く同情同感を喪ひつつあつたことも事実である。

彼等が事を秘密にするからとて、私は必しも其の為す所を悪いとのみ断ずるのではない。けれども若し彼等にして其の為す所を真に之を善とするの信念があるなら、之をまた確実に世人をして信ぜしむるに努むべきであつた。それには自分の為す所を正直に公表し、何で之が悪いかと高飛車に出るの必要がある。斯くして世間も始めて其事の正否に反省するの機会に置かるるからである。之を明に声明せず、声明してもそは唯世間の思惑に辻褄を合はす丈けのものであつては、世間はいつまでもその蒙を啓かれずして終るだらう。

孰れにしても、彼等は此際自分達の従来の立場を赤裸々に公表し、真面目に世間の批判を求むることが必要である。これまでの態度は、何としても安ツぽい小利巧さを示すに過ぎなかつた。

(三) 例へて云ふなら、彼等にして若し真に共産主義実現の目的を以て社会改造の実行方法を協議したのなら、明らさまにさうだと云つてはどうか。単純なる研究にとゞまるなどと、今更卑怯なことは云はぬがいゝ。其の為に治安維持法第二条に触るるは、已むを得ぬ犠牲として甘受すべきである。斯く彼等が堂々と明らさまに其所信を披瀝するとき、恐らく始めて治安維持法そのものの適否がまた世間からも反省さるるだらう。強いて宜い加減のことを言ひ張つて居ては、世人はいつまでも治安維持法の存続を必要とする官憲の態度を後援することになるだらう。

私は時間の足らざる為めこゝで擱筆せねばならぬことを遺憾とする。実は之に続いて「社会科学研究を標榜する者の態度」に幾多の難ずべき点あるを指摘し、更に警察行政上の問題として並に教育上の問題として、「如何の範囲に学生の社会科学研究を認むべきや」を論じ、真個有益なる社会科学の発達の上に司法上行政上の取締の及ぼす効果如何をも論究せねば、私の意見は十分明白にならぬやうの気がするのである。之等の点或は次号に於て再び論ずることになるかも知れぬ。

〔『中央公論』一九二六年一〇月〕

無産階級の陣営に於ける内部闘争

文部当局の研究自由圧迫方策に対して多年極力反抗の共同戦線を張つて来た学者思想家教育者評論家の間に、去年の学生大検挙事件の発生以来漸次悲しむべき亀裂の生じ始めたことは蔽《おお》ひ難い事実である。文部当局の取締手段を否とし殊に学生の行動に関し大袈裟な検挙拘留を以て臨んだことを遺憾とする点に於ては、今日なほ一人の異論もないやうだ。たゞ学生の現に懐く所の思想丼に現に執る所の行動を如何に評価すべきやになると、彼等の間に著しき見解の相違あることが昨今明白にされたのである。

学者思想家等の一団は、その始めひとしなみに青年学生の社会科学研究には多大の同情を寄せてゐた。之を抑圧せんとする文部当局の時勢を知らざるの甚しきには、憤りもし又呆れもした。従て事ある毎に彼等は無条件に学生側の味方であつたのだ。それが検挙事件の顚末を聞くに至つて少しづゝ変つて来る。固より社会科学の研究に従事する青年学生の誠実と熱意とには今仍《な》ほ多くの同情を寄せては居る。が、その懐抱する思想と現に為しつゝある行動とを聞くに及んで、彼等の或る者は実に意外の感にうたれたのである。尤も一部の人の意外とするものを、他に徹頭徹尾賞讃に値すると観て居る人もないではない。要するに斯くして学生の思想行動に対する学者思想家等の評価は昨今大に動揺を来して居る。二つの立場の孰《いず》れを正しと観るべきかは別に論ずるとして、斯うした事実の存在することだけは今日何人も之を認めずばなるまい。

この点に於て学友新居格君が『新潮』一月号に寄せたる「共産主義党派文芸を評す」中の次の一節の如きは、

最も注目に値するものであらう。曰く「学生は社会科学研究の名に於いてコンミユニズムを研究する。学徒として社会科学を研究して居ると云ふよりも、青年コンミユニストを以つて任じながらコンミユニズムを研究して居ると云ふのが当つてゐる。それに対する圧迫の手が下れば、学徒としての研究の自由を防遏《ぼうあつ》するのだと抗議する。彼等は楯と矛との二つをもつてゐる。楯の方が学徒としての研究の自由であつて、矛の方がコンミユニズムの研究である。私はしかしその態度をむしろ怯なりと見る……社会科学研究会に当局の圧迫が来ると、明らかに共産主義を奉じてゐない左傾思想者をも誘ひ込んで、共同して抗議しようと提議する」云々と。新居君のこの説明には私も或る点まで同感の意を表するに躊躇しない。之と同じ様な感想をいだく人は世間にまだ沢山あらう。要するに青年学生の社会科学研究は、その内容を純共産主義に限局しその行動の方針を純共産主義的戦術に塗りかためた点に於て、今や盛に識者の問題に上つて居るわけである。

*

同じ様な立場から来る評価の相違は、無産階級の政治運動に付ても起つた。昨年の後半季労働農民党の分裂より多数の無産政党の簇出《そうしゅつ》を見るに至るまでの経緯は、一時世人をして大にその去就に迷はしめたのである。単一無産政党主義の文字通りの賛成者でないまでも、無産大衆の出来るだけ広汎に結束すべき必要のあること、殊に政治上経済上その要求を十分に貫徹せんが為には鞏固《きょうこ》なる共同戦線を張らねばならぬこと等は、何人も異議を唱へぬ所であつた。所が実際に於てそれがどうも旨く行かぬ。局外の傍観者ははじめ之を無産階級の無教養に帰した。或は相争ふ当事者の一方の主張をきいて、左翼進出がわるいの右翼の消極主義がわるいのと云つても見た。併し結局問題は所謂共産主義の思想及び戦術の良否如何といふことに落ち付いたではないか。斯く考へて見ると、無産階級の政治運動に就て、同一の行動に対し相異る評価の附せらるるに至つたのも、その根本に遡《さかのぼ》れば学生検挙事件に於けるものと殆んど異る所はないのである。

若し夫れ文芸の分野に至ては、之に類した論争は既に数年前から開始されて居る。而して社会科学研究の問題や無産政党の問題の論議に促されて更に一層強く闘はるべきの萌《きざ》しは、昨今既に一層著しく顕はれて居る。同じく『新潮』一月号に出た林癸未夫氏の巻頭論文「笛吹けども踊らず」の如きはこの意味に於て頗る注目に値するものと思ふ。

*

斯う云ふ新しい現象に対して所謂共産系の人達が極度の憤激を示すのは亦之を察するに難くない。彼等は定めて今後数ケ月間は丸で狂気の如く反対派の人々を悪罵するに全力を傾けるだらう。自分の意の如くならざるにいら〳〵するのも尤もだが、社会改造の唯一の正しい途は自分達の抱持する所の主義だけだと盲信して居る所から、自分に反対する者を目して直に社会改造に全然熱意なきものと断じ去り、心から之を憤慨するのも考へて見ればいさゝか同情に値する。併し本当の社会改造の方針は斯うした彼等の頭の中から出て来るものではない。彼等の間から彼等に疑を差し向けるものが起つて始めて段々本当の光が現れて来る。彼等の奉ずる弁証法から云ても、彼等の陣営に内部闘争の始まるのは亦必然の一過程だといふべきであらう。反を伴はざる正だけでは、一段の高い綜合は得られない。

私の古い経験をいふと、日露戦争直後我が国に社会主義の大に勃興した当時、私は或る雑誌に拠て盛に社会主義の思想的基調を攻撃したことがある。すると幸徳氏の一派は大にいきまいてそんならお前はこの社会の惨状に目を蔽ふのかと逆襲して来た。そこで私は社会主義の主張は社会問題存在の認識その事とは違ふ旨を弁じ、解決を要する問題の存在を認めるからとてその解決案の一種たる社会主義を奉ぜねばならぬ道理はなく、社会主義を奉ぜぬからとて社会問題の存在までを否認するとされては甚だ迷惑だと答へたのであつた。新しい運動の初期に於てはとかく斯うした誤りが繰り返されるものと見える。今日でも共産系の人達の言ひ分に少しでも反対すると、直に無産大衆を裏切つてブルジヨア階級の走狗となるものだなどと痛罵を浴せる。つまり共産主義者の命令を奉ぜざる者に対しては、直に無産階級の利福をはからざるものと折紙をつけてしまうのだ。此派の人達の頭は、社会主義と社会問題の存在の認識とを混同した素朴な当年の社会主義者と比較して、果して今どれだけの進歩を見せてをるだらうか。

幸にして世間は馬鹿ばかりでない。社会一般の進歩に連れて無産階級の友を以て任ずるものの頭も大に開けて来た。斯くして始めて無産階級の本当の利福は正しく営まれ得るに至るのだらう。昨今無産階級の陣営内に所謂内部闘争の盛ならんとする傾向あるは、一面に於て喜ばしい現象と云はねばならぬ。只その争ひが動《やや》もすれば醜悪なる人身攻撃に堕するの嫌あるは遺憾至極だけれども、併し之は無産階級に限つたことではなく、謂はば日本人共通の欠陥として別に救済の道を講ずべきものであらう。之あるが故を以て内部闘争を無理に阻止すべき理由は毫末もない。況んや斯《こ》は実に無産階級の発達に避くべからざる必然の一過程なるに於てをや。

〔『中央公論』一九二七年二月〕

無産政党の無力

最近行はれた数回の選挙に於て(或は区会議員の選挙に或は県会議員の選挙に)各無産政党のどれもこれもが揃つて驚くべき無力を暴露した事実は、一面に於て頗る悲しむべき事であると共に、他面に於て大に吾人の反省を促すものでなくてはならない。ブルジョア階級殊に政界と財界との特権階級に対する社会の反感が斯の如く強く、同時にプロレタリアの自覚も漸く熾烈となりつゝあるの今日、少くとも目醒めたる無産階級の各方面に亘る自発的活動に対して一般社会が格別の好意を示して居る此際、選挙の実際に各無産政党が揃ひも揃つてあんな見苦しい失敗を見たのは、何としても吾人の心胸を痛めしめずには置かない。

然らば何が這《こ》の失敗の原因か。之に関連して唯一つ疑のない点は、あの選挙の結果は必しも既成政党の今なほ国民の間に信任の厚きを語るものでないことである。選挙に於ける無産諸政党の無力は、反面から云へば既成政党の成功を裏書する事実である。既成政党に属せずして当選の栄冠を獲たものは殆どなく、与党たると野党たるとを問はず、当選圏内で輸贏《しゅえい》を争ふものは常に既成政党のみである。換言すれば、土俵は毎《つね》に既成政党の政客に擅有《せんゆう》され、事実に於て新興無産階級の闘士の登場は許されない形だ。而して誰が之を許さないのかと云へば、彼等に依て専ら代表さるる筈の一般観衆その人なのだが、さうかと云つて之等の観衆が現に土俵の上に角逐して居る者共に満足して居るのでないことは亦極めて明白である。この事に就ては格別の証明も要るまいと思ふから諄々《くどくど》しくは説かぬが、兎に角在来の政客に対して不平満々たる筈の一般大衆が、イザ選挙といふ肝腎な機会に際して頓《とん》と新興階級の代表を顧みんとせないのは一体如何なるわけか。無産政党の人達は勿論のこと之に多大の同情を有《も》つと称する人々も、深くこの点には思を潜める必要があらう。

私共の考では、這の変奇な現象に付ては二つの大きな原因がある様に思ふ。一は大衆の容易に宣伝に乗り易いと云ふことである。他は無産政党の対民衆活動は未だその本髄に達して居ないと云ふことである。

外の国の民衆と比較してどうなるかは判らぬが、今日の日本の民衆が頗る宣伝に誘惑され易いことは疑ない事実である。宣伝さへ行き届けば下らぬ物でもドン〳〵売れる。最近流行の円本刊行などは最も巧に民衆のこの弱点に乗じたものであるが、併し之は円本に始つたのではない、従来の選挙が実はその点に於ては大先輩なのである。而して選挙に於ける宣伝費の巨額なるは到底円本に於けるものの比ではない。故に巨額の選挙費を擁する者には到底勝てぬのである。従てわが無産政党は、真に選挙の実際戦に何等か現実の収穫を挙げんとせば、実は予《あらかじ》め以上の事態に深甚の考慮を加へ、平素努めて民衆の良心を開導して居なければならなかつた筈だ。蓋《けだ》し宣伝に狃《な》るるは正確なる判断の麻痺を意味し、この弊はひとり良心の自覚に依てのみ救はるべきものだからである。然るに今日の無産政党は、果してこの点に十分正当なる注意を払つたであらうか。各無産政党は所謂《いわゆる》無産階級に対して従来決して教育運動を怠つては居なかつた。併し乍《なが》らそは果して本質的意義に於ける教育であつたらうか。自分が考ふる如く人にも考へしめようといふ教育は、教育ではなくして矢張り一種の宣伝に過ぎぬ。果して然らば従来の無産政党の教育運動は、昔し右を向いて居た者を新に左に向はしめたにとゞまり、良知良能の根本的開発を怠つた点に於ては既成政党の宣伝と何の異る所もない。故に私共は、無産諸政党の活動今日の如く盛なるを見つゝ而も猶選挙民の依然として極めて宣伝に乗ぜられ易きを毫も怪まぬのである。

加之《しかのみならず》私は、無産各政党の大衆進出と云ふ叫びに接しても、彼等の真に相手として居るのはどの階級かに兼々多少の疑をもつて居る。彼等は工場労働者の前に起つて演説もする、又山間僻邑に分け入つて農民の相談相手ともなる。併し彼等の日夜関心するは之等の工場労働者乃至小作農民の要求や感情ではない。最も彼等の気にするのは少数の青年読書階級ではないか。之等の者の間に声価が堕ちその宰《つかさど》る所の新聞や雑誌に悪評でも出ると、直に重大なる影響を実際の党勢に及ぼすものなるかに感じて大騒ぎをする。そこで一生懸命弁護もすれば反駁もする。之でも間に合はぬと観れば、相手方に猛烈な悪声を浴せることに依て辛うじて自家の立場を支へんとする。要するに少数の青年読書階級の空想的共鳴を得ればいゝ、之等をさへ捉へて居れば労働者や農民などはどうにでもなると考へて居るのである。之では丸で既成政党が少数の所謂地方有志家の懐柔に齷齪《あくせく》すると何の択ぶ所もないではないか。而して斯う云ふ方法で成功するには実は緊密なる組織と之を現実に支持する巨額の金が要る。支那の共産党が一時素晴しい成功を見せたのはこの為であり、我国既成政党の滅ぶべくして却々《なかなか》亡びざるも亦この骨法を心得て居るからである。金もない従つて鞏固なる組織を有ち得ざる我国無産階級が、之を学んで成功しないのは分り切つた話ではないか。

私は切に無産政党の人達に告ぐる、少数青年読書階級の空想的興味ばかりを突つ付かずに、モ少し真の無産大衆の実感を捉めと。諸君の真の支持者たるべき純良なる大衆は、まだ諸君に一手をも触れられずして到る処に遺棄されて居るではないか。

〔『中央公論』一九二七年九月〕

無産諸政党は近き将来に共同戦線を張るだらうか

今度の府県会議員選挙の結果を彼れ是れと批評して、この苦き経験を嘗《な》めた以上各無産政党も今更ながら内輪喧嘩の損なことを痛感し早晩情実を排して包括的共同戦線を張るに至るだらうと論ずるものがある。内部の反目を警むるの声は固《もと》より昨今はじめて唱へられたのではない。殊に選挙の直前に方《あた》つてはこの点頗るやかましく説かれたのだが、四分五裂の形勢は一朝一夕の事でなかつたものと見え、部分的の選挙協定すらが殆んど出来なかつたやうだ。之が無産政党不振の一原因であり、殊に今次の経験が何等か斯種の協定ありたらんには必ずやもツと多くの収穫ありたるべきを思はしめたとすれば、局外者がこゝに漸く提携協同の機運の到来を想像するは怪むに足らない。況《いわ》んや共同戦線の必要は多くの無産政党が亦自ら熱心に主張する所たるに於てをや。然らば今次の経験は果してよくこの機運を作るだらうか。二三の新聞にはその意味の試みが既に已に始められて居る様にも書いてあつたが、私はどうも之を信ずることが出来ない。局外の冷静なる観察を以て判断するに、さうした協同提携の機運は今のところ毫末も動いて居ない様に考へられる。

私共は先づ今日の無産政党が四分五裂したに就ては其の由来する所決して一朝一夕でないことを知らねばならぬ。冷静なる批判としては其間に是非善悪の別を説くの余地なきに非るも、深く事情の推移を洞察して同情を以て之を観るとき、亦大に之を諒とすべき理由もある様だ。故に私共は、永く故なき反目を続けることを遺憾としつゝも、猶ほ彼等が反目の結果として蒙る少し位の損害に屈せず、頑然提携協同に歩武を進めないのに格別の不平を有つものでもない。寧《むし》ろ何かと云ふと軽々しく提携協同を促がす世上一部の論客に対して、心中ひそかにその観察のあまりに浅薄なるを蔑んだ位である。私は固より今日の状態をいゝと許すのではない。併し物の改善には自ら順序がある。相当の基礎工事が出来なくては、上層の粉飾だけに力を注いでも駄目だ。無産諸政党の今日の状態を其儘いゝとするのでは固より無いが、軽々しく共同戦線に急ぐの危険を私は却て従来種々の機会に於て説いたのであつた。今の儘では斯うあるより外に致方のないのかも知れぬ。議論は姑《しばら》く別として、要するに今日の実際に於て、各無産政党間に共同戦線の機運の毫も熟して居ないことは疑ない。この点に関して今次の選挙に於ける苦い経験は、世人の安価に期待する如く、各政党指導者の頑強なる割拠的精神を融和する上には、殆んど何の役にも立たなかつた様である。

然らば我国の無産政党はいつまでも今日の四分五裂の状況を続け、結局ブルジヨア政党に漁夫の利を占められる運命にあるのだらうか。尤も無産政党の人達自身は云ふだらう、今に見ろ、俺達が天下を風靡するの時が来るからと。当の本人には勝手な熱を吹かしておけ。局外の第三者たる私共は、斯くまで相排し相陥れて無用の紛争に精力を浪費する裡《うち》からは、決して無産大衆の真の後援を頼みとする鞏固《きようこ》なる政治勢力は生れて来ないと考へる。必しもすべての政党が渾然たる一体を為すことを必要とはしないが、モ少し無産政党間に有機的な友誼関係が成り立ち得ぬものだらうか。現在の様な醜い内争に没頭して居る様では、無産階級の政治運動の前途には何等の光明をも認め得ない。之が若《も》し無産諸政党の指導者達の心なき我儘から来るものだとすれば、我々無産大衆こそ飛んだ迷惑を蒙るものではないか。

併し結局は協同提携も出来るだらう、又之を出かす様勉めなくてはならぬ。而して私の考へでは、之を出かす為には少くとも次の三点に於てモ少し変つた行き方が現はれねばならぬと考へる。即ち左記三項の改善を最少限度の条件として、始めて無産政党の正しい連繋関係は、新しい光明の途を踏み進むものと思ふのである。

第一は独尊的絶対主義が理論上拋棄さるることである。ロシアの影響を受けてか、最近の我国には斯うした理論が不思議に存在を許されて居る。否、社会の一角には狭い範囲ながら相当に之が跋扈して居るとさへ云ひ得る。即ち反対論の存在を許さないのである。人に向つてイエスかノーかの明確なる返事を求むるのである。ロシア本国に於て六十万そこ〳〵の共産党員が一億四千万の大衆を立派に支配して往く故智にならひ、主張と実行とを一図に押し進めて改革を急がうと云ふのである。この態度方針を理論づける為めに私の所謂独尊的絶対主義が生れる。やり方の実質に於て之はかのファシチシズムと全然揆を一にするものだが、只表面に強制圧迫の看板を掛けぬだけ、同じ目的を達する為に彼等は第一に所謂教育の手段を執る。たゞその教育たるや、自由の精神に基き民衆良能の闊達な開発をはかるのではなくして、その精神を一定の方向に固着せしめようとはかるのである。名は教育といふも実は宣伝に外ならぬ。たゞ宣伝の為に説き立つる手前味噌を粉飾するに、極めて巧緻なる科学的真理の仮面を載ツける所に近代的の利口さを見せて居る。この点はかの旧幕時代の教育が人智開発の名の下に時の政府を有り難い〳〵と妄信せしむるに成功したのと異曲同巧である。斯う局外から冷静な批評を下して見れば何でもない様だが、今日の実際につき無産諸政党の人達の間に斯んな見解を真面目に信奉して居る人の如何に多いかを考へて見たなら、蓋《けだ》し思ひ半ばに過ぎるものがあらう。

俺のみが正しく他は皆贋《にせ》ものだと考ふる類の人は外にもある。併しわが独尊的絶対主義の連中は斯く妄想してよろこんで居るばかりでは満足せず、更に進んで御丁寧にも斯うした考を人にも押しつけ、傍若無人に之で突進することに正義が存すると説くのだから堪らない。斯うした考が之れまで如何に無産陣営内部の平和を害し、時としてまたその主張者達の間をも如何に紛乱せしめたかは、今詳説するを避けようが、要するに、之を振り廻すもののある以上、無産政党間に此の提携協同の見込なきは明白である。一方が他方に完全に降伏しない限り、当分のところ彼等の関係は先づ永久の闘争であると見なければなるまい。

第二はもツとフエア・プレーの精神が起らねばならぬと思ふ。前記の所謂独尊的絶対主義が理論上拋棄され銘々の立場の対立が承認されたとしても、感情の上で自ら高しとして小さい所に面目を押し立てようとする者があつては、矢張り提携協同の実はあがり得ぬ。今日の無産政党にこの点がまた頗る訓練を欠いて居るの危惧は、比較的穏和な立場を取る者の間にも協同の歩調が甚だ取り憎いと云ふ事実に観ても現はれて居る。信ずる所あつて或る立場を執つた以上、之を主張するに於て一歩も枉《ま》ぐべからざるは云ふを待たない。けれども同時に他の立場を執る者に対しては、争ふべきを大に争ひつゝも、亦之に相当の敬意を表するを忘れてはならないと思ふ。他を尊敬し謙遜してその説にも耳を傾くるはつまり自らをより良きに向上せしめる所以《ゆえん》である。向上発展に熱意あるものは、一旦執つた立場にいつまでも拘泥はせぬものだ。こゝから所謂フエア・プレーの美徳は生れるのだ。斯うした訓練が始めから利権の争奪を目途として起つた既成政党に求むべからざるは怪むに足らずとして、単純に無産大衆の利福の為に起つた人達の間に、大局を達観して共に公に奉ずることがどうしても出来ぬとは、余りに腑甲斐ない事ではないか。

第三に私は最も実際的な問題として今日の無産政党の専制組織の拋棄を希望する。今日の無産政党は、幹部中心の専制組織なるの点に於て、毫も既成政党と異る所はない。その為に党全体の運命が之等少数幹部の気分如何に依つて勝手に左右されて居る様である。斯く云へば或はその当事者達から叱かられるかも知らぬが、私をして感ずるが儘を忌憚なく云はしむれば、今日の無産政党の四分五裂の原因には、たしかに二三幹部間の感情の阻隔と云ふ事が伏在すると考へる。感情の阻隔が四分五裂の直接原因だといふのは言ひ過ぎかも知れぬが、それが重なる原因の一つであり、少くともそれが無かつたら四分五裂が或は防ぎ得たかも知れぬと云ふ様な場合はたしかにあると思ふ。果して然らば彼等少数者の我儘に依て重大な運命のきめらるゝ無産大衆こそいゝ迷惑だ。見よ、今日我国の無産大衆に三つも四つもの政党に分れねばならぬ実質的必要は何処にあるか。無産大衆はいづれを見ても皆親愛なる同胞である。到底彼れと和すべからずとする事情はひとり少数幹部のみに存するのではないか。而して我国の政党が依然幹部本位の専制組織なる以上、無産諸政党の間に包括的なる提携協同の成る可からざるは火を睹《み》るよりも明瞭である。

然り、大衆には何等分立せねばならぬ理由はない。故に彼等大衆が完全に党の統制監督権を掌握するか或は少くとも現在の幹部の大部分を放逐するか二者その一に出でずんば、共同戦線の張らるる見込は絶対にないやうだ。繰り返して云ふ、大衆には分立対抗を持続すべき理由は毫末もない。その当然現はるべき提携協同を妨げて居るのは少数幹部の感情問題である。感情問題であるだけ、表立つて之を述べ立てれば下らぬ事柄だが、実際問題としてはその処置頗る六《むず》かしい。私は到底之を当該本人に求むべからざるを思ふが故に、彼等の自発的にか又は他動的にか引退するまでは、容易に希望の実現を見得まいと考へるのである。

之等の事を思ひ合はすると、孰《いず》れにしても無産政党間に近き将来に於て有力なる共同戦線の張らるる見込のないことだけは明白だ。既成政党は尚ほ姑くは枕を高うして惰眠を貪りて可、ひとり純良なる天下の大衆は、更にいつまで好餌に釣られて当途もなき悪路を辿らねばならぬのか。甚だ心細き次第である。

〔『中央公論』一九二七年一一月〕

無産党議員に対する国民の期待

無産党議員は議会に於てどんな事を為るであらうか。之に付ては大体二つの種類が想像され得る。一は一層よき場所を得たりとして更に大に所謂階級的立場の宣伝に努むることであり、他は静に国利民福の些でもの増進を目指して議会政治の向上に協力することである。

無産党に取て今日は仍ほ大に宣伝を必要とする時代たるは疑ない。彼等の多くが凡《あら》ゆる機会を捉えて主義の宣伝に熱中するは或る意味に於て吾人の大に多とする所である。併し乍《なが》ら議会は実は這《こ》の目的の為に利用さるるに適当な場処ではない。のみならず斯の如きは国民の迷惑にこそなれ、決してその希望に副《そ》ふ所以《ゆえん》でもない。

議会では兎に角我々国民の現実の利害が取扱はれるのだ。勝手な熱は外で吹くことにし、此処でだけは与へられた問題に付き徹頭徹尾真面目に討議して貰ひたいものだ。既成政党に望みを失つた国民は、必ずや新に加つた無産党議員の「議会政治への協力」に多大の望みを寄せて居るに違ない。彼等の出現が単に議会を賑かしたに止まり国民の利福の進めらるる端緒が毫も之に由て開けぬとあつては、国民の失望や測り知る可らざるものがあらう。

然らば無産党議員は如何なる方法に依つて今日の議会政治に協力することが出来るか。私の考には之にも積極と消極との二つの場合があり得ると思ふ。

積極的協力とは勢力の相伯仲する二大政党の孰《いず》れかと一定の条件の下に聯繫することである。政友民政の双方が内心大に之を希望し無産党に取て亦陰に陽に這般誘惑の襲ひ来るべきは想像に難くないが、併し此方策の無産党に於て断じて執る可らざるものなるは論を待たない。仮令《たとえ》一時の事でも、既成政党に信を置き難きは云ふ迄もなく、又現下の政情に於て彼等の孰れにもさう手易く無産政党の掲ぐる重要政策の唯一つでもを実行する見込はないから。

併しされぱと謂て既成政党共に談ずるに足らずとして彼等の抗争より絶対に超越するは亦決して国民の為に親切な仕方ではない。国民は既成政党の孰れをも信頼せぬが、併し其の孰れかが現実に我々の利害を拘束する地位を執るのだ。無産政党に未だ之に取て代るの実力なき限り、せめて其牽制監督に依て些でも多く我々の利福の進められんことは実に多数国民の切望であらねばならぬ。大衆の要望を卒直に議会に表白して貰ふことも無論肝要なことだが、その為めの代弁の任務を終つたからとて、跡は既成政党の暴威を振ふに委《まか》すると云ふのでは困る。於是《ここにおいて》私は無産党議員に向つてその「議会政治への消極的協力」の重要性に反省せられんことを希望せざるを得ない。

私の所謂消極的協力とは既成政党の孰れとも何等恒久的関係を結ぶことなく、カスチング・ヴォートを握る地位を巧に利用し、二大政党をして各々善を為すに競はしめること是れだ。換言すれば、常に自主独特の立場を保持し、二大政党の抗争に対しては全然是々非々主義を以て一貫することである。斯くする時既成政党は無産政党の歓心を買はんが為め嫌でも応でも善事を競はずには居られなくなる。折角のカスチング・ヴォートも此処まで善用されなくては真に宝の持ち腐れではないか。

切に無産党議員諸氏の自重を希望する。

〔『中央公論』一九二八年四月「巻頭言」〕

無産党の対議会策

一

総選挙の結果二大政党の勢力殆んど相如《あいし》き際どい所で対手方を陥れ様と暗中飛躍を競うて居る様な険悪な政情の下に在て、国民大衆の多大の期待と嘱望との許に送り出された無産政党の当《まさ》に執るべき態度は、本来なら之等朝野両党の醜き争奪戦に全然足を踏み入れず独自の立場を押して少しでも彼等を牽制する事であらねばならぬ。更に詳しく云ふならば、(一)無産党は先づ所謂《いわゆる》不信任案を中心として相闘ふ政民両党の政争から断然超越することを必要とし、(二)次には之等の両党とは絶対に何等事前の協定に入るを避け以て原理的に既成政党に対しては無条件的に不信なる旨の態度を明示すべきであり、(三)但だ国民の輿望を負うて議会政治に協動すべきの任を託せられた以上個々現実の問題に就ては自家の立場に照して賛成すべきは賛成し反対すべきは反対すべきである。(此場合例へば政府の提案が偶然に自家の持論に合するの故を以て之に賛成したりとせんに、之を以て政府の政策を賛《たす》けたと観るのは正しくない。結果に於て政府を賛けたことにはなる。併し動機に於ては自家の所見を正直に表示せるものに過ぎず、換言すれば端的に国民の意向を代弁せるに外ならずと謂ふべきである。又之を逆に、斯うした単純卒直な動機に基く限りに於て、無産党議員の行動はその結果の如何に拘《かかわ》らず無産党人たるに応《ふさ》はしいものと認められ得るとも云へる。)

議会政治を否認するのなら格別、此処に地歩を占めて結局理想実現の日を近きに期する以上、無産政党の何より先に心掛くべき卑近の目標は一日も速に有力なる大政党として自らを発展さすことであらう。之が為には大に彼等の自重を必要とするは云ふまでもない。目標の到達の容易ならざるに業を煮やして軽挙妄動するは固《もと》より慎むべく、又其の優勝なる地位を利用するに急いで既成政党の誘惑に乗り知らず識らずの間に自家の本領を没却するが如きは最も警戒を要するものであらう。議会政治に現実の貢献を捧ぐるを心掛けつゝ本来の理想と使命とに忠実なれば、今日の無産党は始めて多少の努力を以てして漸次国民大衆の間に其勢力を拡張し、遠からずして大に政界に雄飛するの素地を作ることが出来るのである。

二

近く開かるべき特別議会に於ては、多分政府不信任案が最も著しく国民の耳目を聳動《しようどう》することであらう。之に付て私は前段に無産党は本来なら超然的態度を執るべきだと述べた。茲に本来ならとことわつたのは、今度の場合は必ずしも這《こ》の原則に依り難いことを暗示したかつたからである。換言すれば、私は今度の議会では特別の理由に依り寧《むし》ろこの原則に依らざることを至当と信ずるからである。

然らばどうすればいゝか。私は無産党の人達に向つて要求する、現政府を倒壊する為に最も有効なる方法を執つて貰ひたいと。之は決して民政党をして代り立たしめたいから云ふのではない。結果に於て民政党を喜ばすことになるのは気持のいゝ話ではないが、併し之を懸念して政府の徹底的糺弾を疎略にするは亦余りに対価が高過ぎる。私は今日此際無産党の諸君に事後の結果の如何に拘らず現政府打倒の目標に向つて邁進《まいしん》せんことを要求するに、相当の理由あるを信ずるものである。

第一の理由は、現政府に対する国民の精神的支持に欠くる所あるを看取するからである。政友会の人達は云ふだらう、解散前よりも党員は殖へたと、又差数は小さいが兎も角俺は第一党だと。成る程形だけから云へば政友会の最大多数党たるに間違はない。故に外の国なら民衆は敢て政友会に引退を要求せぬであらう。所謂現代の憲政は一人でも多い方に天下を取らすと云ふ仕組みの裡《うち》に動かすべからざる真理の伏在を信ずるものだからである。併し我国にはこの原則の其儘に適用さるるを許容し難い事情がある。何となれば我国に於ては由来選挙に不正手段が公然として行はれ、投票の結果が必しも国民の意思の正直なる表白だとは認め難く、殊に政府側の陰陽両面の干渉が毎《つね》に大なる効果を現はし一方には野党の数を不当に減じ他方には与党の数を不当に増すを例としたからである。人はよく云ふ、我国では議会に多数を制したが故に政府を乗取るのではない政府を乗取つたが為に議会に多数を制し得たのだと。又云ふ、毎回の選挙に於て政府は与党の多数を期待し得るは勿論、中立と称するものの中にも単に政府に味方する丈けの議員を二三十名作ることは訳はないと。今度の選挙は普選の実施を見た結果として事必ずしも従前通りには運ばなかつたらしい。それにしても政府の干渉圧迫の露骨で且つ猛烈であつたことは隠れもない事実であり、それが亦著しく選挙の結果を動かして居る筈だから、若《も》し政府党側の人達の云ふが如く天下の輿望果して未だ政友会を去らざるものならば、その当選数はもツと〳〵多くなくてはならぬ道理だ。伝ふる所に依れば、当初政友会は自党当選数を二百二三十位に見込み相手の民政党には百八十位の見当を立てたと云ふから、準政友会の中立議員には三四十の当選を臆算したものだらうと思はれる。事実斯うなつたとして、成る程政府の圧倒的大勝利は争はれぬ訳になるが、国民の良心と緊密の関係のない「数」に重きを置かぬ我々の眼からすれば、六七十の差があつて始めて両者に対する国民の精神的支持は先づ〳〵相等しいと想像してもよからうと思ふのである。故に今日の政局が明に示す様に、政府が幾多の利器を擁せるに拘らず野党に対し辛うじて互角の勢を保つに過ぎざるは、また以て国民の精神的支持が如何に政友会を離れて居るかを証するものと謂ふべきである。

猶ほ今度の選挙に中立候補の不振であつたことも、或は私の前説を裏書する一項目たるを得まいかと考へて居る。今度の選挙の結果を表面的に受け容れて、我国政界の将来に所謂第三党第四党の発達の可能性を疑ふ人がないでない。無産党のことは姑《しばら》く措くとして、我国の政界がこゝ暫くは政民両大政党の角逐に委《まか》せらるる形勢に在るを前提としその是否得失の批評を為すものを聞くのだが、実業同志会革新倶楽部其他の中立議員の運命が今度の選挙ではツきり決まつたかの如く説かるるのは如何かと思ふ。私は二大政党が今日の如く腐敗堕落し全然国民の信頼を失つて居る以上、中立団体の発達する余地はまだ〳〵あると考へる。尤《もつと》も二大政党に代つて国民の利害休戚を有効に代弁するものとしては更に一層将来に好望を寄せらるる無産政党がある。無産政党の外に所謂自由主義団体と云ふが如きものの存立すべき永久的基礎ありやは大に疑なきに非《あらざ》るも、兎に角目下の所無産政党は僅に揺籃時代を脱したばかりであり、この先き海のものとも山のものとも分らぬのだから、少くとも其が十分の発達を示して呉れるまでの間は、中立団体は仍《な》ほ相応に活躍し得るものと見なければなるまい。之等の点は尾崎氏の運命並に鶴見氏の将来等の考察と共に詳しく述ぶるの必要を見るも、論いたづらに多岐にわたるを恐れて他日に譲ることにする。要するに私は中立と云ふものの将来に付ては差当り左程悲観はしない、従て今次の選挙に於て中立の爾《しか》く不振なるは臨時特別の変態的現象であると考へるものである。

そんなら何故今度に限り中立候補は不振であつたのか。私の考ではその最も主要なる原因は国民の最大関心事たる現内閣の運命の問題に付き彼等が甚だ曖昧なる態度を示したからに外ならぬ。政友会内閣の存続を許すべきや否や、之が国民の前に置かれた大問題なのである。不都合なのは政府党ばかりではない、既成政党はひとしく皆排斥すべきものであるとの論には、私も固より始めから同感である。併し今はそんな事は閑問題となつた。故に既成政党には両つ乍《なが》ら愛想をつかして居る国民も、特に今度の選挙では、現に提起された実際問題につき的確の態度を示さざる限り、毎《いつ》もの様に中立候補の理想論に耳傾くる遑《いとま》がなかつたのである。是れ中立候補不振の主なる原因ではあるまいか。果して然りとすれば、こは他の一面に於て如何に国民が現政府の存続を苦としたかを語るものと観てよからう。いづれにし〔て〕も政友会内閣の今日民間に不人気を極むるの事実は掩ひ難い。

第二の理由は選挙に対する現政府の不当なる干渉である。尤も之は理論上無産党のみの八釜《やかま》しく云ふべき問題ではない。併し民政党は勿論、他の中立議員にした所で、自分自身が選挙に後暗いことをして居るのだから、真に心の底から勇敢に選挙の公明を叫び得るものは、実はわが無産党を措いて他にないのである。故に無産党はこの点に於て堂々と国民大衆の要望を代弁し得る唯一の政団として大に任ずる所がなくてはならぬ。

今次の選挙に於て現政府が如何なる措置を取つたかは今更説くまでもあるまい。政友会の抱持する政見の頑迷固陋なるは無論無産党の容認し得ざる所である。併し無産党の敵として戦はんとするものは、独り政友会に限るのでない。民政党だつて同じ事ではないか。是れ無産党が既成政党をひとし並に排斥して常に独自の階級的立場を主張せんとする所以《ゆえん》である。只無産党は已に議会政治を主義として認め自ら之に協動するの積極的態度に出でた、従つて彼は思想的には日常如何なる場合にも戦線を布くを辞せざるも、政治的には挑戦の機会を専ら議会に於てすることに限局した。既に斯うした態度を執つた以上、無産党が適当に議会に代表さるることを要求するのは当然である。換言すれば、彼れには選挙に際し無産党に対する国民の投票が何人に依ても妨害せらるること勿《なか》らんことを要請するの権利がある。無産党の権利といへば軽く聞へるが、之が実は憲政の正しい運用の根本原則なのである。之が若し不当に歪《ゆが》められる様では、特定の選手に不当のハンデイカツプを附すると一般、競争しての上の種々の諸規則が如何に厳格に守られても、結局に真の優劣の判断のつくものではない。先づ根本をたゞせ。

否《しか》らざる限り、その上に発生せる一切の現象は全然合理的基礎を欠くものと謂はねばならぬ。この点に於て現政府が国民の良心をふみにじり憲政の正しき発達を阻害したるの罪は案外に大きい。特に弾圧干渉が無産党に対して甚しかつたから爾く云ふのではない。

現政府を政策の上から非難し之を不信任の理由に算《かぞ》ふる者がある。政友会が政策の上で無産政党と相容れざるは云ふまでもない。併し之は政友会の根本的立場に着眼しての話だ。個々の問題を取れば無産党の所見と偶然的一致を見ることの必しも絶無なるを期せぬ。只根本論としては政友会の所謂既成政党としての本質が到底新興無産階級と相容るるものでないことを認めない訳には行かない。が、此事を云ふなら民政党だつて同じ事だ。之も亦既成政党としての本質に於ては毫も政友会と異る所はないのである。政友会と民政党とがどんなに烈しく互に政権争奪の鎬《しのぎ》を削つても、無産党から観れば要するに同じ穴の狸に過ぎぬ。故に政策の点を以て議論の中心とするなら、吾人は特にひとり政友会を斥くべしとするの理由を見出し得ぬ。この点だけを着眼する限り、尾崎行雄氏の如く朝野両党の争から絶対に超然たらんとするのも正しい態度だと許せる。

併し今日我々の眼前に置かれた問題はそんな枝葉な事柄ではない、もツと根本的な処に批判の利刃を振はんことを国民は要求して居る。是れ今日の民衆が尾崎氏の態度を諒としつゝも之を以て迂愚の見と烙印し、一歩を進めて現内閣の倒壊に無産党の全的協力を求めて熄《や》まざる所以である。但し之を国民が民政党の大政掌握を希望して居るの証左と誤解されては困る。結果は民政党の進出の実現となりて現はるるかも知れぬが、国民大衆としては只現内閣の失行に対する秋霜烈日の批判を表明すればいゝので、結果の如きは初めから顧慮する所ではないのだ。

三

現内閣の打倒が当面の急務だと決まれば、特別議会に於ける無産党の活動の大方針は、無産政党としての本質を傷けざる限りに於て、右の目的を到達するに最も有効なる凡《あら》ゆる手段を執ることでなければならぬ。この点に於て無産党の人達が民政党の或は提出することあるべき政府不信任案の通過に合流助勢すべきを第一に協定したのは、最も聡明なる態度だと謂へる。

之より先き無産政党の陣営内には所謂「独自の不信任案」説なるものがあつた。曰く我々は政友会にのみ反対なのではない、既成政党とは悉《ことごと》く相容れないのだ、故に政友会を墜さんとして民政党に追随するのは面白くないと。乃《すなわ》ち彼等は広く既成政党と相容れざる階級的立場を固守して独自の不信任案を出さうと云ふのである。併し乍ら若しその所謂階級的立場を固守するに忠実ならんと欲せば、須《すべか》らく朝野両党に鋒を向くべきではないか。民政党に追随するを肯とせざる迄はいゝが、特に独り政友会内閣を斥くべしとする根拠はない。故にこの論は一見無産党的良心の正直なる発露の如く見えて、その実全然政治的規〔軌〕道を逸脱せる迂愚の空論である。加之《しかのみならず》議院内の式例から云ても、独自の不信任案なるものの成立し得べきものか否かは初めから分つて居る。斯かる机上の空論が結局完全に葬り去られたのは私共の大に満足に思ふ所だが、仮令《たとえ》暫くの間でも、斯かる妄謬の見が若干有力なる人々によりて主張されたことは、無産党の名誉の為めに大に遺憾とせざるを得ない。

序《ついで》ながら云ふ、無産党内に於ける「独自不信任案」の説は実は政友会側の策動の結果に外ならぬと云ふ風説があつた。政友会が果して斯かる巧妙なる魔手を弄したか否かは知らないが、所謂「独自不信任案」説の採用が政府倒壊の大潮流を分截し、結局に於て不信任案を不成功に終らしむべきものであることは疑を容れない。故に一時社会民衆党の一角に這の謬説の行はれたとき、世人が一斉に之を難じたと同時に、或は政府との間に隠れたる連絡あるに非るかを疑つたのは、強《あなが》ち理由のないことではない。

四

無産党が民政党の提出することあるべき政府不信任案に賛成するのは元その独自の見地よりするものであつて、斯くて現政府を倒すに成功せば完全に所期の目的を達せるを喜ぶべく、不幸にして成功しなかつたとしてもそが当然に為すべきを為せる点に於て些《いささ》か満足するを得べきである。而して無産党が、既成政党に依て挙げられたる当面の政争に概括的に干与すべき限界は、之を以て尽き、それ以上に深入りすることは無産党の無産党たる本領を傷ける恐れがある。個々の具体的提案につき無産党の宿論が既成政党の所見と偶々《たまたま》一致せるの結果、その賛否の票決が時に或る一方の党派の立場を有利に展開することはあらう。之を外にしては無産政党は差当り既成政党の双方を同様に敵とし戦はねばならぬ地位にある。之等の点を更に一層細かに論ずるなら、極端なる階級観を持する者と否らざる者との間に多少意見の隔りあるを認めねばならぬが、其の孰《いず》れの立場を執るにしても、差当りの方策として無産党は現下の朝野両党の政戦に対して断じて偏頗の態度を示してはならぬ。議論としては云ふまでもないことだが、最近の実状を見て私はこの点に多少の懸念をもたぬでない。

無産党の一角に政友会と何等か連絡あるらしいとの風説を聞くは私の最も不快に思ふ所である。政友会の魔手がどれ丈け動いても、之が些《すこ》しでも政界に実際的効果を顕はすべしとは無産党の名誉の為めに之を信じたくない。且つそれが無産党の側から働き掛けたことにしても、既成政党を恃《たの》み得べしとすることが既に一つの大なる錯覚たるを知らねばならぬ。此点に於ては対手の政友会たると民政党たるとは問ふ所でない。故を以て社会民衆党が野党聯合協議会を提唱せるが如きも亦、一部の推測の如く動機の不純をまで疑ふは失当ならんも、決して時宜に適した措置とは云へない。無産政党は未来永劫既成政党と何等の連繫を策すべからざるものか否かは人に依て異見があらう。少くとも今日の所では、既成政党の過去の経歴と業績とは極めて明白にそが断じて無産階級の友たらざることを示して居る。此点では、理由は別だが、日労党や労農党の駁議に現はれた結論の方が正しい。猶ほ序を以て、野党聯合協議会といふが如きは実際政治の見地からすれば実は出来ない相談だといふことをも、一言附け加へておく。

〔『中央公論』一九二八年五月〕

起り得る四五の問題についての私見

――「共産党検挙と労農党解散」事件――

四月十日の東京諸新聞の夕刊は、久しく報道を禁ぜられて居た三月十五日の日本共産党検挙事件と此日の閣議できまつた労働農民党外二団体の解散命令とに関する記事を満載して、世人の耳目を聳動《しようどう》した。之はいろ〳〵の意味に於て我々の今後の政治思想の展開と大衆運動との上に甚大の影響あるは論を待たない。締切間際で緩つくり詳論するの遑《いとま》がないから、玆には簡単に之に関して起り得る四五の問題につき私の見解を述べて置く。

一、労働農民党(同時に解散を命ぜられた他の二団体のことは暫く措く)の解散を以て、政府が来るべき特別議会をうまく切抜ける為に企《たく》らんだ窮策に過ぎずと観るの説がある。或はさうかも知れぬ。併し政府がさうした意図でやつたとしても、事実之れが毫も政府の議会切抜策に資する所なかるべきは余りにも明白である。或は曰ふ、この解散命令に依て無産諸党の足並は乱れるだらうと。之は飛んでもない錯覚だ。之に依て他の無産党が毫末の痛痒を感ぜざるべきことは後にも述ぶる通りである。又曰ふ、この騒ぎの為に無産党一般に対する民間の信望は挫《くじ》け、由て以て之と連結することに汲々たる民政党を威嚇することが出来ると。成る程無産党といへばピンからキリまで過激兇暴なものと思ひ込んで居る頑固連中の頭にはさうも映ずるだらうが、野党の方から云へば、無産党にしても民政党にしても、最左翼無産党の一時表面から引つ込むことに依り、寧ろ却て政府不信任の旗幟を一層鮮明にし得るの利益があるとも云へるのではあるまいか。

要するに之は議会切抜策としては何にもならぬ。政府の意図の何処《いずこ》に在るかは今更詮策するの必要もあるまい。只我々としては今次の出来事を単純にさうした軽い意味のものと観てはいけない。

二、解散命令は種々に臆測さるる所謂裏面の魂胆と離してそれ自体を文字通りに受け取ても相当の理由はあると思ふ。この事は猶ほ後に説くとして、更に斯う云ふ観測をする人もある。政府は之を手始めにして今後所謂過激思想の防圧に邁進するだらうと。即ち之は今度の事件を以て一層広汎にして深刻なる思想取締のほんの手始めの一表現に過ぎずと観る説である。いろいろの意味に於て反動内閣の称《ほまれ》高き現政府に断じて這《こ》の懸念なしとは何人も言ひ得ぬ所ではあらうが、たゞ斯うした先き走つた観測に基いて「だから今度の弾圧にも反対せねばならぬ」と性急に力み返へるのは軽卒であらう。政府が之を切つ掛けに、或は一般無産階級の各種の運動に新なる拘束を設け或は青年学生等の思想的活動に不当の弾圧を加ふるが如きことあらば、之れ正しく我々の黙過し得ざる所だが、今度の事件を単に一つの孤立した事件として取扱ふ以上、之を一般思想取締の問題と関連して論ずるのは正当でない。漫《みだ》りに思想を取締る可からずと云ふ原則を以てしては、今次の事件の不合理性を確定し得ぬのである。斯う云へばとて、私は解散命令を失当でないと軽々論断するものではない。この命令の当否は思想取締の原則以外の他の観点から別に論ぜらるべきものだと云ふまでである。

三、然らば解散命令それ自身に与へらるべき評価は如何。労働農民党の人達は一概に之を不当の弾圧と叫んで居る。斯く叫ぶ心情には私も多大の同情を寄せぬではないが、公平なる局外の識者を納得せしむるには、只不当を呼号するだけでは不十分だ。この点に関して私共は、原告たる政府に対《むか》つても又被告たる労働農民党に対つても、一様に先づ次の諸点に付ての詳細なる説明を聞きたいと思ふ。

(1) 労働農民党と日本共産党との関係　共産党員にして兼ねて労農党員たる者の数如何。其中の幾名が労農党の幹部の地位を占むるか。以上の数字に拘《かかわ》らず労農党が共産党に指導せられし事実の有無(政府に向てはその肯定の立証を要求し、労農党にはその反対の挙証を要求する)如何。

(2) 日本共産党の正体に関する見解　之に付ての政府側の見解は已に司法省から発表された。この発表の通りだとすれば、日本共産党が国法と相触るると見做《みな》さるるは致方がない。労農党の諸君は果して吾人とこの見を同うせらるるや否や。若し夫れ右の見解を吾人と同うして而も猶ほ日本共産党の行動に国法抵触《ていしょく》の廉《かど》なしと云はば、そは一転して事実の問題にある。

日本共産党なるものが一体何を目的とし又今日まで何をやつたかは、結局裁判の確定を待たねば分らない。裁判確定を待つまでもなく彼の行動に不都合はないと責任を以て云ひ切るのなら、労働農民党が無条件に解散命令を失当とするのは理の当然である。但ださうすると彼は自ら自家の立場の日本共産党と殆んど異る所なきを自認した事になる。之に反して労農党と共産党とは別物だと云ふ二三幹部の声言を信ずべきものとすれば、労農党は解散命令の失当を論ずる為に、先づ自党と共産党との内面的無交渉を明証せねばならぬ。同じ様な事は政府にも云へるのだが、要するに問題が斯んな風に与へられた以上、我々国民としては、兎にも角にも前述の諸点を明白にして貰つた上でないと、海とも山とも判定が出来ない。当事者が昂奮の余り這般の必要に思ひ及ばぬは諒とするが、之等の説明の与へられぬ為に局外の我々の去就に迷つて居ることも少しは察して貰ひたい。

ついでを以て一言労農党の諸君にお願する。既成政党では所属党員に悪い事をした者があると、頻りに種々の運動をしては之を曲庇するに狂奔する。之に由て党人は「我党には一人も悪人は居ない」と国民に信ぜしめ得るものと考へて居るらしい。斯んなさもしい見え透いた態度はせめて無産党だけには取つて貰ひたくないものだ。況《いわ》んや今度の事件の如きは、少くとも諸君の立場からすれば、市井日常の背徳行為と全然その選を異にするに於てをや。仮りに労農党の陣営内に在て巧に共産党の仕事をして居つた者があつたとする。労農党は有耶無耶《うやむや》に之を庇護するの態度に出でず、之に対する自家独自の評価を明白にすべきである。但しさうした事実の有無に就て根本の疑あらば、裁判廷に於て之を堂々と政府に争ふがいゝ。

四、日本共産党と労働農民党との関係の釈明に関する後者の特殊なる責任と云ふことにつき一言したい。私はさきに両者の関係に付ては政府と労農党との双方に対つて明確なる釈明を聞きたいと云つた。形式上原告たる政府に先づ之を質すは当然だが、実質的には寧ろ労農党の方に之を明白にする多分の責任があると考へる。何となれば労農党が最近所謂極左共産主義派の動かす所となつて居るは公知の事実とせられて居つたからである。社会民衆党は申すまでもなく、自ら左翼を以て居る日本労農党ですら、単に右の点を理由として労農党と氷炭相容れざる仲となつて居るのではないか。否、労農党自らが最近の幹部会に於てこの事を暴露しても居るではないか。それだけに今度の事件に際しても、世間の評判から云ふと、気の毒だが労農党の方が至つて分がわるい。従つて政府の方から云へば、丁度いい機会を捉へたと云ふことにもなるわけである。

私共の観る所では、労農党が依然としてあゝした態度を続ける以上今日の厄運に遭遇するは免れ得なかつたと思ふ。私一己の見解として労農党を解散するがいゝと云ふのではない。寧ろ私は根本的に治安維持法の必要をすら疑ふものである。尤も私はいろ〳〵の意味に於て例の共産主義的改革意見には同じ得ない。現に今日まで屢々《しばしば》之と戦ても来た。従てその排斥すべき部分に対しては今日なほ其絶滅を喜ぶの情をいだくも、国権を以て之を抑圧すると云ふことには仍然《いぜん》として反対である。この私の立場は、今度の解散命令に対しても私の理論的良心を唆つて断じて之を承認せざらしめて居る。只善かれ悪かれ治安維持法の儼《げん》に存する以上、敢て之を顧慮せざるの不謹慎がやがて自ら厄運の襲来を招ぐべきは致方がない。況んや現政府は之等の点に関しては格別反動的なるに於てをや。故に単純なる事実の観測として労農党の今日あるは決して怪むに足らぬのである。

故に労農党が一無産党として永くその存在を持続せんとせば早く已に分解作用を起すべきであつた。労農党員は皆が皆まで所謂共産主義者でもなからう。にも拘らず党を挙げて共産主義派の跳梁に委《まか》したのは(姑《しばら》く政府の声明を是認するとして)彼等の怠慢である。若し夫れ別に分解作用を起すの要なく又さうした事情にあつたのでもないと云ふのなら、今日の政府の下に在て解散の厳命に接するは初めより其の覚悟する所でなくてはならぬ筈だ。

但し日本共産党と労働農民党との対立が実質に於て労農党自身の内部に於ける最近の二派対立と全然同一のものなりや否やは、自ら別問題だとも見られ得る。此点に関し労農党自身には固より相当の弁解はあらう。只世間一般は、最近諸般の事実に依て、労農党と共産派との関係につき先入の見を抱かせられてしまつた。是れ私が特に釈明の一層強き責任を労農党に帰した所以《ゆえん》である。

五、今日の事態は最早労働農民党と日本共産党との無関係を無条件には許さぬが、さりとて前者に属する者がすべて後者の傀儡《かいらい》であるとは云へない。故に取締上労農党の存在を絶つのは已むを得ないとしても、該党所属員個々の活動を併せて拘束すべきだとする理由は毛頭ない。当該個人が別にまた共産党員として刑律に触るるのなら格別、単に労農党員たるの故を以て之に特殊の待遇を与ふるは正当でない。この見解は労農党代議士水谷山本両君の処分に関する一二の疑問に対し自ら明了なる答弁を与ふることにならう。詳しく云へば

(1) 山本水谷両代議士を議院自ら除名すべき理由は毫末もない。念の為め両氏に釈明を求むるのはいゝ。その釈明に基いて除名の問題が或は別に起るかも分らない。労農党の解散が直に且つ当然に両氏の除名問題を引き起すべき筋合は断じてない。

(2) 仮りに両氏が共産党に関係があつたとする。それでも直ぐ除名の理由とはならない。さうした処置を取るのはすべて裁判確定の後でなくてはならぬ。但し議院自ら両氏に釈明を求め、その釈明の内容に基いて除名問題の起り得べき余地は勿論ある。

(3) 無産党代議士の聯合に於ても、両氏に完全に無産党代議士としての待遇の与へらるべきこと、是亦論はない。

六、労農党に対する解散命令は如何なる精神的影響を他の無産党(又は各種の無産団体)に与ふるだらうか。一部の人は、政府の断乎たる処置に怖れて他の無産党も暫くは鳴りを鎮めるだらうと観て居るさうだ。無産階級の運動内部に理論の差に基く分解作用の未だ行はれなかつた昔なら、甲に加へた弾圧は其儘直に乙を威嚇するの効を有《も》ち得たに相違ない。併し今日の無産階級の諸運動はまるで面目を一新した。善かれ悪かれ理論の異同に由る離合集散は頻繁に繰り返され而も対立者間の争闘は昨今尖鋭を極めて居る。この事実を正当に認識せずしては今日無産階級諸団体の動きを洞察することは出来ない。多くの場合に於て今日の彼等は最早、甲に加へられたる弾圧を其儘我身に引き当てて無用の畏怖におのゝく様なことはしない。

社会民衆党も日本労農党も、今度の解散命令に対しては一様に猛烈なる反対の声を揚げて居る。友党の災厄を弔するの言葉としてはさう無くてはなるまい。併し乍ら彼等は他の一面に於て斯くなることの已むべからざる所以を言外に漏らして居るではないか。多少這般の内情を聞きかぢつて居る私共には、ソレ見た事かと云ふ肚《はら》の裏がアリ〳〵と見える様な気もする。実は政府が解散命令に依て労農党に迫つた戦ひは、社会民衆党と日労党とは前々から闘つて居つたものなのである。但だ彼等は対手方が今度の様な方法で窘《くるし》めらるることには無論極度の不満を感じて居るに相違ない。現に彼等は口を揃へて烈しく政府の権力濫用を咎めて居る。併し之が丁度従来彼等も亦戦つて来た点に向けられたので、這の権力濫用が何時《いつ》かはまた自分達に向けられるなどとは毛頭考へてない。故に言葉を極端にして云へば、今度の事件につき、他の無産党は殆んど痛痒を感ぜぬと謂てもよからうと思ふ。

但し政府が抑圧の手を更に不当に伸ばして他種の無産運動を拘束し又は思想言論集会の自由を一層制限するが如きことあらば、議論は自ら別になる。

七、労農党の解散を機として学校取締上に重大な権力的活躍を見るべしとの説がある。労農党解散の原因となつた日本共産党の検挙に依つて、多数の青年学生が之に関係して居ることが分つた。依て或は教授の誰れ彼れに退職を迫るとか又は学生の集会等に一層立ち入つた拘束が加へらるるに至るだらうと云ふのである。私の聞知する限りに於て、直轄学校以下に於て従来之等の取締は既に可なりに厳重であり、官立大学に在ても今度の事件と関係なく種々の事情に促されてモ少し積極的の態度に出づべきの必要が感ぜられ既に諸般の準備が進められつゝあつたと云ふ。その結果として新しい取締の現はれるのは已むを得ぬとして、今度の事件を機とし政府が高圧的に種々の処分を諸学校に命ずるが如きあらば、仮令《たとえ》その処置が当を得て居るものにしても、形に於て既に一種不当の抑圧たるを免れない。特に学校に警戒を訓令するはいゝ。如何なる処置を教師学生の間に布くかは全然学校当局に一任すべきである。況んや大学等に於ては既に自発的に種々の攻究を重ねて居ると云ふに於てをや。

最後に私は繰り返して云ふ、政府が今度の事件を単にそれ丈の事件として取扱ふ限り国民は之を諒とするに吝《やぶさ》かでない、けれども之を切ッ掛けに更に一歩を進むが如きことあらば折角の骨折りも終に忌むべき「不当不法」の汚名を冠〔せ〕られるの恐れがあると。

〔『中央公論』一九二八年五月〕

大学に対する思想弾圧

前号にも述べた共産党検挙事件〔本巻所収前掲論文〕に関連して、其後各官立大学に対する政府の思想弾圧なる問題が一時朝野の耳目を聳動《しょうどう》した。形式上は必ずしも政府の高圧的命令に出でたるに非るの外観を装ふも、その実当局の直接間接の奨慂《しょうよう》に基いて色々の措置が各大学に於て取られたるの事実は、之を蔽ふことが出来ない。学生の組織する各種団体の解散も一応は問題となるが、就中《なかんずく》教授の地位を文政当局の指令に依て動かせるの一事に至ては決して軽々に看過することは出来ぬ。最近起つた問題としては既にきまりのついた事柄に属するも、同じ様な事はこの先きも起らぬと限らぬから、六日の菖蒲の嫌はあるが、前号に云ひ洩らした二三の点をまた更《あら》めて論じて置かうと思ふ。

当局の官憲は特に検挙せられた学生の学籍を調査し、最も多くの嫌疑者を出した学校に重大なる責任あるかの如き口吻を洩らして居る。その学校に一種の責任あることは私も認める。併し之から推して学生の思想はその学ぶ所の学校の教ふる所に依てのみ作らるると考ふるならば大なる誤りであらう。今日の学生が何に依てその思想を作るに至るかは、もツと精密に考慮して貰ひたい。

右の点をはツきり考へぬ人は、学生の危険思想の責任を直に教師に帰する。教師が間違つたことを教へぬ限り学生が不都合な考を懐く筈はないと云ふのである。枢密院や貴族院辺には斯う云ふ考に基いて頻りに大学教授の処分を論ずるものがあるさうだが、今日の大学教授中斯くして処分さるるに値するものありや否やは姑《しば》く別問題として、私は右の如き意見を聞く毎に、彼等が自分の昔の経験に基いて今日の学生を判断して居るのでないかを想ひ、思はず微苦笑を禁じ得ないのである。

ごく古いことをいへば、初期の大学は名称は大げさだがその実小学の上級か中学の下級程度のものに過ぎなかつた。幼稚な頭で西洋人から新しい学問の講義をきく。一から十まで講授の内容を其儘金科玉条としたことは云ふまでもない。今の枢密院の人達などは皆此時代に教育された人なのである。モ少し後の時代になると、日本の教育機関も可なり整頓し大学の如きも漸く其の名称に値するものに進みつゝあつたが、一般社会の学術の進歩がまだ甚だ低かつたので、矢張り教師の講義以外に学問を求むることは出来なかつた。現に私は明治三十七年に東京の帝大を卒業したが、その頃でも、先生の講義を筆記したノートの外に手軽に智識慾を満足すべき参考書とてはなかつた。固《もと》より直接に原書を読みこなす余裕はない。僅に早稲田大学で出版した洋書の翻訳はあつたが、可なり杜撰《ずさん》で安心が出来ぬと云ふ有様であつた。私の時代ですら斯の如しとせば、更に十余年も前に大学を卒業した人達の状態や思ひやるべしである。詰り彼等も亦教師の講授を金科玉条として鵜呑みにしたのである、否、鵜呑みにせざるを得なかつたのである。故に彼等が斯うした自分達の過去の経験に基き、学生の思想は則ち教師の講授の正直なる継受なりと考ふるは無理もない。

併し斯く考ふるは余りに今日の時勢を無視し又余りに今日の学生を蔑視せるものである。年取つた人達は余り書物を読むまいから分らぬも無理はないが、最近に於ける我国学界の進歩は二十年三十年前に比し実に隔世の感がある。教育の普及と共に一つには高等遊民の殖へた為でもあらうが、凡《あら》ゆる新旧の洋書はどん〳〵彼等に依つて邦語に移さるる。之につれてまた独立研究の発表も少くはない。勿論之を西洋の進歩に較べたなら未だ〳〵云ふに足らぬのかも知れぬが、我国自身としては進歩の勢駸々乎《しんしんこ》として実に素晴らしいものがあると謂はねばならぬ。従て学生の気風も亦自ら一変した。彼等の好学心は黙つて居ても煩多な刺激を外界から受ける。周囲の状況は教師の講授のみを学問の淵源とすることを最早彼等に許さぬのである。多読乱読は必しも正しい纏つた智識を青年に与へない。私共は寧ろ今日の青年学生がモ少し教師の系統的な講授に親まんことを冀《ねが》ふて居る。それ程に今日の学生は実は外界の刺激に累され過ぎて居るのである。故に優れた学生の中には、教師の思想に承服せず相当の筋を立てて見事に抗論して来るのも少くはない。要するに今日の青年は、老先輩諸君の青年時代とは全く違つた気持で全く違つた雰囲気のうちに居る。青年学生の斯うした現状を無視して彼等の思想傾向を云々するは、断じて当面の急務を解く所以《ゆえん》ではない。

学生の危険思想の責任を専ら教師の講授の内容に帰するの誤りは、更に処分さるべき不良教授の選定に於て一層大なる過誤を重ねた。罪人を茲処にあると予定してかゝる下級の警官が無理に罪人を作る様なものである。それに世間の頑迷者流が八釜《やかま》しい。政府に対し相当に威力を有する方面でも此事を以て頻りに政府に迫つて来る。斯くして政府は之等の理由からしても何等かの処置に出づるを急がねばならぬことになる。如何の人を処分すべきかに付て慎重に攻究する遑《いとま》がないのだ。この点に関し最も遺憾なのは、当の大学に意見を徴さなかつたことである。教師の思想に関する問題につき、大学そのものの意見に何等諮《はか》ることなくして軽々に処分するといふは、余りにも無暴なる仕方だと思ふ。

茲についでを以て一寸大学教授の地位の自由と云ふ事につき一言したい。大学を特別の自治区域と認めたことは、西洋の昔の歴史に根拠する一種の伝説にして、今日は最早何処の国でも文字通りに之を認めては居ない。たゞ実際の取扱上大学の如きは多分に自治を認めてやつた方が得策だと云ふ意味にこの言葉の用ゐられることはある。併し法規上大学に限りて特に上司の監督の外に立つを許さるるのではない。従て大学教授も官吏としては矢張り文部省の支配を受け、相当の理由あれば休職もされ罷免もされるのである。そんなら大学教授は普通の学校教師と全然同一の地位に在るのかと云ふに、唯一つ相違がある。普通の学校教師はその教ふる事の内容に付ても文部省の監督を受ける。故に例へば督学官と云ふ様なものを設けそれをして講授の内容を視察せしめ又その報告に基いて教師の進退をきめることも出来るのである。然るに大学になると、此処は学術の蘊奥《うんおう》を究める処だから、他にその攻究講授の内容を批判し得べきものはあり得ない。大学自身が相当の方法を以て其判定を下すのはいゝ、上司たる文部省と雖《いえど》も研究講授の適不適を論ずるの資格は制度上から云つてもない。故に大学教授はその思想の内容に付て地位を動かさるることは絶対にない筈である。外の理由で動かさるる場合にも之を拒み得るのではない。研究と講授の内容に付て絶対に自由だと云ふまでである。この意味に於て而して只この意味のみに於て大学教授の地位は自由なのである。故に最近の事件に於けるが如く、若《も》し政府当局が予《あらかじ》め大学の意見を徴することなくして教授の思想を勝手に批判し次いで其の処分を要求したとすれば、その形式の如何に拘《かかわ》らず、其が不法の処置であるのみならず又実に文政上の根本原則に違背するものたるは明白である。

大学に諮らないのはまだ恕する。政府は処分さるべき不良教授を選ぶに付て次の方面の意見を大に参考とした嫌はないか。若し少しでもその嫌ありしとせば、その選定の著しく杜撰なるも亦怪しむに足らぬのである。(1)元老級の老先輩　之等の人達は今より十余年前デモクラシーを危険思想とした時代の世評を今なを記憶に留めて、それに基いた種々の進言を政府に向けると云ふことである。(2)頑迷な反動団体の傀儡たる政客の一団　貴族院辺に多い。それ丈け愚論たることの明白なるに拘らず頗る政府を拘束する力がある。之等の人達は共産党が一二名大学から出たと聞いて大学全体を赤化したと観たり、社会主義者が髪を長くしてゐると聞くと髪の長いものを社会主義者と独断する。共産主義も社会主義も無政府主義も民主主義も皆一緒にして、少し変つた気を吐く者は悉《ことごと》く危険人物と観るのだから堪らない。(3)検事及警察　この両者は職掌柄教師や学生の行動をよく調べる。その結果某の教授は如何なる学生(又はその団体)と接近して居るとか又は課外にどんな書物を講授して居るとかを詳細に報告する。その報告を冷静に検閲するをあやまると、誰れがどの学生を煽動したとか又誰れがどんな思想を鼓吹したとかの謬見を作るに至るの恐れがある。必ずしも報告そのものが悪いとは云はないが、その報告の見方をあやまつて不当に某々教授を傷けた様なことは全然なかつたらうか。(4)政党員　政友会内部からの進言も直接間接に利いた様に疑はれる。一体学者の立場は物事を理想的に観るから実際政治家とは根本的に相容れぬ所がある。殊に日本の政党などは最も手きびしい糺弾を学者から受ける立場に居る。この点は与党たると野党たるとを問はないのだが、政友会は幸か不幸か政権を取つて居つた期間が永い丈けに多分に学者の槍玉に挙げられる。政友会が特に悪いのではない、有力な政党だけにさう云ふ運命を免れぬのである。孰《いず》れにしても右の如き理由で、今日政治経済の時事問題を論ずる学者で一人として政友会に味方するものはない。否、その殆んどすべてが猛烈な批難を差向けてやまぬのである。是れ両者の間に自ら感情の疏通を欠くに至りし真因であるが、之れがまた過般の選挙に於て露骨に現れた。そこで学者の実際運動に関係するの不謹慎と云ふ論理をこゝにも当てはめて、無理に不良教授の中に之を包含したと云ふ風説がある。事の真偽はよく分らぬが、ブラック・リストに載つて居る人名の中で斯うでも解せねば到底その意味の分らぬ数名あることだけは疑ない。

要するに煙もない処に火を探す様のものだ、強て之が火だと何物かを差出さねば責任は済まぬので、手当り次第にそれらしいものを鎗玉にあげる。選択其当を得ざるも怪むに足らぬ。それに肝腎の聴くべき処には一言の相談もなく、却て聴くべからざる処の意向に多く動かされるのだから、遂に杜撰を通り越して飛んでもない乱暴なものとなつたのだ。水野文相の聡明早くこゝに気付き実際の処分をその甚しきに到らしめなかつたのは勿怪《もつけ》の倖《さいわい》であつた。

当局の処置斯の如く見当を外づれて居る以上、之に依て所期の目的の達せられぬは当然である。単にそれだけならいゝ。私は思ふ、却て之が当局の憂へた事態を益々煽揚するの結果になりはしないかと。何を以て之を云ふかと云ふに、(一)当局の処置は要点を外づれてゐる丈けに若い者の眼には単純な無用の弾圧と映じ益々その態度を硬化すべきを以てである。次に(二)所謂左傾教授の処分は青年学生の無思慮な盲動から制動機《ブレーキ》を撤する様なものである。世間では所謂左傾教授を以て常に好んで学生を煽動し、学生と共に或は学生の陰にかくれて不都合な運動を指導して居ると見做《みな》す様だが、是れ事の真相を知らざるの甚しきものである。斯かる教授と一部の学生と大体の思想的傾向を同うすることはある。併し如何に経験が浅くとも教授の職を奉ずる程のものは、一面青年学生の清新発溂なる熱意に同情しつゝも他面必ず熱情に基く行動にも自ら一定の限界あるべきを能く心得て居る。故に彼等は多くの場合に於て軽々しく学生と事を共にしない。謂はば彼等は寧ろ学生の盲動に対し制動機の役目をつとめて居るのである。之をよくも弁《わきま》へずして、彼等を挙げて一掃すべしと云ふのは、一体学生の盲動を何処まで深みに陥らせる積りなのか。真に学生を善導しようと思ふならば、私はもつと〳〵所謂左傾教授を利用することが必要だと思ふ。

それも老先輩方が考ふる様に今日の学生も一から十まで教授の講義を金科玉条とするのならいゝ。外部の刺戟を遠慮なく受けて若さにまかせて勝手な世界を展開させせんと焦る。真面目なだけ頭から之を抑へつける訳には行かないが、又一面に於て之を正しきに転向せしむる為には大に彼等と戦ふの必要を痛感させられる。所謂左傾教授はこの意味に於て従来烈しく青年学生と戦て来て居るのである。勿論彼等は青年のいゝ方面を大に助長しては居る。一面に助長の功をいたすを以てこそ、又他面よくその弊竇《へいとう》を矯正し得るのではないか。青年学生の熱情に動かさるる行動は到底抑圧を以て之を阻《とど》め得るものではない。若し茲に些《すこし》でも彼等の盲動を制し之を善導するの効績を国家に捧げて居る者ありとせば、そは警察にあらず裁判官に非ず又断じて文部省の役人にあらずして実に少数の所謂左傾教授に外ならない。私はこゝで左傾教授と目されて居る人の全部を弁護するのではない、個人々々に付てはまた別に論ずべき点もあらう。只大体論としては、所謂左傾教授の処分は正に制動機を撤して電車を坂の上から下走せしむるの類で、危険之よりも甚しきはないと思ふのである。

〔『中央公論』一九二八年六月〕

合同問題側面観

一

無産階級の諸団体は最近の年次大会を機とし、或は組合の資格に於て或は政党の資格に於て、それぐ\合同問題に対する態度を表明した。無産諸政党間に合同の機運の動きはじめたことは前号の本欄に於ても説いたが(「無産党合同問題」『中央公論』一〇月号)、九月から十月に入りてはそれが段々具体的の形に現はれたのだ。但だ其結果が予期に反して案外合同の機運を促進して居ないことは既に新聞紙の報ずる通りである。併しそれは単に表面だけの事で、裏面に在ては合同論にからむでの動揺は各方面に於て現に盛に醸成されつゝあるのではあるまいか。局外に居る私共には本当の真相は分らぬのかも知れないが、この数ケ月にわたる冷静なる観察はまた私をして自ら一種の予想を懐かしめぬでない。是れこの側面観を草する所以であるが、仮りにこの観測が当らぬとしても、少くとも私の立論の趣旨は、合同方策を按《あん》ずる人達に取て或は多少の参考になるかとも考へる。いづれにしても私は、局外の第三者の地位に在る読者に公平なる資料を提供すると云ふ積りで、茲に自分の観る所を卒直に書いて見る。

二

先づ各団体の云ひ分を吟味して見よう。

社会民衆党は曰ふ、「我等は資本主義を排すると同時に共産主義を排す」と。資本主義の排撃は各無産党一般の共通標語だから問題はないとして、共産主義の排斥といふことは慥《たしか》に同党の著しい特色となつて居る。従て同党が単一大衆政党主義を承認するものでないことも亦明白と謂はねばならぬ。

社会民衆党と対蹠《たいしょ》的の立場にあるものは謂ふ迄もなく新党準備会である。未だ正式に政党の形をなしては居ぬが、之を実質的に一政治団体と観ることは差支あるまい。この派は形式上は単一政党主義者だけれども、最近に於ては合同を呼び掛ける相手は日労党だけだと明言して居るし、従来また事毎に社会民主主義の排撃を力説して来た関係もあるから、事実に於て真の単一政党主義者でないことは社会民衆党と異る所はない。彼等は真の無産階級は社会民主々義などを奉ずる筈のものではない、共産主義に十分の自覚を持たぬのは所謂《いわゆる》指導者にあやまられて居る結果に外ならぬ、之等の所謂指導者の仮面を剝ぎ之を駆逐して大衆を我党の傘下にあつむるは自分達に課せられたる重要の任務であると信じて居る。従て彼等は自分達に対立するものとしての社会民主々義の論理的独立性を承認しない。故に彼等の主観に於ては、無産階級の政治運動といへば単一結成の外にあり得ないのである。併し彼等の主観的信仰が果して客観的にも妥当なりや否やは、少くとも局外者に取ては全く別の問題だ。疑のない眼前の事実としては、何人も共産主義に対立しての社会民主々義の儼存《げんそん》を認めざるわけには行くまい。是れ独り我国のみの現象ではない、欧洲諸国に於ても同様だ、否、欧洲諸国に於ける最近の形勢に促されて我国に於ても二者の対立抗争が漸次尖鋭になりつゝあるとも云へるのだ。兎に角斯うした二つの立場がある以上、その一方を固執して他方を排撃する者を単一政党主義者と呼ぶ能はざるは当然であらう。

故に私は曰ふ、社会民衆党と新党準備会とは最も明白に単一政党主義を否認するものであると。

右の二党に対し正反対の立場を執るものを日労党とする。左右の分裂を非として起つた日労党——所謂中間派なる別名を自他共に許して居つた日労党が、初めから偏執的立場を執り得ぬは分つて居るが、最近の中央委員会の決議は更に一層鮮明にこの点を表白して居る。曰く、大右翼結成或は大左翼結成の名の下に行はるる統一論は、無産政党を永遠に分裂せしむるものであるから、飽くまで単一大衆政党の実現を目標として之が達成に必要なる行動を開始すと。之を表面から真ツ正直に解すれば、日労党は単一大衆結成に熱心なるの余り、之を碍《さまた》ぐるものとして凡ての部分的結成に反対せんとするものの如くである。今後之を目標として必要なる行動を開始すると云ふだけを聞けば、同党に単一結成可能の確信と並に之に関する相当の成算があるやうだが、事実果して然りやは大なる疑問の様でもある。

無産大衆党のこの点に関する宣明は、理論に於て明確を欠くも、実際に於ては最もよく其の現在の立場を語るものと私は観た。曰く、右翼結成を克服しつゝ可能な範囲に於ける順次的合同に歩を進めると。更に実際問題として速に日労党との提携を成就せしめ同時にまた社会民衆党内の先進分子とも協動するを辞せないと附言して居る。右翼結成の克服と云ふことは新党準備会の主張する社会民主々義の排撃と云ふことと何《ど》れ丈の相違あるかは分らないが、合同の範囲の社会民衆党にまで延びることを厭はぬ点から観れば、此と彼とは必しも実際方策を同うするものではないらしい。右翼結成に捲き込まれるのは嫌だ左翼結成に捲き込むのはいゝと、頗る虫のいゝ所に目標を置いて居る所に、無産大衆党の特色を見るべきである。

日本農民党は最近の大会に於て現状維持の宣明に落ち付いたが、会議の席上に唯ならぬ波瀾が捲き起り、遂に一二幹部の脱退を見るにさへ至つたことを思へば、所謂現状維持の宣言は或は迂闊に合同問題に手を触れられぬと云ふ所から来た窮余の一策かとも思はれぬでない。合同問題に付き各種の意見の紛糾して居る点から、或は日農党を以て今日の無産政党界一斑の縮図なりと観ていゝのかも分らぬ。但し合同問題が盛になればなる程、斯うした政党は益々不安動揺の地位に陥る運命を免れないものである。

三

以上の状勢から合同問題が今後どう発展するかを考察するに当り、我々の脳中に先づ次の諸問題が湧起する。

一、無産政党の四分五裂の現状は何れの点より観ても此上いつまでも寛過し得ない。もツと大きなものに纏つて欲しいと云ふ事は、一般状勢の要望であり又直接之に関係する者の熱求でもある。この事に付てはまづ一点の疑もないと謂てい丶。

二、合同が必要だからとて、それが単一結成でなければならぬか否かは別問題である。理論としても単一でなければならぬとするものと左右両翼に二大結成に纏まるのが必然の帰結だとするものとあるが、実際の勢は今のところ左右両翼の対立は到底避け難いやうだ。理論の問題として又実際状勢の判断としてこの点は今後我々の最も慎重な省慮を要する所であらう。

三、仮りに近き将来に於て兎も角も左右両翼の大結成を見るものとすれば、それは現在の無産政党の孰《いず》れかを中心とすることなくして実現するだらうか、又さうでないとすれば孰れの政党が左右両翼の各々の中心となるだらうか。この点に関する私の観測を卒直に語ることを許さるるなら、第一に右翼結成は必ずや社会民衆党を中心とするに間違なかるべく、第二に左翼結成は稍《やや》弱い意味に於て無産大衆党を中心とするだらうと思ふ。左翼無産運動の活動力としては或は新党準備会の方に許さねばならぬのかも知れぬが、彼れが合法的政党と云ふ地位にまで堕して来るなら別に無産大衆党外に異を樹てるの理由はなく、無産大衆党に慊《あきた》らずとして別派をなすの必要に立脚する限り不幸にして官憲の公認を得る見込はない（それは或意味に於て何れの方面から観ても好ましいことではないが)。従て左翼結成の任務は今のところ無産大衆党に課せられて居ると見るの外はないやうだ。唯この点は此大任を果すべく未だ十分の陣形を為して居ない。今後新党準備会なり日労党なりより大に有力なる新分子を誘致するの必要があらう。

四、事態を冷静に観察すれば、今日既に左右両翼の大結成の為の機運は大に動きはじめて居る。現に先き頃の大会に於て日農党では、社会民衆党と合同すべきや日労党と合同すべきやが問題となり、又その日労党でも、無産大衆党と合同すべきや社会民衆党と合同すべきやが八釜《やかま》しい問題となつたではないか。斯うした内部の紛擾《ふんじよう》は今後恐らく益々盛になると私は観て居る。人或は之を以て併合党の陰密なる策動に帰するものあるも、必しもさうばかりとは限らない。機運一度醸成すれば勢の趁《はし》る所如何ともすることが出来ないのである。而して斯かる機運の進展に由て直接に多大の影響を蒙るものは、謂ふ迄もなく日労党と日農党とである。この両党の今後の形勢は吾人の最も注目を要するものであらう。

五、右の如き新機運に対し敢然反抗の態度を表明したものは日労党である。彼れは左右両翼に纏まるのは無産階級を永遠に分裂せしむるものだからとて、単一大衆結成を標榜して堂々と独立の陣を張らうとして居る。単一大衆結成と云ふことの理論上の当否は姑《しばら》く別として、現に左右両翼の異分子を包含する日労党としては、さうした特殊の構成にも拘《かかわ》らず渾然たる一体を成せるの実蹟を先づ以て自ら天下に示さずしては、その単一結成主義にも何となく影が薄い様な感がする。若《も》し道路伝ふる所の如く、党内に左右両翼の見解の相違あり或は右翼結成を可とし或は左翼結成を可とし、而して論争激越を極むることの不祥なる結果を慮《おもんぱか》り暫く現状持続と云ふに妥協点を求めて遂に単一結成論を標置したのだとすれば、事実に於て日労党は既に単一結成主義を棄てたものと謂はなければなるまい。この点に於て日農党の方は、負け惜しみを云はない丈け、局外の我々に取ては状況鮮明頗る分りがよくて気持はいゝ。

六、して見ると、日労党と日農党との将来は合同機運の進展に大関係あるものと観なければならぬ。日労党の一部と社会民衆党の一部との接近よりして直に右翼大結成を期待したり又日労党の単一結成主義の宣明によりて早くも右翼合同の頓挫を説くが如きは極めて皮相の見だ。外部の動きの何であれ、合同の機運の左右両翼に於て大に鬱勃《うつぼつ》たるものあるは具眼者の看過し得ざる所である。只問題はこの当然の要求が合同の機運に対する実際的障碍を如何に克服するかに在る。然らばその実際的障碍とは何か。次に項を改めて説かう。

四

合同問題に対する実際的障碍の第一は指導精神の明確ならざることである。指導精神明ならざれば何が味方で何が敵か分らないことになる。一身の去就を全然感情に托することから無産階級を救ひ出すには、何よりも先づこの指導精神を明にすることが必要であらう。

左右両翼といふ。一体左翼とは何か又右翼とは何か。所謂左翼は社会民主々義を排撃すると云ひ又所謂右翼は共産主義を排斥すると云ふ。謂ふ所の社会民主々義と共産主義とは一体何の標準に依て分けるのか。私はよく某々は共産派だと云ふことを聞かされるが、未だ何故に共産派なりやを説明して貰つたことはない。社会民衆党に籍を置く某々君の社会民主々義者と呼ばるるを別に怪みもせぬが、彼れの奉ずる主義が何故に無産大衆党の某々君と殊別せられねばならぬかを疑つたことも屡々《しばしば》ある。我々の真に敵とせねばならぬものは何か我々は如何なる人達と安じて協動することが出来るのかをはツきりと突きとめたら、モ少し広く提携協力の範囲を開拓し得るやうに思ふ。之に付ては私に一つの見解があるが別の機会に説くことにしよう。

合同問題に対する実際的障碍の第二は党派的因循である。折角集つたものを解体するに忍びずとなし理義の要求に面《おもて》を背けて一時の苟安《こうあん》を貪ることである。日労党と日農党とが丁度之れだと云つたらお叱りを蒙るかも知れぬが、私は無産階級の政治的進展の大局の上に非常な妨碍を与ふるものと信ずるが故に、斯く思ふ所を率直にいふの外はない。無産政党が本来全国的に単一結成を為すべきものとすれば日労党の如きはその正当なる小模型であつたに相違ない。そしてその各種の異分子を集めた特殊の構成を提げて一党としての統一ある行動を為すに見事な成功を示しでもしたなら、如何に単一主義者を喜ばしたであらう。それはどうでもいゝとして、今や無産政党の運命に関する理論上並に実際上の決論が単一結成主義を容れぬことになつた以上、日労党の如きは到底永くその存在を続け得るものではあるまい。それを折角集つたのだからとて無理に解体を回避して一時の弥縫《びほう》に腐心するは、大勢に逆行する無用の努力の外の何ものでもないと考へる。無産階級運動の大局より打算し小党派的偏執をすててその当然の途を勇敢に進まんことは私の切に希望する所である。

以上の二大障碍の外更に細かいものを挙ぐればまだ沢山ある。就中《なかんずく》両翼の中心勢力たるべき社会民衆党及無産大衆党に構成上多少の不純分子を交うる如きは、速に清算されねばならぬのであらう。之は事柄の小さい割に案外大きな効果を有つても居る様である。切に幹部諸氏の猛省を煩したい。

〔『中央公論』一九二八年一一月〕

無産党合同論の先決問題

無産諸党は合同しそうに見えてなか〳〵合同せぬ。之に就てはいろ〳〵の理由もあらうが、その中の最も重なる原因は、合同を論ずるに先《さき》ちまづ第一着に決せられねばならぬ重要問題が未だ十分に攻究されて居ないと云ふ事ではあるまいか。然らばその重要な先決問題とは何か。曰く、一元政党主義で行くか、多元政党主義で行くか、是れ。

ロシアと支那とモ一つ伊太利《イタリア》では、たツた一つの政党で国家が支配されて居る。唯一公認の政党以外の政党の存在を絶対に許さない。伊太利は暫く別問題とする。支那の国民党は之を完全な無産政党と認むべきや否やに多少の疑なきに非るを以て之も他日の論題とする。そこで現に唯一の無産党が国家を支配して居る処と云へばロシアを挙げるの外はない。我国でも無産階級の政治運動を説く人の中には、ロシアを唯一の則るべき御手本としてあゝした単一政党の支配の実現を其活動の目標と立つる者が尠《すくな》くない。

無産政党の未だ国家支配権を確立して居ない大多数の国に在ては、謂ふまでもなく多元政党主義が行はれて居る。沢山の政党が相並んで永年の慣行で作り上げられた一定の規道に倚《よ》り互に政権を争ふのである。必ずしも既成政党の存在を頭から否認はしないが無産階級を足場とすると云ふ現代的の強みに拠つて労働党がヂリ〳〵と有産階級を圧倒して行く英吉利《イギリス》の政界などは、多元政党主義の一好模型であらう。只不幸にして無産階級が完全に天下を取て而もそが数個の政党に分れて居ると云ふ実例は未だない。近き将来の支那に或は之に類する現象を見ることなきやを想像するが、併し理論上から云へば、貴族政治を倒した跡のブルジョアが数個の分派を為して対立した様に、ブルジョア政治を倒した後の無産階級が二つ以上の政党に分れると云ふことも絶対に在り得ないことではあるまい（すぐ二つにも三つにも分れる様な結束の弱い無産階級に、一挙にブルジョアの政権を打倒し了するが如き力は始めから認め難いと云ふ議論にも、私は固《もと》より一応の敬意を表するものではあるが）。

政党運動の行き方には右の如く二様の方針がある。我国の諸政党（姑《しば》らく無産政党のみに限らぬことにしておく）は果してそれぞ〳〵如何なる方針を執て居るのであらうか。（一）疑のないのは各政党とも皆主観的には一元主義を執て居ることである。自分ひとりで天下を料理しようとは政党団結の根本義だから、我々は固より此事あるを怪まない。（二）但し客観的状勢の判断としては、少くとも在来の既成政党は常に必ず反対党の存在を前提して居る。之には例外はない。そこで若し玆に其間に伍して一元主義を固執し飽くまで他の一切の政党を打倒し尽さずんば熄《や》まずといきまく者ありとすれば、そは必ず無産政党でなければならぬ。（三）然らば我国の無産諸政党は皆一元主義かと云ふに左うではない。この点については大体二種の見解を分つことが出来る様に思ふ。

（甲）　所謂《いわゆる》右翼の諸派は事実上多元主義を承認して居ると観るべきであらう。即ち夫の無産階級陣営内に於ける他党の存在を否認せざる如き、又は既成政党の間にさへ伍して議会政治の進捗に協動するを厭はざるが如き、之を証して余りある。而して所謂右翼の特色は一つにはこの点にあることをも附け加へて置く。

（乙）　之に反して所謂左翼の諸派が結局に於て一元主義を固執するものなることも亦言ふを待たない。既成政党は絶対に之を承認せざるが故に、彼等と並んで議会に立つ場合と雖《いえど》も、そは議会政治の進捗に協働するのではない、党勢拡張に好都合だから之を利用するのだと云ふ。蓋《けだ》し議会政治そのものが元来彼等の力を極めて否認する所なのである。この立場からして彼等は、既成政党と真面目に協働するを厭はざるものとして所謂右翼諸派の議会行動を難じ又之を糺弾するを忘れない。この外にも種々の根拠はあるが、要するに彼等は自家の独裁権の確立を唯一の実践的目標として遮二無二突進せんと努めつゝあるものである。

そこで我国の無産党には私の所謂一元政党主義を執る者と多元政党主義を執る者と二種類あることが分つた。而して之が無産党合同問題に如何なる関係を有するのか。

前段末項に提出せられた問題に対してはまた二様の観方がある。

第一の観方からすれば、所謂左翼の諸派は自家独裁権の完全なる掌握を目標として進み、夫れが為めには凡《あら》ゆる手段に由るを辞せざるが故に、その当然の結果として次の二つの現象があらはれる。

(一)近代式の宣伝を以て大衆に臨むこと。近代政治に在ては何と謂ても「数」が最後の力だ、之を握るには大衆を味方とするに限る、教育に依て大衆の聡明を拓くなど云ふは太平の逸民の譫語《せんご》に過ぎぬ、自ら信ずることの厚き以上、宣伝だらうが煽動だらうが兎に角大衆を味方に牽き付けさへすればいゝ。斯くて彼等は遂に知らず〳〵安物を鳴物入りの騒ぎの間に大衆の懐にねぢ込むと云ふ円本式広告術を採用するに至るのである。之が民衆の真の開発の上に如何なる影響を及ぼすかは姑く論ぜず、単に右翼の立場から云へば、この戦法で挑まれるは正に平和の郷が虎狼の群に襲撃されたのにひとしい。左右両翼の容易に和し難い一つの原因はたしかに茲に在るのではなからうか。

(二)自家の立場に対する事実上の最大障礙《しょうがい》として右翼の多元主義を極力排撃すること。専制的覇者が動《やや》もすれば自分に最も近き者の間に一番深く猜疑の眼を馳する様に、同じ陣営と普《あまね》く世間の許す友党の間から自分に取て最も大事な一元主義を否認して掛られるのは左翼の立場に取て何よりもの危険だ。宛《あた》かも天主教会の独一主義がフリーメーソンの多元帰一主義を不倶戴天の仇敵と憎むが如く、左翼無産党は乃《すなわ》ち何よりも先きに右翼無産党の打倒に余力を残さざらんとするは怪むに足らぬ。或は無産階級を裏切るものだとか或は大衆を欺瞞して彼等をブルジヨアに売るものだとか、凡ゆる汚名を浴せて只管《ひたすら》大衆と右翼無産党との離間に浮身を窶《やつ》すのは、実は左翼政党に取ては生存の必要に促された当然の叫びと謂ふべきである。是れ他の一面に於て右翼諸派が根本的に相容れぬ敵として絶対に左翼との提携を肯《がえ》んぜざる所以《ゆえん》である。左右両翼を斯うした状況の儘に放任して置いて、一体世間が無産政党の合同をすゝめるのが抑《そもそ》も大なる誤りではなからうか。

次に第二の観方からすれば、斯う二つの派が対立して居ては何時《いつ》まで経つても無産階級の当然の威力は揚らない、既成政党に依て代表さるる有産階級の専横より速に無産階級を解放し了うせるには、孰方《どちら》かが譲歩して戦線統一の効果を挙げさせなくてはなるまい。斯う云ふ実際的見地から発足すると、今までの経験は左翼の側に一段と豊富なる戦闘力あるを思はしむるので、従て右翼の言分を立てては何時までたつても無産階級の解放は実現されないかも知れぬと云ふことになる。元来無産大衆は政党のことなどは奈《ど》うでもいゝのである。右翼だの左翼だのと云ふは直接政党的活動圏内に居る人達の勝手につけた名だ、自分達はたゞ一団となつて独立の地位が認められ、有産階級の設けた有形無形の凡ゆる桎梏から解放されればいゝのである。たゞ此事は個々別々に精力を割いては成功するものでない。そこで政治的活動の戦線統一は、よく人の謂ふ通り、無産階級に属する全大衆の一致した要望而も痛切なる要望だと謂へるのである。然らば速にこの要望に応ずるは即ち無産政党に取て当面第一の目標であらねばならぬ。指導原理がどうの宗派的分裂主義がどうのと内輪で喧嘩されるのは迷惑の至りだ。是れ大衆代弁者を以て任ずる民間論客が、頻りに各無産党の合同問題に忠実ならざるを責める所以であり、各無産党も亦内心合同の可能につき何等の確信と成算を有せざるに拘らず、大勢に迎合して軽々に熱のない合同提唱を繰り返へす所以である。

他の観点を一切論外におき単に有産階級との対戦と云ふ事だけから視れば、今のところ左翼は世間の同情を独り占めにし得る好地位に在る。何となれば彼等は這《こ》の闘争に於て最も大胆であり且最も勇敢であることが一般に承認されて居るからである。之に反して右翼の方は必ずしも妥協を厭ふべき事とせず、少くとも敵との抗争に当ては常に手段の選択を八釜《やかま》しく云ふ。斯んな潔癖で如何してあの強敵に勝つことが出来るだらうか。軍国主義旺盛の国に於て腕ツ節の強い荒武者が一番に重宝がられると同じやうに、労資両階級の強烈な闘争に於てはボルシエヴイズムでなければ到底駄目だとされる。さうすると右翼派の所謂民主主義の固執は、自ら戦線の統一を妨ぐるものと謂ふことになる。斯く考へて始めて右翼も亦頑迷なる一分裂主義者と呼ばるる所以が分る。

上述の如く二様の観方があるとすれば、その孰れの立場を執るかに依て結論の違ひ得ることが明であらう。階級闘争に於ける成功を急ぎ所謂大衆の痛切なる要望を一刻も早く実現せんとする立場を取れば、一元主義の主張及び運動に加担すべきだと云ふことになる。之に反して現存の諸政党にそれぐ〳〵の独立の立場を認めその互助的協動の下に戦線の合理的な統一を図らうと云ふのであれば、断じて一元主義を跋扈《ばっこ》せしめてはならぬことになる。但し我々が何と云つたとて各政党の当事者は遠慮なく各その方針に従て活動を続けるだらう。そこで今の儘に各政党が勝手に活動を続けるのであれば、彼等の間には当分到底合同提携の見込はない。併しそれは政党を主なる立場に置いての見解だ。未だどの政党とも特殊の関係を持たざる我々第三者には亦自ら別の見解がある、即ち我々には窮局に於ける無産者の統一的政治活動を促がすと云ふ立場から、孰れの主義に加担すべきかの選択問題が残るのだ。我々の選択の方針如何に依ては、政党当事者の見込如何に頓着なく、自らこの問題は適当に解決されるかも分らない。
孰れにしても政党自身が進んで合同携提を説く以上、私は彼等に告げて次の問に対する明答を要求する、曰く一元主義をとるのか二元主義を執るのかと。這の重要なる先決問題を差し措いて合同論を語るは全然無意義である。

次手《ついで》に云つておくが、今日の世界に於て一元主義のチヤムピオンは云ふ迄もなくロシアと伊太利で、二元主義のそれは英国である。資本主義が如何に憎いと云つても、凡ゆる利器を擁して堅むるその金城鉄壁は容易に抜き難い。それだけ勇を鼓し手段を択ばず遮二無二之に襲ひ掛らうと云ふ考にもなるが、又一挙に之を陥落するを不可能と諦めて一時之と妥協協調すると云ふ考にもなる。而して協調妥協は人を安逸に誘ひ切角《せつかく》の闘志を鈍らすの恐れあり、従て過激派から云へば、無産階級の純真を堕落せしむる毒素として厳しく之を排斥するの必要がある。然らずとするも、斯んな遣り方が周囲に流行《はや》つては徹底的に資本主義と闘ふと云ふ自分達の立場が脅かされ又之に対する精神的支持の薄らぐ懸念が十分にある。之が何よりも恐い。そこでボルシエヴイズムは何よりも先に社会民主主義の排撃に腐心するのである。ロシアが力を極めて英国を罵倒する所以も亦之れに外ならない。然り、ボルシエヴイズムに取て資本主義を打倒するの実践的捷径は社会民主主義の克服である。多元政党主義の完全なる克服がその先決の急務である。我国の例で云つても、例へば旧労農党は先づ社会民衆党を完全に克服した上でなければ既成政党との戦にも勝つ望みはなかつたのである。そこで私は曰ふ、斯うした運命に在る者を既成政党に対する戦の為だからと云ふて合同させようと云ふのは、一体何を観て物を云つて居るのか甚だ了解に苦む次第であると。

茲に一寸ことわつて置くが、社会民主主義と謂ふても之には広狭二義あることである。資本主義を認めないと云ふ根本的な階級的立場を執ることには左翼も右翼も変りはないと思ふ。唯当面の実際政治の懸引に於て、その階級的立場を絶対的に主張するか相対的に主張するかの差が現はれる。英国の労働党は後者の例だ。ブルジョア政党の治下に在つて仍《な》ほ之との相当の協働を辞せないからである。独逸《ドイツ》の社会民主党は戦後に於て却て英国式に移つたやうであるが、戦前に於ては孰れかと云へば前者の例たるに近かつたと思ふ。細かく実際の事例を挙げれば多くの例外もあるだらうが、主義としては皇帝万歳唱和の禁とか宮廷伺候の禁とか又予算協賛の禁などを励行し、概して有産階級とは絶対に事を共にせざるの態度を表明してゐた。この点だけから云へば当年の独逸社会民主党が民主主義を執る者に非るは論を待たない。斯くして私は相対的にブルジョア政党の立場を認め彼等と堂々輸贏《ゆえい》を争ふと云ふ意味に於て、英国の労働党を広義の民主主義を執るものと云つて置かうと思ふ。

絶対にブルジョア政党の立場を認めざる場合に在ても、無産階級の陣営内に於て理論上民主主義の行はるる場合のあり得ないことはない。尤《もつと》もロシアではボルシエヴイズム専制の勢を馴致して一切の他の政治意見を弾圧して毫末も民主主義の行はるる余地なからしめて居るし、支那でも共産党一派を駆逐して以来は矢張一党専制で貫いて居るやうだ。彼に在ては最左翼の専制、之に在ては右翼の専制、右と左と方向を一にせざれどその一党専擅たる所以に至ては全く同一と観てよからう。而してブルジョア打倒後の無産階級独裁の政治は必ずこの形式に依るべきものかと云ふに必しもさうとは限るまい。不幸にして今日の所未だその適切なる実例はないが、例へば我国無産党界の如きは、仮りに遠からず既成政党を克服し了うせたとして、その政党関係は恐らくこの民主主義に依る協働連携を以て政権運用の常則とするのではなからうかと考へる。

私は前に我国無産政党の政治的活動の目標としては一元政党主義を取るべきか多元政党主義を取るべきかの問題あるを述べ、又我々第三者の民衆的立場としてはその孰れの主義に加担すべきかを定めるの自由ある旨を語つた。あゝした二つの指導精神の対抗がある以上、我々は飽くまで選択の自由を主張せざるを得ず、政党自身が大衆的統一戦線論に我々を首肯せしめんとならば、彼等自身が先づ一党主義と多党主義との争論を清算して出直して来る必要があると思ふからである。

議論は姑く措き単に事実の観測として、近き将来の我国に一党専制の無産階級独裁政治の行はれ得る見込があるだらうか。一体斯の形式の政治が如何なる条件の下に始めて行はれ得るものかは、能くロシアと支那の事情を考察すれば分る筈だ。ロシアで見事に行はれたから他の何《ど》んな処にも同様に行はれると思ふのは、北方の寒国で降る雪を南洋の熱帯でも是非降らせて見せると力むにひとしい。レーニンの遺した巧妙なる組織、之は真似も出来よう。この組織を運用する一部青年の熱意と奮闘、之もその乏しきを憂えない。たゞこの組織と人との力でロシアの如く我国でも、大衆をつかむことが出来るか否かは問題だ。日本人は必ずしもロシア人の如く無智曚昧《もうまい》を極めて居ない。彼等は云ふだらう、自分達こそ大衆の最も正しい代弁者なのだ、大衆の挙《こぞ》つて我党の陣営に来投するは分り切つて居ると。所が斯んな主観的見解に陶酔して居る自称大衆代弁者は実は此処にも彼処にも居るのだから堪らない。大衆の方は既に今まで余りに色々の立場を無理強ゐに聞かされてゐる。従てまた相当に耳が肥えても居る。ロシアの愚民と一緒になつて我国の大衆も亦漫然として鳴りものの響の大きい方へ流れて行くと観るのは飛んでもない誤算ではあるまいか。

そこで一党専制の実現は結局見込はないとする。然らば近き将来に於ける我国無産政党界の客観的状況は、第一次的現象としては多数党併立であると謂はねばなるまい。之を与へられたる事実として考ふるに、この状勢から推して夫の無産大衆一致の痛切なる要望たる解放運動に全幅の力を輯《あつ》めしむるの途は、唯一つしか残つて居ない。即ち民主主義の基礎の上に立つ合理的提携乃至合同是れである。即ち各派の立場を承認し且つ相互に之を尊重しその隔意なき公正の協議に基いて大同に合流することである。之を外にして今の無産政治運動に戦線の統一を期する途は絶対にない。民主主義の固執を分裂主義と説くは一党専制の可能を夢想する者の妄想だ。而して一党専制の可能を日本の近き将来に期待するは、疑もなく、我国政界の現実に関する著大なる認識不足を自白するものである。

〔『中央公論』一九二八年一二月〕

国民社会主義運動の史的検討

去年の夏頃から思想界に又社会運動の実際界に国民社会主義なる者が叫ばれ又論ぜられて居る。河合教授は帝国大学新聞に於て之を一の思想として純理の方面から詳細に批判されて居られるが、私はまた之とは違つた立場から即ち最近史上に特異な一現象としてこの動きを考察して見ようと思ふ。推測臆断に属する部分もあるのは事柄の性質上已むを得ない、この点切に読者の諒恕を乞ふ。

*

国民社会主義新提唱の歴史的因縁は、第一に最近我国に於て共産主義に対する反感が著しく擡頭したといふ事実と聯関せずして考ふることが出来ない。共産主義に対する反感は固《もと》より今に始まつた事ではない、左右両翼の対立といふも我国では随分久しい話なのである。所謂日本共産党は共産党員に非る者は共産主義者に非ずと云つて居るけれど、客観的事実として共産党に属せざる多数の共産主義者あることを否み難い。之を概称するものとして左翼の名が与へられる。之に対する右翼がまた例へば社会民衆党系の人達に限らざることは云ふまでもない。外に中間派なるものがある。従来共同戦線党の異名を附せられた丈け戦線の急速なる統一を叫び指導精神の吟味の如きは第二第三の問題だとの立場を執つて居つたから、思想的には右翼の筈の人も又左翼に属すべき筈の人も雑然籍を同うして居つた(従来共同戦線党であつた労農大衆党は旧臘の大会でこの点を改めた)、それでも大体の傾向をいへば、淡泊に我々は社会民主主義を賛すとは言ひ切り難く寧《むし》ろ共産主義に同情を寄するが如き口吻を洩らすを常としてゐた。この事実は偶《たま》〻《たま》我国の無産運動界に在て共産主義の名辞が如何に多くの無批判的讃美者を有《も》つて居つたかを語るものである。而して私はいま改めて云ふ、斯の事実が昨今少し変つて来たのだと。どうして変つたかに付ては問題外だから茲には述べぬが、兎に角斯うした変つた事情が自ら国民社会主義の叫びを喚起した一の原因ではないかと私は思ふ。

共産主義が無産運動界乃至年少読書階級を風靡して居つた頃は、右翼の人でも其主張を系統的に説明するに当つては先づ共産主義者の掲ぐる綱領を取り、其の多くのものは自分達の固より反対する所にあらずと為し、夫れから僅に一二の個条につき断じて同意が出来ぬのだといふ風に議論を組立てるのが普通であつた。議論をする本人はさうでもないのであらうが、局外から観ると戦々兢々として余り強く共産主義に突き掛るまいと顧慮するかに見へた。所が共産主義に対する世間一般の人気が変つて来ると、之等の人々の態度も変つて来る。何時《いつ》とはなしに共産主義対抗の態度が無遠慮になり勇気に充ちて来る、之と伴つてまた之を排撃する論点も殖へて来る。国民社会主義の提唱が斯うした事情に促されたと云つたら或は幾分の語弊があらう、併し之等の変情が該主義の提唱を便にし其の普及を扶《たす》けたことは疑のない事実である。

従来左右両翼が対立の論点としたものは主《もつぱ》ら独裁主義の是否であつた。プロレタリアをして政界に優位を占めしむべしとの主張には一致して居つたが、右翼は民主主義の原則に依り各種意見の自由競争を認め其競争の裡《うち》から自家の勝利を闘ひ取るべしとし又其可能を期待したのであるが、左翼は従来の経験を楯とし右の方針の実際上の不成功を断じ暴力に依て自派の独裁を確立すべく又近き将来に於ける其の成功の可能を主張し来つたのである。此点に於て右翼は一面に於て議会主義者と云はれ左翼は革命主義者と云はれたのでもあつた。而して左翼傾向の人達は革命の実行を回避する点に右翼の無能を罵倒して得々たるものがあつたのだが、昨今反動的傾向の擡頭に連れ共産系陣営の論鋒の鈍るや、右翼傾向の圏内には得たり賢しと勢に乗じて従来とは違つた種々の論点から駁撃を共産主義に加ふるものを生じたのである。共産主義の二大特色の一たる国際主義の排撃を目的とする国民社会主義の叫びも慥《たしか》にその一であると私は考へる。

国際主義といふ観点から云へば、従来は右翼は第二インタアナショナルに同情を寄せ左翼は第三インタアナショナルを支持すると云ふだけの差に過ぎなかつた。然るに右翼の一角から最近力強く叫ばるる非国際主義は、一面には従来と同様に第三インタアナショナル主義を排撃するに外ならざるも、他面に於て事々しく「国民」の二字を社会主義に冠せしめた所に新しい一特色を想像せしめるものがある。左翼従来の主張のやうに中心勢力の命令を奉じ各国が之に服従することに依りて統制ある国際的協働に参加するといふことは我々の固より肯じ得ざる所であるが、彼我の独立の立場を相互に尊重しつゝ一定の限界内に於て協働するといふのなら、右翼の従来同情を寄せてゐた第二インタアナショナルの立場と格別異る所はない。斯くして国民社会主義と云つた所で何も在来の社会民主主義と違つたことを主張するのではないと釈明につとめる人もある。併し乍《なが》ら傾向的に云ふならば、今日の国民社会主義提唱者は「一定の限界内に於ける国際的協働」といふ事に第二インタアナショナル主義者程の信用をすら置かず、動《やや》もすれば国際協働の困難なる方面を力説して寧ろ主力を民族主義に転向せしめんとするかに見へるのである。之が一歩を進めると、従来の社会主義綱領の重要条目の一とされた階級連帯論の大修正となり、更にまた一国内に於て階級的主張と民族的要求とを対立させるとなると場合に依ては唯物史観の拋棄となるの恐なしとせぬ。斯うなつては大変だといふのではない、私自身としては斯かる混乱に遭遇して社会主義の再吟味されることは寧ろ必要な事だと思ふのではあるが、一両年前まで到底無産運動陣営から一顧をも与へられまじく思はれた種々の修正が今日斯くも優勢に主張せられるのを観て、私はたゞ〳〵時勢の急速なる変遷に驚かざるを得ないのである。

＊

国民社会主義の提唱をファシズムの一現象と説く人がある。其の提唱に伴ふ各方面の動きを通観しこの説に一応の理窟もあるやうに思ふが、社会主義実現の為に運動を先づ一国内に限らうとの方針それ自身には何等ファシズムの要素はない。たゞ之を提唱する人の間に同時に議会主義否認を重要綱目に算《かぞ》ふるものがあるので、意味の取り様によりては此事がファシズムの疑を受くる理由とならぬこともない。

議会主義否認といふ代りに議会万能主義排斥といふ言葉を使ふ人がある。無産階級の運動が議会中心の政治運動に没頭し過ぎ労働組合の経済的培養を怠つたと思はれた時代に、この叫びは可なり重要な牽制的効果を現はした。之は議会政治の大改革を要求する意味で叫ばるる現制否認論と共に議会制度の根本的否認ではない。けれども若《も》し議会は到底政党と財閥の独占する処だから絶対に此制度を打破せざるべからずと云ふことになれば、玆に始めてファシズムに転向する危険を恐れなければならぬ。何となれば議会主義は其本質に於ては各種の言論の自由を尊重しその道義的競争の結果として優者に政権を托する制度であり、又斯かる趣旨を実現せしむるものとしては考へ得べき殆んど唯一の制度だとされて居るから(勿論改善の余地は多々あるが)、之を絶対に否認することの当然の帰結はクーデターに依る政権争奪の公認でなければならぬからである。誰れがクーデターをやると期待するのか。プロレタリアがやるのであれば共産主義になる、共産主義を真正面の敵とする国民社会主義が若しクーデターに依る政権争奪を支持するのだとすれば、それは必然にファシズムにならなければならない。ついでに云ふが、先きに共産主義の独裁主義を排撃した社会民主主義が国民主義と衣物を換へて同じ独裁主義に転ずるのは変なやうだけれども、之は本来お互に主義としての独裁に反対するのではなく、自分だけ勝手に振舞ひたいと云ふのだから、他方の勝手に振舞ふを許し難いと云ふ意味で自家の独裁を要求するは当然である。而して自分が勝手に振舞はんとする以上事実に於て他者のまた同じく勝手に振舞はんとするを阻止し得べくもないから、客観的に云へば政権の移動は遂に無政府的混沌状態に投げ込まれざるを得ず、偶〻権力を壟断《ろうだん》し得た一党の極度にして周到なる専制に依てのみ一時の小康が保たれるを常とするに至るのである。

併し今日の国民社会主義の提唱者は一体どの程度の議会制度否認を考へて居るのか。今のところ此点未だ十分はツきりして居ない。

*

議会否認論を仲介として国民社会主義を主張する一派と反動的社会主義派並に軍部との間に一種の連絡が生れたといふ事実も我々の緊密なる注意に値する。斯うした連絡が出来た結果、社会民主主義者の一部が急に国民社会主義と看板を塗替へたのだといふ説もあるが之は穿《うが》ち過ぎた流言であらう。兎に角右様の連絡の実在は今日公然の秘密として各方面に伝へられて居る。

反動的社会主義とは従来国家社会主義と呼ばれたものを指す。社会改造の方針として彼等は大体に於て一般社会主義の掲ぐる綱領を採用するが、肝腎の階級闘争並に国際連帯の戦術は拒否する。この点に於て純社会主義派からは裏切者と呪咀《じゆそ》されて居たのであるが、歴史伝統を尊重すると云ふ名義の下に民族主義を高調し又階級闘争の華々しさに代ふるに急進的専制を力説する点に於て、幾分国民社会主義の先駆を為すの趣があつた。而して今日の国民社会主義がこの一派と多少の連絡を有つといふことは、同時に我々をして国民社会主義が国家社会主義と抱合するのではないかと疑はしめる。国家社会主義は取も直さず現在の国家をして社会主義の綱領を実行せしめんとするものである。現在の国家には斯んな能がないといふのが従来の社会主義の立場であつた。従て国家社会主義は所謂社会主義派よりは無産階級の陣営に属せざる反動的立場に在るものとして全然除外されて居つた。それが今度社会主義派の一角と提携せんとして居るのである。彼方が階級対立論に降参して来たのでないとすれば、或は国家権力の奪還を先決問題とする社会主義在来の立場が国民社会主義の出現に依て吹き飛ばされてしまうのではあるまいか。此点も亦深甚の注意の向けられねばならぬ所である。

ついでに云つて置くが、無産政党にも根拠の明ならざる対立反目がある様に、国家社会主義の主張者間にも数派に分れて暗闘を続けて居る事実がある。而して其の全部が今日の国民社会主義の動きに合流して居るのでないことは言ふまでもない。

軍部と国民社会主義者との連絡の所由に就てはまだ厳秘に附されて居る部分が多く、流言蜚語を綜合して一応の描写を試み難からずとするもそはモ少し事情を明にした上で論評するを得策としよう。兎に角最近軍部の一角に、政治に多大の関心を寄せ更に其宿弊を打破し国家を頽廃より匡救《きようきゆう》するの目的を以て積極的行動に出でんとする一団を生じたことは周知の事実である。軍部は元来実際政治に関与せざるを特色として誇示して来た、この多年の伝統をすてて政界に我れから乗出さうと云ふのは能く〳〵の事である。何が軍部をして斯かる決意を為さしめたか。申すまでもなく政界の腐敗がそれである。尤も冷静に考へれば、明治時代の藩閥政治と大正以後の政党政治と何れが多く弊害を流したかは一個の疑問だと思ふけれども、世人が当初民衆本位の善政を期待して政党を迎へた丈け、彼等が国家を抛擲《ほうてき》して党利党略に没頭するに極度の憤慨を寄するは怪むに足らぬ。而して軍部の人達は之等の点を多く無産階級の論議に聞いたものと見へ、政党と同じ程度の反感を財閥にも寄せて居る。つまり既成政党と財閥とが現に国家を毒して居るといふのである。併し玆までは軍部の人ならずとも、無産党方面は勿論の事、心ある国民の一般に抱懐する所の不満であり、軍部の人も国民の一人として此種不満の表明に参加すると云ふは考へ得られぬことではない。が一歩を歩〔進〕めて単にこれ丈けの事情で積極的非常行動に出でようとまで決意したといふ段になると容易に首肯することは出来ぬ。之には何か外に直接軍部の利害に関係する重大な要素が伏在してゐたのではあるまいか。

斯くして私は最近の軍縮会議を聯想する、又倫敦《ロンドン》条約に関して起つた統帥権問題の紛争を聯想する。私は先きに軍部は永く政争に超然たることを誇りとしたと述べた。別天地の殊遇を受け専門に骨折つたお蔭で、我国の国防は今日現に見るが如き世界優秀なものに出来上つたのだ、この点我々は大に感謝するのであるが、同時にまた殊遇の地位に狃《な》れて専恣横暴に失するの譏《そしり》もなかつたのではないと思ふ。達観すれば功を功とし弊を弊として賞黜《しょうちゅつ》を明かにするは必要な事だけれども、不幸にして軍部の人達は概して大局を見るの明を欠くと云はれて居た。それはそれとして、自家の専恣を責むる相手方が政党者流であるとすれば、軍部の人達の承服を肯んぜざるにも無理がないといへる。突き詰めて考へたら軍縮其事には必ずしも反対でないのかも知れぬ、たゞ軍縮といふ大事が政党政治家の参加により、甚しきは其の主たる裁量に依て、決せらるるの危険に戦《おのの》かざるを得ないのであらう。若し夫れ統帥権の問題に至ては、表向きの論議には左したる極端論もなかつたけれど、世上には其の不合理を説くものが尠《すくな》くは無かつた。乃《すなわ》ち政界一般の空気は甚だ軍部に不利なのである。之を何とか始末せずんば国家は遂に安泰なるを得ずと思ひ込んだのではあるまいか。

もう一つ彼等は政党政治に対する広汎なる国民的不満の事実より推して、彼等の積極的進出が必ずしも時勢の要求と矛盾するものに非るを信じたのではあるまいか。軍部の人達と雖《いえど》も大衆の支持なくしては今日天下に大事を為し得ないことを知つて居る。既に精神的共鳴ありと考へて一種の決意を定め、一般大衆の支持を現実にせんとて無産政党の一角に渡りをつけたといふ者あるも強《あなが》ち無稽の推測ではないやうに思はれる。

国民社会主義と軍部と反動的国家社会主義との三派連携。之により近き将来に於て何事を期待せよと云ふのか。政治的には既成政党を打破する、経済的には大財閥を崩壊せしめる、新に強固なる権力を樹立してまがひもなき正真正銘の社会主義的政治を実行すると云ふ。プロレタリアの優位が引込んで代りにクーデターに依る政権獲得が登場する。果して然らば之は何の点でファシズムと区別さるべきものであらうか。

*

議会否認といふやうな説は実は我国無産論壇に於て新しいものではない。左翼の極端なる者は絶対的否認論をかざして一切の選挙に手を染めなかつた、否《しか》らざる者も議会を階級闘争の具に利用すると称し議会に出ても消極的に既成政党の仕事を妨害するに止むべしと主張して居つた。斯うした議論の幅を利かして居る中に、僅に右翼の社会民主主義者のみが孤塁を守つて議会協働の旗幟を推立ててゐた。始め右翼は単にこの理由だけで人気が無いのに焦慮したのであつたが、昨今は多年の経験の教ふる所に依り軽佻の空論を去り社会民主主義の下に健実なる結束を確立せんとするの傾向を示して居る。然るにこの一角からまた国民社会主義の提唱に連れて可なり徹底的な議会否認論が勃発しかけたのだから我々は驚いた。が考へて見れば、之にも実は相当の理由があるやうだ。

主たる理由は最近の数次の選挙の結果だ。抑《そもそ》も無産政党の議会進出は昭和三年の総選挙から始まる。普選最初の選挙として世人は無産政党の前途を祝しつゝ、猶未だ多くの収穫を期待しなかつた、従て挙げた結果には大抵満足の意を表し、更に一層の発展を次回の選挙に希望したのであつた。然るに昭和五年の総選挙は如何、更に翌六年の府県会議員の改選は如何。無産政党は何れも振はないが、中にも右翼の不成績は最も甚しい。局外の私共の立場から云へば之には種々の原因を挙ぐることが出来る。が右翼無産政党の指導者としては実際上天下に向つて最早義理にも議会政治結構でござるとは云へなくなつたのである。退いて彼等は一応考へたらしい、欠点は無産党自身にもある、主たる原因は政界財界の有力者が相結托して、或は法律的に或は警察的に巧妙なる方法を以て極力無産階級を伸びしめざらんとする点にある、如何に議会で堂々と争はんとしても出発点が斯んな風では手の下しやうがない。斯くして彼等は之等の不当取締乃至不当立法の排除に成功するまでを限り或る種の直接行動に出づるも已むを得ないと考ふるに至つた。議会で満足な協働をなし得るに至る迄の直接行動といふのではあるけれども、右翼穏健派の陣営内に直接行動論の萌《きざ》し始めたのは蓋《けだ》し右の如き事情に基くものと考へる。

議会否認論は昨今世界の流行だ、独り我国に於ける唱導を異とすべきでないと云ふ人がある。西洋の流行が我国に影響したと云ふ意味に於て此説は首肯される、が西洋に在て議会否認論を促したと同じ原因が我国にも活《はたら》いて居るのだと考ふるものあらば、それは恐らく間違ひであらう。

議会制度が立憲政治の精神を十分に発現し得ないと云ふ立場からの非難は昔からあつた。根本的に議会にその能がないと説くものもあつたが、多くは種々の改善を加ふることに依て理想に近付かしめ得べきを信じて居るやうだ。此意味の非難なら無論我国でも珍らしくない。たゞ西洋の場合と異るのは、彼に在ては実際政治家が卒先して改革の急を叫んで居るのに、我国では政治家の方は案外平気であり寧ろ改革をよろこばざるが多く、改善の論議は僅々一部の学者乃至操觚者《そうこしゃ》に委《まか》されて居ることである。

欧洲大戦後議会制度は彼方に於てまた別の意味に於て問題とされて居る。少し話は抽象的になるが、人事に於ては時として秩序を必要とすることあり又事功を急務とすることがある。一つの例を我が文官任用令に取らう。之が不純な猟官運動を封じ官界人事の移動に整然たる秩序を立つるの効あるは疑ない、けれども之は同時に適才を適処に配する為の自由簡抜を許さない、従て官界の空気を低迷せしめる恐れもある。各々一利一害あるが、平時に在ては秩序を大事にしても先づ大体に支障なく、たゞ一旦非常の時期に際会して事功を挙ぐる点に遺憾あるを認めねばならぬ。斯ふ云ふ次第で、欧洲大戦並に戦後の非常時となつて議会制度は国に依て堪へ難き桎梏と感ぜられるに至つたのだ。いづれは大勢の安定すると共に(いつの事か判らぬながら)議会制度は——無論幾多の改善に面目を一新して——政界の中枢機関として其地位を恢復しよう、たゞ現在のところは特定の事功を挙ぐるに急にして迂遠なる議会制度に倚《よ》り難いとする事情があるのである。ファシズムやボルシェヴィズムの西洋先進国に於ける擡頭はみな此観点から説明さるべきものであらう。欧洲二三の国に於て独裁政治が起つたからとて、議会主義の前途を本質的に悲観すべしとするは当らない。但し独裁政治の行はれて居る処では勿論の事、然らざる国に於ても議会制度の機能を批難する声の昨今頗る高いことは事実だ。之が我国に於ける議会否認論の流行を助けたことも亦認めねばなるまい。而して彼方に在てそは非常時に処して特殊の事功を挙ぐるに急なるの結果なのだが、我に在ては腐敗し切つた政党財閥の手から政権を取上げようと云ふに出発点を有する。其の根底に積極的の強味がないのも当然である。

*

国民社会主義は一個のイズムとして今のところ未だ浮動状態に在る、之が結局どんな所に落ち付くかを判定するにはもう少し時間の経過を必要とするらしい。只疑のないのは、この提唱に依て従来の社会主義理論の根底が揺撼《ようかん》され、従て近く再吟味時代が来るだらうと云ふことである。国民社会主義の名に頼つて聯想される所謂三派連携の非常運動に至ては、私は不幸にして之に多くを期待し得ない。満洲事変に関連して、由来対外問題に昂奮し易き国民大衆が目下軍部礼讃に傾いて居るのは事実だが、彼等に果して之等の大衆を組織して有力なる支持団体に作り上げるの技能ありやは大に疑はしい。国家社会主義者は殆んど問題にならず、国民社会主義派と雖も実は無産運動右翼の陣営に於て主たる本流を為すものではない。満洲事変に関連して言論の自由を欠く無産団体は、自らまた国民社会主義の論駁に於ても陰忍鋭鋒を蔵《おさ》めて居るかに見へるが、事実に於て国民社会主義がいろ〳〵の意味に於て無産陣営一般の同情に恵まれて居ないことは疑を容れぬ。一部の人はクーデターには主義として反対だが政界の腐敗が余りにひどいから一度軍部の力で洗掃して貰ふのも一案だと考へて居るとやら。或る有力な学者で今日まじめに国事を憂へて居るのは少数の有識志士と軍部の人達のみだから之等の人々の協力に依り一時の便法として非常手段を執るも已むを得まいと説いてゐる人もある。斯んな微温的な態度では心元ないが、下中弥三郎氏の新党樹立計劃の如きは事に依つたら前掲種類の有志を組織せんとするものかも知れない。華々しい門出にケチつけては済まないが、私一己の意見としては今のところ其前途に多大の希望を繫《か》けることは出来ない。

此時に当り社会民衆党と労農大衆党との間に合同の機運の動いて居ることは大に注目に値する。去年の労働倶楽部の成立に端を発し、労農大衆党は分裂を賭して戦線統一主義を精算した。斯くして最早指導精神に於て社会民衆党と対立する理由はなくなつた。所が社会民衆党の方が其一角に国民社会主義の提唱を見、それは社会民主主義と別物ではないなどと理窟を捏《こ》ねるものもあつたが、実際上労農大衆党の追ひ縋《すが》る手を振り放して飛んでもない方向に逃去る形のないでもなかつた。之が去年の暮社会民衆党内部でも問題となり、種々協議の上、指導精神の不変を宣明し、新に労農大衆党を誘つて反共産主義の新党組織を提案すべきことを内定した。一月十九・二十の両日に開かれる党大会に於て結局如何の決定を見るか分らないが、大勢は既に明かだ。外に国民社会党の創立を見ても、之に依て従来の右翼陣営に格別の動揺あるべしとも思はれぬ。之等の点はなほ静かに今後の経過に徴しよう。

〔『国家学会雑誌』一九三二年二月〕

日本学生運動史

第一　所謂学生運動について

今日学生運動といへば共産党運動の外には殆んどないやうである。歴とした党員であるのもありさうでないのもあるが、とにかく所謂《いわゆる》思想運動に関係あるの故を以て問題となつた程の学生は必らず共産党と何等かの連繋にあるといふのが現状である。そしてそれ等の学生は籍を置いただけで学校に出ないのが多く、而も彼等は何等かの方法を以てつねに学生一般の上に働きかけることを怠らず、その結果陰然として相当の潜勢力をもつて居るやうである。彼等の運動を全体として観れば最早「学生の運動」ではない。彼等の一緒にはたらく人達は必らずしも学界出身ではなく、彼等の甘んじて指揮を仰ぐ人の中には彼等と全然教養閲歴を異にする純労働者上りもある。その仕事の範囲に至つては特に学生なるが故にこれに関与するを便とされる類にとゞまらない。故に今日これを大観すれば「共産党運動」はあるが外に独立の「学生運動」はないと謂ふべきであらう。たゞ共産党運動には事実首脳部に多くのインテリ出身をもつて居るし、また智的要素を引込む源泉として学生界との密接なる連絡に苦心して居るところから学生界はつねに共産党運動に累され、従つて学生運動が問題にされるのである。共産党の首脳部も要するに学生出身だと誇張すればこれ亦学生運動に相違ないわけになるけれども、私は今日の学生運動をば共産党の指導統制下にある社会運動の一方面の指称に過ぎぬと考へて居る。厳格なる意味に於て学生生活を限界とする学生独自の運動と見ることは出来ないと思ふ。

併し右は最近の学生運動についていふのであつて、その起つた初期の運動は必らずしもさうではなかつた。学生が多数団結を組んで組織ある実際運動に活躍するやうになるのは欧洲大戦前後からであるが、間もなく彼等は学外の諸思想団体と進んで連絡を取るやうになつたけれども、暫くは学生闘士としての気魄を失はず、活動の舞台も主として学校部内に限られてゐたのである。それから世間のプロ運動の左右両翼の対立が尖鋭化して来ると、学生連の運動も自ら二つに分れんとする、否、大多数は挙《こぞ》つて左翼の陣営に走つた。先輩でも右翼から左翼に転ずるもの尠《すくな》からず、残つて居る右翼陣に後が続き来らず、斯くして学生の社会運動に投ずるものは今や滔々《とうとう》として左翼の陣をにぎはし、学生の矜持《きょうじ》を勇敢にすてて共産党首脳部の指令に一身をまかして居る有様である。

世間の父老はこれを以て学生の本分をあやまるものと憂惧する、官憲はまた治安維持法をふりかざしてその窘《きん》迫《ぱく》に一歩も仮借せざらんとする。学生たる間は傍眼《わきめ》をふらず学窓の課業に専念するのがその本分だとしても、当節の学生が少し位本分を逸脱することは大目に見てもい丶と思ふ、今日の学校は概して彼等の努めずして受くる所の刺戟に対して平素教誨《きょうかい》するところ甚だ貧弱だからである。併し共産党学生の如く、ブルジョア学校には何も学ぶべきものはないとの公式を楯に取つて全然教室を無視するのは面白くない。彼等の立場を正しいとすれば、彼等は本来学生として在籍する必要はないのである。それにも拘《かかわ》らず彼等がいつまでも籍をぬかず学外の実際運動には幾多の偽名を用ゐて累を学籍に及ぼさざらんとつとむるのは、学生といふ資格身分が自家の運動に便利且つ必要だからであらう。彼等の運動が学生運動でない如く、彼等自身も厳格にいへば学生ではないのである、学生たることを運動上の手段とする共産党員に過ぎないのだ。

以上の事実が、共産運動が学生界に深く根ざして居るが如く見えてその実案外に多数の同志を獲得して居ない理由であると思ふ。共産運動の目下のやり方は学生生活と両立しにくい。その勧説に接して大に共鳴し大に同感しても学生としての前途を棒にふつて共産運動に没頭するまでの決心がつかない。あいまいな態度を執らざるを得ざる所以《ゆえん》である。共産党の側でも近頃は運動の方針をかへたやうである。共産運動に没頭する有力なる闘士を拾ひあげることを学内運動の第一の目的とする点に変りはないが、この点を固執することが却て同情者を敬遠するの結果に了《おわ》るべきを顧慮し、もつと軽い負担で遠くから共産党を擁護する外廓をつくることを新しい仕事とするやうになつた、所謂シンパサイザアの獲得である。共産党から云へば見習生である。昨今この種の嫌疑で検挙せらるゝものの多いので世人は今なほ共産党に走る学生の頗る多数なるを想像するやうだが、実際はそれ程ではない。学生界に於ける共産運動はいづれかといへば昨今頽勢にあると云つてゐゝ。

たゞ注意すべきは、社会問題乃至社会運動に熱中するのあまり学窓を飛び出す学生ありとすればそは必らず左翼共産系に走ることである。例へば無産政党の分野について云へば、最近曾て国家社会党に走つたものあるを聞かない、社会大衆党辺へ走るものも極めて稀である。折々耳に入るのは非合法の潜行運動に入つたといふ話だけだ。それだけ共産主義は学生の思想の上にとにかく一種の勢力をもつて居る。政府の弾圧がなかつたら少くとも所謂シンパは学生界にもつと殖えるだらうと私は考へて居る。何故に共産主義は青年学生に斯くも不思議な魅力をもつて居るのか、大に考ふべき問題だと思ふ。

学生思想運動が共産運動と同心一体を為して居るのは或は昨今の特別なる現象かも分らない。政府は極力共産運動を殲滅《せんめつ》せんと馬力をかけて居る。強烈なる弾圧の結果にや学生界に於ける共産運動は少くとも量に於ては減退しつゝあるやうである。併しながら学生界に瀰漫《びまん》せる一般社会改造の熱意に至つては最早何ものの力を以ても抑圧することは出来まいと思ふ。これには無論由つて来るところもある、又斯くあつていゝとする理由もある。徒《いたず》らに外貌の矯激なるにおびえて青年意気の当然の発露を抑へてはなるまい。

第二　学生生活の今昔

今日の学生で所謂社会思想乃至社会運動に興味と関心とをもたないものは殆んどあるまい。これは昔の学生には見られない現象である。昔でも慈善的動機から時々思ひ出したやうに学業の余暇を割いて下層社会の福利の為に一臂の労をつくすと云ふやうな事はあつた。同じやうな事をやつて居る今日の学生に在つては、仮令《たとえ》仕事の外観が似て居ても、その動機や方法はこれとはまるで違ふ。彼等はこれを彼等の社会理想の実現の為の貴重なる仕事の一つとして且つその為の組織計劃の一環として、身命を賭するの熱心を以て従事して居るのである。根本の考の正しいか否か又その執るところの方法の適当かどうかは暫く措き、彼等が世間の所謂学生の本分とする学窓の勤学を棒に振つてまで一種の実際運動に最上の使命を見出すところに、私は現代学生生活の一特徴を認めるものである。

尤《もつと》も学生の十人が十人まで皆実際運動に没頭して居るといふのではない。大部分のものは矢張り学窓に留まり、よくよく思ひつめたもののみが実際運動に乗り出すのではあるが、学窓に留まる者と外に飛び出す者との間には常に一種密接の精神的共感があり、後者の一挙一動には絶えず前者が多大の関心を寄せてゐるのだから、或る意味に於て後者は前者の傾向的代表者と謂つてもいゝと思ふ。何かしら所謂社会運動の活動領域の中に一身を投ずるに足る使命を見出し得べしとの信念に至つては、殆んど全学生の通有するところである。これも昔にはない現象だ。

それよりも猶ほ著しく今日の学生を特徴づけるものは、その思索乃至、運動の基調である。一言にしていへばそれは現制に対する反逆といふことを出発点としてゐることである。彼等の主張する社会改造の方針は、現社会各方面の枢軸に蟠居《ばんきょ》する支配階級の立場と絶対に相容れない、従つて彼等は常に支配階級から凡ゆる手段を以て弾圧される。弾圧を物ともせず理想に邁進してやまないところに一面真剣なる志士的風貌を示して青年同輩の崇敬を買つて居る次第であるが、支配者の立場からすれば危険この上もない代物で、身分が学生だからとて最早容赦は出来かねるといふことにならざるを得ない。自分達の後継者だと観て親切に学生をいたはつた風の昨今大に薄らいだのは一つはこの為であらう。

青年が客気にかられて反逆行動に出たといふ事実は過去の歴史にもある。個々孤立の出来事は説くの必要もないが、やゝ纏つた形の一団の青年的行動としては、明治十六、七年代の自由党壮士の暴動を挙げることが出来る。爆弾その他の兇器を貯へ多数の同志を集めたと云つても大した事はないのだが、熱烈な理想に燃えてゐたところから、我れ一度び蹶起すれば天下到る処に響応するものあるに違ひないと盲信しつゝ、彼等は児戯に類する準備を以て無謀にも政府顚覆の革命決行をもくろんだのである。今日から見れば線香花火のやうなものに過ぎないのだけれども、当時に在つては同じ様な暴挙が諸方に頻発するのと、その頃封建の余習いまだ全く消えず割拠の勢も相当に強く中央政府の権威も思ふやうでなかつた等の事実に鑑《かんが》み、政府としては可なり神経をなやましたのであつた。而して今日でもこれは自由党の仕事とされて居るが、実は稀な一二の例外を除いて中堅以上の党内先輩は殆んど全く与《あずか》らず、多くは末派の青年壮士が寧《むし》ろ先輩の意に反してやつた事なのである。いづれにしても青年が自発的にやつた事には相違ない。唯ここに注意しておきたいのは、正規の学生は殆んど一人もこれ等の暴動に参加してゐないことである。この頃は無論学生といふ階級は斯うした実際行動とは縁のない存在だつたのである。

こゝに私の学生といふのはたゞの読書生といふ意味ではない。読書生即ち学生とすれば、明治十六、七年代の反逆青年も多くは一種の学生に相違ない。この頃各地の自由党員が民智開導を表看板にして学塾を開き、青年壮士を集めて文武両道の練習を施し、以て陰に実力を以て官憲の弾圧に対抗するの気勢を示した。文武といつても主として練磨せるは撃剣であり、何よりも物騒なのは密かに道場に武器爆弾等を集めたことであつた。斯んな事をしたから騎虎の勢ひ暴動の勃発にもなつたのであるが、併しはたらいた青年壮士は頗る真剣であつた。而して彼等は籍を仮装学塾に置くものの、実は真の意味での学生ではないのである。

*

危険な反逆運動でも明治十六、七年代の場合のやうな青年の一味に操縦されて居る間はまだ安心だ、如何に行動に真剣なものがあつても要するに彼等は軽佻なる世情に動かされたものに過ぎず、自分の内部生命に根ざす独自の理論と信念とを有《も》つてゐないからである。独自の理論と信念とを欠いてさう真剣になれる筈はあるまいと疑ふ人もあらんが、必らずしもさうではない。今日でも右傾団の人の中には国家の為などと鹿爪らしく説けば無批判に盲従して命を惜まず突進するといふやうなのがある。何が国家の為になるか、そんな面倒な事は分らない、考へて見る興味もない、たゞ国家のために命をすてることが最高の道徳だと思ひ込んで、何か自分をして国家最高の忠臣たらしむる機会はないかと頻りに死に場所を探し廻る。命を惜まぬといふのだから真剣の程は察するにあまりあるが、それで国家が幾分でも利するか否かは別問題である。斯んな気風の案外に盛んなのは、一つには封建道徳の惰勢の助長するところではないかと私は考へて居る。封建時代に在つては一切の方針は君主上長がきめる、その地位にあらざるものがこれを批判しこれに容喙《ようかい》することは秩序紊乱《びんらん》の大罪として厳罰を科せられる、臣下の分としては命を賭けてたゞ与へられた命令に邁進すればいゝ、イザ鎌倉といへばすぐ諸肌《もろはだ》をぬいで危険に身をさらすのである。見た眼には勇壮極まりないが、さてそれが実のところ命を棄てるだけの価値ある仕事なのか如何は一切不問に附されて居る。斯く云ふ無内容の真剣は今日でも一部の人から国家主義第一の美徳とされて居るのだから、それが封建制度の形式的破壊を距るの遠からざる明治十六、七年代に盛んであつたことは怪しむに足るまい。但だこの真剣は内部よりこれを育くむ生命に繫がつてゐないから長続きがせぬ。床の間の生花の如く、外部の水の刺戟だけでは日に日に勢もよわり早晩死滅の運命を免れない。だからこの種の青年の操縦する反逆運動には、一時的には人命の傷害・財物の破壊等に怖るべき結果を生ずることはあるも、全体としては国家社会の秩序の上に何等異常の障害を来すべき因子をふくんではゐない。

今日の学生になると問題は少し違つて来る。多少の虚栄心は彼等の動きを軽佻ならしめることはある、だが斯うして動いた彼等の運動は持久性を欠き、彼等自身の素質も優れてゐないのを常とするから同輩に対する感化力も乏しい。併し学生の実際運動にうごくのを一から十まで流行を追ふ思慮なき行動だと速断するのは当らない。一つには時勢も違ふ。今日の学生は昔の学生のやうにぼんやりしてゐない、素質のいゝ優れた学生ほど外界の与ふる刺戟を敏感に受けていろいろと心をなやますのである。彼等の性情は本来純真だ、一旦斯うと思ひつめたら容易に動かない。こゝに昨今の学生運動の問題の見逃せない重要な一面があるのだ。その外彼等は複雑なる利害関係に捲き込まれてゐるのでなし、支配階級に対して求むるの念も比較的に薄いから、手軽にいろいろな実践に組織され易い境遇にある。労働者なども最も組織されやすい階級であるが、工場を異にして働く者の間の連絡になるとむづかしくなる。広い範囲にわたりて強く繫がる組織ある団体といへば学生のそれを随一とする、少くとも学生または学生出身が鉄筋の役目を取りて要所々々に入り込んで居なければ、我国の広汎なる組織的社会運動は不可能だと思はれる。果して然らば学生は今日実に我国の社会運動に於て極めて重要なる役割をもつものと云はなければならない、従つてまた学生は社会運動の方からも大に歓迎せられて居るといふ事情にもある。

*

今日の学生がやゝもすれば走らんとする社会的反逆運動には昔の学生は全く無縁の存在であつたと私は述べた。何故昔の学生はこれ等の運動と没交渉であつたのか、これを説くはまた一面に於て今日の学生がなぜ社会運動に関心するに至つたかの他の一面を明かにする助けともならうかと考へる。

何を差措いても私は往時の学校といふものの性質に御注意を願ひたいと思ふ。普通教育の学校までを入れると問題は複雑になるが、青壮年の収容を目的とする学校は公私立を通じて概して当時の支配階級の目前に需要する人材を急造する工場であつたのだ。王政維新と共に万般の制度文物は急変した、これをどう処理するかは昔流の学問をしたものには皆目分らない。国民の大多数は無学文盲である。僅かに存する読書階級の智識では実地の用に役立たぬので、福沢先生の如きは所謂実学の急要を説き、差当り洋語を学び盛んに翻訳書を読めと奨めて居る。明治初期の役人中裁判官には暫くの間漢学者でも間に合つたやうだ、そは当年の刑法法典たる「新律綱領幷改訂〔定〕律例」の字句が頗る難解を極め俗人には何の事やら判らなかつたからである。その外の政務に就ては内外に威容を示さんとしてどしどし改革はする、さて改革してどう運用すべきかに迷はざるを得ない。泥棒を捉まへて縄を綯《な》ふやうの始末ではあるが、或時は俄《にわか》に大官を外国に急派して調査せしめたこともある、後には多く御雇外国人顧問の意見を徴するが、同時にこれ等顧問の力をかりて速成の学校を建てる、それでも間に合はないので政府は少しでも洋書の読めるものを集めて外国制度の翻訳に当らせる。私立の洋語学校の諸方に簇生《そうせい》せるは猫も杓子も洋語を弄《もてあそ》ぶ時勢の賜でもあるが、一つにはまた右様事情の結果でもある。当時民間の事業は未だ盛ならず、万事の大きな施設経営は政府に集中されたので、学校出の人材はみな政府に採用される、中にも官立の学校は政府の最も頼みとするところであつた。故に官立学校はその実に於て全く官吏養成所であつたのである。自然科学を履修したものも大抵は政府の技術官となつた。医者だけはすぐ大まうけが出来るので開業するものもあつたが、矢張り多数は月給取りを希望した。文科は全部が教員と役人、法科は極めて少数の代言人（今の弁護士）となつたものもあるが十中九分九厘までは官界に入つた。折角卒業しても官吏にならなければ身の始末がつかなかつたのでもある。尤も官界ではこれ等の卒業生を今や遅しと待ちかまへて居る、就職難なんどいふことは夢にもない。学生は真に当年の支配階級の寵児であつたのだ。さうした学生社会に反逆の考の起りやうのないのは当然ではないか。

それに当年の学生の勤学の目標といふものを考へると更に思ひ半ばに過ぐるものがある。彼等のひとしく目指すところは政府顕要の地位であつた。皆々大臣参議になれるわけでは勿論ないが、大臣参議を同類と心得て彼等の気位は頗る高かつた。相当の俸給を呉れるい、地位を目指して勉強するといふ点は今日の学生とても同じ事だ。たゞ今日の学生の目指すところは独り官界に限らず銀行会社其他各方面に亙つて居る、それにしても大きな組織を頼んで生活の保障をそこに求めようとする点は今も昔も変りはない。けれども「地位」は少く「人」は多いといふ昨今の時勢だ、到底望みは遂げられないと観念して自力で運命を開拓するものも出て来れば、更に一歩を進めて斯んな不都合な社会を改造してもつと棲み心地のい、世の中を作らうと奮進するものも輩出する。斯く犠牲献身の活躍に一身を投ずるものの動機に対しては私も固《もと》より多大の敬意を払ふに吝《やぶさ》かでない。たゞ一般的の観察としては、学校を卒業して容易に相当の地位にありつき得た時代には、斯ういふ種類の学生は到底見られなかつたと思ふのである。明治初年の学生の理想は新支配階級たることに在つた。生活は十分に保障される、衣食の事に汲々たる必要なくして天下を経綸し民人を支配するの地位に立つ。封建時代の教養から十分ぬけきらぬ当年の秀才に取つてこれ以上に心をひきつけらるゝ職業はない筈だ。往時の士族は時勢に落伍してもう駄目だ、支配者の地位は新しい学問をした我々に依つて充されねばならぬ、即ち彼等が新支配階級を以て任じた所以である。彼等が斯く任ずる一方、既に支配者の地位に立つものは、昔の政治家が所謂士を愛し士を養つたといふ様な伝統的情誼を以て学生に臨まんとする。それに仕事は殖える、人手が足りない、幾らやつて来ても地位が塞がらないと云ふのだから、よくよくの木偶《でく》漢にあらざる限り、当時の学生は卒業とともに必らずその処を得、とにかく一応はその境遇に何等の不平がなかつたのである。

当時の学生でも時に規律を犯して上長に反抗したといふやうな事はある。併しそれは今日の学生運動に見る如き既成秩序に対する本質的反抗ではない。賄《まかない》征伐と云つたやうな他愛もないもので、謂はば上長の寵に狎《な》れた青年のいたづらに過ぎない。やがて事は談笑の間に解決し、時として長期の停学などを課せられるものもあつたが、結局これ等の人も後にはそれぞれ材能《さいのう》に応じて政府に採用され相当に立身出世して居る。今日の左傾学生が一たび馬脚をあらはすと終生日蔭者にをはらざるを得ないのとは同日の談でない。

要するに昔の学生は当時の既成組織とは一体をなして緊密に相結んで居つたのである。従つて卒業生は殆んど例外なく官吏となつた。政府の方からいへば官吏に引上げる為の学校であり、学生の方からいへば政府につとめるのが当然の義務であつたのだ。一二例外として仕官せないものはあつても、公然政府に反抗するといふやうな事はなかつた。されば明治十五年高田早苗氏等数名の帝大卒業生が政府仕官の勧誘を斥《しりぞ》け大隈重信の傘下に走つて改進党の結成に参劃したのを見て、朝野愕然として一大衝動を感じたのは怪しむに足らぬことであつた。

高田早苗氏は小川為次郎といふ人の紹介で小野梓と識り、その識見学殖に傾倒して更に学友市島謙吉・砂川雄俊・山田喜之助・山田一郎・岡山兼吉・天野為之等を誘ひ、遂には日曜毎に向島の小野邸に会合し主人を指導者として当時流行の憲法研究会をつくつた、これ即ち鷗渡会の名を以て知らるゝものである。十四年七月かの北海道開拓使官有物払下事件のやかましくなるや、鷗渡会の連中も黙つて居らず、自然大隈系の論議に同情して政府反対の態度を執つた。この年十月に政変あり、大隈重信の退官と共にその一統は袂《たもと》を連ねて官界を去つた、会計検査院一等検査官小野梓もその一人であつた。やがてこれらの人々の間に政党組織の相談がある。政党としては既に板垣退助をいたゞく自由党がある、十四年秋の結成であるが、これは主として民間矯激の有志を中心とするものであり、永く官界の粟《ぞく》を食《は》み官僚臭の脱けきらない大隈一党は固よりこれと一緒になるわけに行かず、そこで更に穏健分子をかり集めて改進党を作ることになるのである。その結成は四月であるが、纏つた団体で参加したものとしては嚶鳴社・東洋議政会・鷗渡会の三つが数へられるが、高田早苗氏は即ち小野梓を頭目にいたゞく鷗渡会の一首脳であつたのである。

　高田氏等に当時政府反逆のはつきりした意識があつたかどうかは分らない。併し少くとも折角これまで政府に世話になりながら今更外に行くのは済まないナといふ位の軽い寂しさは感じたらうと想ふ。それ程に当時の社会では帝国大学を政府の私有物視してゐたのである。政府としても、外に逃げられては遺憾でもあるが又面目にかゝはると憤慨したことであらう、特に彼等が政党に走つたといふことについては云ふべからざる不快を覚えたやうである。改進党は実質に於て自由党より万事はるかに穏健である、従つて政府でも自由党ほど嫌悪してはゐない、それだけに自由党と改進党とは共同の敵たる藩閥を前にして見苦しい喧嘩に浮身をやつした、それを利用して政府は漁夫の利を占めるといふやうな事もあつて、或る意味に於ては改進党の創成は政府の政党牽制策に便したとも云へる。併し何れにしても改進党の根本的に標榜するところは藩閥政府と絶対に相容れない、政府自身が節を改めて政党内閣主義を執らざる限り、穏健なる改進党といへども政府に取つては油断の出来ぬ一敵国である。その敵国政党へ政府の育て児が馳せ参じたのだから吃驚《びつくり》したのである。飼犬に手をかまれたと云はうか、一時政府の内部には文政当局の責任問題も起りかけたといふ噂もある。いろいろ物議の種となつたことは当時の新聞を見てもわかるが、よく注意して見ると、それ等の議論や報道の底には、つねに明かに大学卒業生は必らず官吏になるべきものとの予断が横つて居るのである。

大学と政府との関係は明治十九年渡辺洪基が総長になつてから一層深まつた。渡辺の伊藤博文の命をうけ特に大学総長の任についた主たる使命は、学生を政府の要求するやうな型に作りあげ、卒業後これを各方面の要所に配りて国民指導の任に当らしめようといふに在る。学生から云ふと、お上の云ふ通りに学業を勉強すれば将来は楽に飯が食へる、前途は即ち洋々たる希望の光明あるのみだ。別に不平があるのに利害の打算からこれを我慢したのではない、大家の坊ちやんに貧乏人の事がわからないやうに、社会の欠陥も何も恵まれ過ぎた彼等には皆目見えなかつたのである。

私は主として官立大学の学生について話して来たが、私立の学校とても同じことだ。明治もずうつと古くは官学至つて振はず、慶応義塾には無論のこと、其他所々方々の私塾にも押され気味であつた。明治十五、六年代に至り官立大学も漸く整頓し、慶応義塾と相並んで群小私塾を圧倒する勢になつたが、当時慶応義塾は福沢先生の考で卒業生のはけ口をひとり官界にのみ求めなかつた、否官界に衣食するを屑《いさぎよし》とせざるの気風を奨励したのだが、それでも官吏となつたものが相当に多かつた。外には実業界・操觚《そうこ》界・教育界等に人材を供給し、時勢が時勢とて就職難といふことは先づなかつた。帝大の方は挙つて官界に行く、それでも需要はみたし切れない。世間は日進月歩だ、人材の要求はますます切迫する。斯ういふ要求に促されて新に私立学校といふものが起つたのである。尤も個々の学校について一々創立の動機を訊せば一様ではない、有識浪人の救済のために小《ささ》やかな学塾を試みたのが元だといふやうなものもあらう。併し単にそれだけの理由なら折角始めても永続きする理由がない、永く続いて今日に発展し来れるところを見ると、何等かその存続を支へる社会的理由がなくてはならない。これを私は人材要求といふ点に見出さうといふのである。それかあらぬか法律関係の方だけをいふと、今日の諸私立大学は略《ほ》ぼ創立の年代を同じうして居る。例へば早稲田大学の前身たる東京専門学校は明治十五年十月の創立、中央大学の前身たる英吉利《イギリス》法律学校(それが東京法学院となり中央大学となる)は十八年の創立だが、三菱商業学校の後をうけた明治義塾まで遡《さかのぼ》ると十四年になる。明治大学の前身たる明治法律学校は十四年一月の創立、法政大学の前身たる和仏法律学校の名は二十一年[二]に与へられたが改称前の東京法学校は十四年五月の設立である(尤もこれは十二年二月の私立東京法学社まで遡らすことも出来る)。

私学には就職の必要なき田舎の富有階級の子弟も入つて来た。一般学生は行政官・司法官を志したものもあるが弁護士・新聞記者・会社員・教師となつたものが多い。学生の方から云へばこれ等の職業にありつけるのでこれ等の学校に集り来るのであるが、社会が官立大学を以て足れりとせずこれ等私学の創設を促し、果ては国家を動かして諸種の特典をこれに附与せしむるに至る所以のものは、矢張り人材要求の気運が根柢を為すからではあるまいか。して見れば私学といへどもあまり就職難に苦しむことはなかつたわけである。尤も私学は後に段々企業化して無制限に入学生を迎へたのと、又事実官学ほど政府筋の直接間接の好意がないので、就職難の避くべからざる嵐が吹きはじめると真先きにその襲来に悩まねばならなかつたのは致方がない、従つて学生の思想運動といふ観点から云つても、私学の方は官学に比し余程早くから醞醸《うんじょう》してゐたやうではある。

第三　学生生活に於ける過渡時代

さて右述べたやうな恵まれたる学生生活は幾変転して今日の就職難時代になるのであるが、それは或る時期に於て急に変つたものではない、何だか形勢が変りさうで而もまだ過去の伝統因襲がうごいてゐると云ふ時期も相当にながく続いたやうに思ふ。これを私は過渡期と呼んでおく。何時《いつ》頃から何時頃までとはつきり定めかねるが、私自身の大学生時代の如きは正にその期の中心ではなかつたかと、今日になつて感ぜられる。

この点を明かにするには却て私自身の経験を語つた方が適切かも判らない。私の東京帝大を卒業したのは明治三十七年で、同期卒業生は百四、五十名あつたが、就職し損つたものは一人もなかつたと思ふ。会社はいや、銀行は日本銀行か正金銀行なら行く、官省でも大蔵内務以外は成る丈け御免を蒙りたい、今の鉄道省の前身で鉄道作業局と云つたか鉄道庁と云つたかは不面目だから外にいゝ場所がない時の事にするなどと贅沢をいふ。秀才は引張凧《ひっぱりだこ》で、今の枢府翰長二上兵治君・日電社長池尾芳蔵君・故人となつた元内務次官堀田貢君の如きは、通り相場の俸給を一階段飛び超え所謂プレミアム附で買はれて往《い》つた。私などは故ありて仕官の念を断つて居つたが、頻りに大蔵省から誘はれたことを覚えて居る。卒業前に何等かの運動をするといふことは絶対にない、卒業式が済めば役所で月給が自分達を待つて居り、其の上秋の文官試験まで月給を貰ひ乍《なが》ら休まして呉れる。政府の学生を優遇する到れり尽せるものがあつた。

さう云ふと丁度その頃が学生生活の黄金時代のやうに思はれるが、必らずしもさうではないと思ふ。私の卒業した前後は日露戦争などもあつて一時急に景気の膨脹したといふ事情もあるが、日清戦争と日露戦争との間には、政府部内に於て所謂人材の飽和を感じた幾年かがあつたと思はれる。段々人材も一杯になつた、さうさう無限には採用できぬ、と云つて大学を卒業した者に政府の登竜門を故なく閉ざすわけに行かぬ。意識してかせずしてか、卒業生をして就職に迷はしむるといふ考は全然政府者にはなかつたのである。卒業生は従来の伝統を重んじて必らず採用する、併しさう沢山来られては困る。この考は両立しない、その矛盾をどうして解決したか。

斯うした要求は既に日清戦争以前にも感ぜられたと見え、政府は高等文官試験といふ関所を設けた。大学で学力を証明して卒業さした者を更に国家が試験を再びするとは怪しからぬと、大学の権威を笠に着て争つて見たけれども通らなかつた。併し文官試験の関門では就職を求むる者を十分にふせぎ切れない。不幸試験に合格せずしても、終生判任官で甘んずる人は依然その職に留まることが出来るからである。故に有効に役人たらんとする者を制限するには文官試験以前に淘汰の道を講ぜなくてはならない。而も卒業証書を提示する者には何等かの地位を拒むわけには行かぬ。是に於て政府は大学に向ひ、この頃の学生の素質は著しく低下したと云ひ出した。正直な大学当局はこれを真つ正直にうけて俄に試験の採点を厳重にした。法科が三年制なりしを四年制となし、各学年毎の試験の外に最後に卒業試験を別に課することにしたのもその頃の事である。

斯くして学生は試験でどしどしふるひ落された。年に依つて甚しきは過半数の落第を見たこともある。一年生から卒業まで入学生の幾パーセントが無事に出て行くか分らない。私どもの這入《はい》つた頃には四、五年も原級に停滞してゐるといふのがさまで珍らしくなかつた。当時博文館発行の『太陽』は唯一の高級評論雑誌であつたが、それの三十二、三年頃のどの号かに、帝大某教授が落第生を出し過ぎるといふ世上の非難に答へた長論文が載つてゐたやうに記憶する。これ亦試験淘汰の如何に峻烈であつたかの一面を語るものであらう。日露戦争等のお蔭で幾らかこの要求は緩和されたのではあるが、私共の学生時代を回想して見ても、試験はなかなか辛《つ》らかつた、採点も馬鹿に厳しかつた。体の丈夫でないものは法科にはいるなといふ忠告は相当理由のあることだと思つた。私は或る寄宿舎に居つたが、褌《ふんどし》一つの丸裸に頭に氷嚢《ひょうのう》を戴いて勉強に余念なきは法科生に限ることであつた(当時試験は六月に行はれた)。この時私どもに固よりさうと気付くべき道理もなかつたが、今から振りかへつて考へると、これぞ正しく段々就職難時代に推し移る最初の萌《きざ》しであつたのである。

＊

しづかに過去の歴史をふりかへると、政府が大学を督励して人材の養成につとめた頃は、一方外国にも研究員を出してはゐたが、差当りの急務は外国顧問を聘《へい》して諮詢《しじゅん》して居つた。法政の方面で最も有名で又最も効績のあつたのは仏人ボアソナード、独人ルスレルであらう。政治行政上の事については殊に独人の貢献が著しく、外にモッセ、ルドルフ等の名が挙げられる。これ等の人達は大抵二十五年頃には雇を解いて帰つてしまふのであるが、それは一つには諸制度も着々整備したのにもよるが、又一つには日本自身の開発の結果が外国人のこの上の助力を不要としたからでもある。例へば穂積陳重・梅謙次郎・富井政章・岡野敬次郎などいふ人を揃へれば法典編纂をボアソナードやルスレルに頼まなくても出来る、その外の事でも新帰朝の大学教授を使へば結構事が運ぶ。大学教授をかりて来るまでもなく、政府部内にも例へば若槻礼次郎・水野錬太郎・平沼騏一郎・鈴木喜三郎といつたやうな抜群の俊才がだんだん頭をもたげて来る。これ等の俊才と大学教授とを協力せしむることに依つて、先づ政府は外国顧問の手引から離れることが出来たのであつた。

これを第一段としてやがて次の段階に入り、政府部内の人材の活躍に依つて今度は大学教授の協力を必要とせない時代が来る。恰度《ちょうど》私の大学に入つた明治三十三年がその境目になるのではないかと思ふ。その頃已に教授であつた人は、或は某々省の勅任参事官であり又は法制局長官であり枢密院書記官であつた。無論兼官であつて、大学教授を本職としてゐたから講義だけは規定通りする。それでも今日は閣議がありますからとて講義半ばでさツさとお抱車《かかえぐるま》で帰つてしまふ人もあつた。さうでなくても政府の仕事が忙しいので学生と親しむ暇がない。所で教授が皆々さうかと云ふに、不思議にその頃欧洲留学から帰つて新に教授に任ぜられた人達は、全然政府と関係のないのが常であつた。学科の性質上まるで実際政治に関係のないのは別問題として、政治行政といつた方面の専門家でも、新任の教授は概して政府と関係を有たなかつたのである。即ち古い教授は従来の行掛り上なほ関係を絶たなかつたが(それもその頃から漸次関係を絶つやうになつた)、政府としては最早この上大学教授の助力を必要とせざるに至つたのである。これは固より当然の順序ではあるが、学生の思想生活の上にはやがて陰然大きな影響を与へることになるのである。

　右のやうな変遷の結果第一に注意せねばならぬのは、大学教授の境遇が少くとも政府に対する関係に於て自由になつたといふことである。彼等の境遇には遠巻きに彼等の自由思索を限制する幾多の因子があつたと観るのは正しい。中にも最も大きな且つ有力な因子は彼等自身が政府閥族の一類であつた事であらう。従つて識らず識らずの間に御用学者としての役目を完全につとめてゐたのである。政府の立場なりその政策なりを外部から批判するなどいふ余裕はあり得ない。それが今度は全然自由になつたといふのである。尤も路傍の人と云つた風にまるで縁が切れたといふのではない。積極的にも消極的にも政府より何等の拘束を受くることなく、比較的自由の立場におかれたといふのである。或る人はこれを残念に思つたかも知れない、又斯うした境遇を十二分に利用しなかつた人もあつたらう。併しこの頃教授に新任し政府と特殊の関係を有たなかつた人で従来には珍らしい程の自由主義の学説を唱へた少壮学者の多かつたことは事実である。一々その名を挙ぐるを避くるが、中には勇敢に政府の立場を非難する人もあり、又は先輩の御用学者の公認学説に対し堂々攻撃の鋒先を向ける人もあつた。さうでなくても講壇に一種清新の風気をたゞよはし、心ある学生に異常の感化を与へたことは疑ない事実である。

　これ等の新任教授は従来の多忙な先輩と違つて、新に余分の時間を割いて課外講義または演習を開いたのみならず、自宅に於ても会合の機会をつくつて屢〻《しばしば》学生と接近することにつとめた。それ自身結構な事ではあるが、学生に取りて何物にも換へがたい利益は、朧気《おぼろげ》ながら自由討究の意味を感得させられたことである。

　今から考へるとをかしいやうだが、その頃の学生は教授の難解らしい講義を形式的に頭の中につめ込めばよかつたのである。それをさへ一生懸命につとめれば、卒業もでき官吏にもなれる。こゝに一つ注意せねばならぬことは、当時政治家の頭には、日本は封建の余習未だ去らずして各地の慣行も区々定まりなく、一々これに聞いて居ては帰着するところを見出しがたいから、よく理路にたゞしこれがよからうと見定めのついたところを採つて全国劃一的に強行するに若《し》くはないと云ふ考があつた。明治の初年には時の司法卿江藤新平の発議により、仏国民法を訳してその儘日本民法たらしめんとしたことがある。少々誤訳があつても構はないと邦訳の完成をいそがせた程、政治家達は上の方から国民の生活統制の規範を与へんと焦つたのである。後ち民法と刑法とを仏人ボアソナードに、商法を独人ルスレルに起草せしめたのもこの主意に基くものであらう。二十年代にいたり所謂歴史法学派なるものも漸く頭を擡《もた》げ、かの有名な法典実施延期の問題の紛糾した際も、法律は国民生活上の実際の慣行を参酌して制定せられざるべからずとの意見が勝を制して延期に決定したのではあるが、しかしそれも能く考へて見ると、法典編纂の方針に関する問題であつて、斯くして慎重につくられた法典は矢張り国民生活の上に文字通りに強行さるべきものだとする考は変らなかつたと思ふ。即ち我々が法律を学ぶ、国民生活をこの型に入れるのだとして、代診が大先生の処方箋を暗誦するやうに一生懸命に暗誦はするが、これで果して病気がなほるかなほらないかの大事な点は高閣に束《つか》ねて顧みない。ひとり法律ばかりではない、経済の事にしてもさうだ。企業の形式にしろ、金融の組織にしろ、昔になかつた全く新規の施設だから、唯々驚嘆あるのみで、今後は無理にもこの式でやつて行つて富国強兵の実をあげようといふのである。すべての学問の性質がそんな風だから、学生としては教はつたことを丹念に記憶すればいゝ、世の中に出ては学び得たところを強制すればいゝ。それでは困ると不平をいふ奴があれば、不平をいふ奴がわるいのであるとする。つまり一定の著物《きもの》を作り与へ、大小に拘らずすべての人にその著用を強制するやうなものである。批判的態度といふものは別に禁物だつたわけではないが、その頃の学生には全然必要がなかつたのである。

ところが斯う云ふ時代はさう長くつゞくものではない。人には大小肥瘦いろいろの格好がある。万人同型の著物を与へられていつまでも不満を叫ばずにはゐない。やがてこれでは困ると内部からも不平が出る、それではいけまいと外部の批判も起るだらう。西洋でも恰度その頃社会科学方面における自由批判が盛になるのだが、我国に於ても過去の施設にいろいろの欠陥あることが暴露され、客観的状勢がまさに自由批判を迎ふるに適するやうになつて居つた。新進教授と学生との接近が一種自由思索の空気を学界に誘ひ出さんとしたのも丁度この時であつた。

*

その頃の学生の新しい動きにつき一つ今日でも私の眼に残つて居る著しい現象は、さう沢山の人の間にではないが、時務の研究といふことが流行し出したことである。目ざめかけた頭から判断すれば、無味乾燥の教室の講義には満足出来ない、これも大事ではあらうが、もう少し実社会との接触面を知つておきたい。これが時務研究を標榜する団体の簇出せる理由であらう。これ〔に〕ついては早稲田慶応あたりの私学の学生諸君が先鞭をつけたやうだ。中には教師の指導に依るのもある。帝大でもこの頃から課外の学生の研究を指導せる教師もあつたが、孰《いず》れも純学術的のもので実際問題に触れるのは寧ろ学問の神聖をけがすものなるかに考ふる人が多かつたやうだ。概していへば講義のノートと首つ引きするが精一杯で「時務」といふが如き俗事には関係せぬといふ風であつた。それが段々選挙問題がどうの、朝鮮との関係がどうのと、真面目に頭をなやますやうになつたのだから、時勢の進みは恐しいと思ふのである。

時勢の研究は自らますます自由批判の鋒先を鋭くする。第一に鎗玉にあがるのは目の前の御用学者の学説であるが、やがては一般の政治機構や社会組織にも不満をもつやうになる。それでも彼等は不平不満の極現政府の粟《ぞく》を食《は》まずなどと、伯夷叔斉《はくいしゆくせい》を気取るまでにはいたらない。卒業すればやはり政府の誘に応じて又は我から多少の運動を試みて官吏となる。官吏となつて何年か過ぐると、当年の意気頓《とみ》に銷磨《しようま》して純然たる専制官僚閥の走狗となり了るものも尠くはない。

そこで私の考では、学界の様子が段々と変り大に自由批判の風気が大に勢を加へても、就職難の関門がさう高くなかつたなら学生達の反逆行動はまだ起らなかつたと思ふ。昔の様に従順でないかも知れないが、結局に於て御し易いと思はれる。然るに人材に対する需要と供給の関係は前述ぶる通りだ。政府の方はだんだん飽和する。開明の進むと共に高等教育に志す青年は年毎にふえる。試験で手加減するやうな事では追つ付かなくなつた。戦争並にこれに続く好景気は幾分緩和の効果を示したが、大勢は争はれない、明治の末期に至つては政府も遂に卒業生は必ず採用するといふ看板を撤せねばならなくなつた。尤もこれは文字に書いた看板ではない、歴史に伝統する明治初年来の不文律だから、黙つて居ても手加減一つで知らぬ顔するに妨げない。いづれにしてもさうなると学生に取つて就職難の煩悶は覿面《てきめん》だ。

尤も学生は最近に於ては官吏ばかりねらつたのではない、銀行会社の実業界にもよろこんで飛び込んだ。日清戦争以前は一般産業界いまだ甚だ振はず、碌《ろく》な月給も貰へぬからとて秀才は官界の外に勤めることをいやがつた。其後収入の点から云へば実業界の方が遥にいゝとて、一旦官界に入り相当のところまで昇つた者までが実業界に転身するをよろこぶやうになつた。今日は官庁も実業界も学生のひとしく身を投ぜんことを冀《こいねが》ふ場所であるが、人材の需要供給を支配する関係は両者に於て大体同一であり、官界で門を閉ざすやうになると共に実業界の門戸もだんだん狭くなる、殊に実業界は不景気の直接影響として門戸を狭くするの必要が官庁よりも一層切迫なるを常とするが故に、学生の就職問題に付いては格別痛烈に影響する。いづれにしても明治末期以来学生は従来の恵まれたる夢よりさめ、卒業しての後の身の振り方に今から苦悶せねばならぬ境遇に立つこととなつた。

折角卒業して先きがどうなるか分らない、教壇の講義を後生大事に聴問するのが馬鹿々々しくなる。人はこれに付いて講義そのものに責任があるといふ、課目の排列も時勢にふさはしくないといふ。それもあらう。それよりも我々の注意すべきは学生の多数が従来の型通りの就職口を求め得ざるを観念して行くべき道をあれかこれかと想定し、そこに必要とさるべき智識に憧がれることである。彼等の中には新聞社会に投ぜんとするものがある、所謂新聞研究が各大学を通じ昨今大に隆盛を極むる所以である。併し概していふに彼等は頗る純真である、どうせ生活難と闘つて世の中を渡らねばならないのなら、大に意義ある仕事に没頭しよう、今日最も有意義にして識者から案外に等閑に附せられて居るのは、云ふまでもなくプロレタリアの福利増進に関する問題である。青年学生の眼光が自らこの方面に閃《ひらめ》いてそこに多大の魅惑を感ずるのは已むを得ない。これが時節柄適当のところで留まり得ないのは残念だけれども、斯ういふ傾向を辿《たど》り来るの当然なるは如上の叙述をまつまでもなく明白であらう。

第四　デモクラシー時代

明治の末期から大正の始めにかけての学生は、無意識的にもだんだんに変つて来た自家の新しい境遇に対して自ら新しい立場をつくり上げなければならなかつた。時あだかも世上一般は啓蒙的反省の時期に入り各方面に於て自由解放が叫ばれる。社会公共の問題に関する方面に於てデモクラシーの思潮の起るは当然であり、学生の多数が期せずしてこれに共鳴せるも亦あやしむを須《もち》ゐない。この意味で当時最も青年学生を啓発した人は浮田和民氏であつた。氏は早稲田大学に教鞭をふるふ外、当時唯一の高級評論雑誌たる『太陽』に拠《よ》り毎号長編の時評を載せて文明社会建設の規道を示してゐた。必らずしも『太陽』と限らないが、浮田氏と並んで横井時雄・姉崎正治諸氏の労も認めねばならない。諸学校の講壇の方は新聞雑誌の場合のやうに派手に世間の眼にはうつらないがこの頃から清新闊達の演述に聴講学生の感銘をそゝるものの多かつたことも疑なき事実である。たゞその初め学生は、これ等先輩の教説を痛快とし又大にこれに共鳴はしたものの、更に一歩を進めてそこから何か一つの意義ある新運動を起すといふやうなところまでは進んでゐなかつた。彼等は現代社会の欠陥を教はつた、支配階級にこれを革《あらた》めんとする誠意なく表面はともかく実際に於ては却て改革の意見を嫌ひその実行を極力阻止しつゝある事情を知つた。斯ういふ状態の下に如何にして改革の実を挙ぐべきか、それはまだ十分に判らない。たゞ改革をば理を非に枉《ま》げても妨げんとする支配階級の態度には極度の反感を感ぜずには居れなかつた。だから学校の教壇に在つても進歩的傾向の講義には過当の共鳴を感じ少しでも反動的立場に拠るそれは無条件に嫌忌するといふ有様であつた。斯ういふ見地から両大学の教授諸氏を漫罵した五来欣造君の『東西両京の大学』(「斬馬剣禅」の名を以てはじめ明治三十六年二月二十五日から同年八月七日まで読売新聞に連載され、後ち翌三十七年一月単行本として公刊さる)が一時洛陽の紙価を高からしめたのもこの為である。

尤も彼等はたゞ野次馬的に共鳴共感を安価に投げ飛ばしたのではない。当然の順序として彼等の間に如何に改革すべきか又如何にして改革を実行すべきかの研究熱が起りかけてゐた。先きにも述べた時務研究会といふやうなものもだんだん盛んになつたのであるが、もツと突き進んだ実生活と交渉のある問題を取扱つて見たいといふのが新に起つた研究会の変つた態度であつた。この類の研究会には教授の指導によるものもあつた。早稲田大学では大正六、七年頃以来大山郁夫君や北沢新次郎君などがこの方面で大分力をつくされたと聞いて居る。私も帝大で正課の外に学習といふ名義で有志学生との共同研究会を開いてゐたが、参加学生七、八十名に及びいつも活気ある討論とまじめな研究調査で終始してゐた。その元気のいゝところから推すと、今にも事があつたら街頭に繰出しさうな勢ひではあつたが、それでも暫くは純然たる研究団体たるの面目を失はなかつた。これがいよいよ街頭に出るやうになるのは「新人会」の創立からである。而して新人会の創立が私の浪人会立会演説一件に刺戟されたことも世間云ふ通りであらう。

私の関知する限り新人会創立以前すでに街頭進出に志した帝大学生は二人ある。麻生久君と棚橋小虎君とである。一日両君は打連れて私の茅屋をたゝき、労働運動に身を投ぜんとの決意を告げ友愛会長鈴木文治君への紹介を求められた。両君の詳しく述べた志望には敬服したのであるが、当時の友愛会が実は大資本家界の巨頭就中《なかんずく》渋沢子爵等の人道的温情主義に頼りて辛うじて存立する組合であり、又当時としては斯かる不得要領なものでなければ労働組合として存立するを許されざる状況でもあつたので、私は両君の如き純情の士は折角這入つても忽ち失望を感ずるだらうと思ひ、また友愛会としてもいま斯ういふ純真情熱の人に掻き廻はされては迷惑だらうと察し、如何いふ理窟をこねたか今記憶はないが、とにかく頻りに両君の自重を求めたのであつた。両君は私の老婆心を諒としつゝ強ひて私に紹介の書面を認《したた》めさせて鈴木君と数回の会見を遂げた。その結果帝大卒業と同時に両君は友愛会の人となつたのである。帝大出身の鈴木文治君が友愛会の創立者であることに付ては亦少しく別様の観察を要するが、帝大卒業生として直接労働運動に身を投じたのは麻生・棚橋両君を以て始めとしていゝ。しかも決意は学生時代になされたのだ。これを以て両君は少くとも帝大学生に関する限り所謂学生運動の陳勝呉広と謂ふべきである。

*

学生運動勃興の端をなすものは新人会の創立であり、その新人会の創立は私自身に関係ある浪人会立会演説事件に関する旨を先きにも述べた。すべてこの辺からの事は学友菊川忠雄君の名著『学生社会運動史』(昭和六年十月中央公論社発行)に詳しい。こゝにはたゞ同書中の一二の誤謬を訂正する意味に於て簡単に事の経過だけを述べて置かう。

大正七年秋私は『中央公論』時評欄に言論に対する私的制裁の横行を難ずといふやうな題の小篇を載せた。浪人会関係の某氏が大阪中之島に於て朝日社長村山竜平翁に残酷な私刑を加へたといふ報道に憤慨して物した社会的制裁濫用糾弾論である。当時大阪朝日新聞社は一種の筆禍事件に引掛り官憲から悪質執拗の弾圧をうけ、鳥居素川・長谷川如是閑・大山郁夫諸君の退社となり、それでも足らずと民間反動団体の王座を占むる浪人会は国体擁護を看板として大阪朝日社の撲滅に兼ぬるに一般進歩主義思想の排撃を旗幟として全国的猛運動を開展して居つた。私の小論文は極めてあつさり書いたのであつたが、その運動に文句をつけたといふので早速彼の人達の指目するところとなつたのであるが、私の外最初三宅雪嶺・姉崎正治両先生の処へも糾問委員を派するとか派したとかの噂があつたから、これを好機とし更に手をひろげて所謂自由主義の陣営を全然一掃する意図であつたかも判らない。はじめ伊藤松雄・小川運平・佐々木安五郎・田中弘之の四君の帝大研究室に来訪された時は生憎《あいにく》不在で面会できなかつたが、一両日おいての午後あらためて山上会議室でお目に掛り、主として佐々木氏から取消謝罪を求められた。応ぜなかつたので、それでは根本的に見解の相違があるのだからそれを第三者の公平な批判に訴へようとて彼方から立会演説案を出されたのである。これには私は困惑した。さういふ事に慣れもせず根が臆病だから公衆の面前で散々やり込められる醜態の終幕が目に見えるやうで怖い。そこで大に考へ抜いた末、私から会衆を四十人と限り双方から二十人宛の学界操觚界知名の士を立会に願ふこと、会場を学士会とし静かに事理を討議することの別案を出した。何時まで返事するといふ約束のもとに其日は分れた。約束の日を二、三日過ぎて先方から神田南明倶楽部で公会の立会演説をしたいといふ申込に接した。話が少し違ふと思つたがまた掛引を重ねるも面倒と思ひ、会の進行に関する二、三の条件を提議し、その承諾を得て立会演説となつたのである。それは十月の中旬であつたと思ふ。前後四時間ばかり続いたやうだつた。司会は葛生能久氏、向側の弁士は伊藤松雄・小川運平・佐々木安五郎・田中弘之の順序で、その一人が演じをはる毎に私も起つて弁明するといふやり方であつた。開会前控室に入つてあらためて紹介された中に内田良平・福本日南両氏を憶えて居る、菊川君の本に途中寺尾博士が出たやうにあるがあれは内田氏の間違である。寺尾先生は浪人会には関係がない。当時実は支那第三革命の対策に関し妙なイキサツがあつて、寺尾先生は頭山翁とともに寧ろ浪人会とは相容れぬ立場に在つた。猶ほこの時の内田良平氏の所述は作為虚飾なき率直の告白であつたので、大へん満堂の同情を買ひ、聴衆中に「君だけは流石《さすが》に男だ!」と叫ぶものがあつた。最後の田中舎身居士の演説半ばに控室に私を呼んで妥協を提議し、無事散会の為の声明書を書いて示されたのは福本日南氏である。

私に取つては単にこれ丈けの事件であるが、これが青年学生界に意外な衝動を与へたことは菊川君の本にも書いてある通りだつたやうだ。その中でも見逃してならない事件は二つある。一つは黎明会の、もう一つは新人会の創立である。

黎明会は大正七年十二月に創立され故福田徳三博士と私とを中心とし普ねく同志の学者を網羅した自由主義擁護の共同戦線団である。これに付ては私が先年改造社の『社会科学辞典』に書いたのがある。学生運動に直接の関係がないから詳しい事はその方にゆづる。これは福田博士と親しい関係にある中外社の内藤民治、学生界の進歩分子と関係深き大鐙閣の面家荘佶並に私と親しい中央公論社の滝田哲太郎の三君の奔走に成るもので、こゝまで話を運ぶには故大庭柯公君の尽力また啻《ただ》ならざるものがあつた。大庭君の尽力の蔭には所謂社会主義団体の糸を引くものが無かつたかとの疑がある。社会主義団体は前々から弾圧され通しであつたが、殊に大逆事件(明治四十三年)以来は手も足も出ず全く暗黒裡に呻吟するの外なかつた、而も時勢はだんだん変つて来る、ロシアの革命も成功する(大正六年)、世界の形勢は日に日に彼等に有利に開展するが、日本では昔の著物の儘ではまだ世間に出られない、誰れかに別の衣裳を借りたいと懊悩して居る最中である。そこへ浪人会事件などいふが起つて馬鹿正直な教授学生がいきり出したと見た。是れ幸ひと渡りをつけ学界の寵児達を第一線に押し立てて徐《おもむ》ろに再起の工夫をめぐらさうと云ふのが、社会主義者一部の間に談合されたのではなかつたらうか。浪人会立会事件当日の朝に私は某氏を通じてその方の筋と見るべき団体から或種の交渉をうけたことがある。これも右計劃の一つかと、後で邪推したのであつた。孰れにしても右様の魂胆は四谷見付三河屋楼上に於ける私と大庭君との打合せの席上でも仄《ほの》めかされた。実際周旋の労を執つた内藤・面家・滝田の三君(後には面家・滝田の両君が主となる)は、併し乍ら大庭君の傀儡《かいらい》にはならなかつた。自分銘々の考でさつさと事務的に事を運んだ。この事につき熱心なのは勿論福田博士である。私は元来の内気もの故たゞ皆に押されて犬馬の労を取つたに過ぎぬ。いよいよ福田博士と最後の申合せをするとき、彼は私に率直に云つた。(一)君のお蔭で反動団体は一寸鳴りを鎮めた形だけれども、これには官憲の見えざる援助もあつてなかなか根強いものと観なければならない。そこでせめて君が闘ひ取つた第一線だけは我々共同の力で防衛せなければならない。この意味で黎明会をつくらう。(二)私恩を売るのではないが、斯くして同時にとかく物議にのぼる君の一身を擁護し得るといふ点に僕は格別の熱情を感ずる。(三)社会主義者の連中は我々を第一線に立て自分達はその蔭の安全地帯にかくれて将来の計を為さんとして居るやうに見える。大庭君の勧誘も彼の仲間の指令に基いて来たのかも分らない。現に同君を通じて某々数氏の熱心な入会申込もある。併し彼等を迎ふるはまだその時期でない、徒らに官憲に不当弾圧の口実を与ふるは愚だ。だからこれ等札附きの社会主義者の入会は断乎拒否することにしよう。(四)尤もいつまでも斯んな啓蒙運動に没頭するのは本意でない、やがてもう少し運動の分化を必要とする時代が来るだらう。その時は黎明会の目的を達成した時でまた同時に自ら解消すべき時である。いつか分らないが十年ならずして来ると思ふ、その時は未練なくやめることにしたい云々。これは福田博士と私との申合せであるが、この黎明会はこの主意を誠実に貫いたことは世間でも認めるところである。但し解消の時期は意外に早く到来し、初次の国際労働会議の労働代表問題に関して会員中に尖鋭なる対立を生じ終に隔意なき協議を遂げた上大正九年の夏解散したのであつた。

以上述べたうち私は社会主義団体の働きかけの一項に読者の格別なる注意を願つておきたい。

新人会も大正七年十二月の創立である。これに付ては世間に随分言ひふらされても居るが、私の関する限りの事をいへば、或る意味に於てこれは私の指導して居つた研究会の転進したものである。当時私は普通選挙制度の綜合的研究を題目とし各自に項目を分担せしめて広汎なる調査を試みんとしてゐた。この研究会には当時の帝大法学部政治科の秀才は殆んど漏れなく参加してゐたと謂つていゝ。研究半ばにして浪人会事件が起つた、学生の若い血は躍つた。彼等は学生としての使命に目ざめ、何がな学内に風雲を捲き起さんとする気配を示した。心中多分の壮快を感じたが、例の消極的性分から私は結局対外運動はまだ速いと考へた。そこでもう少し勉強しろ勉強しろと絶えずブレーキをかけたのである。蔭で学生は、流石に私を露骨に悪罵はしなかつたらしいが、先生は体が弱いから強い音が出ないんだなどと笑つたさうである。斯くして彼等の間に議は熟し、新人会創立の一切の御膳立をしてから、私には御義理一片の報告をしたに過ぎなかつた。報告に来たのは赤松克麿・宮崎竜介・石渡春雄の三君であつたと思ふ。小寒い晩秋の暮れ方であつた。私は前々の行掛り上学生諸君の斯かる運動に入ることに不賛成なる旨を述べたが、心中では前途を祝福するの情を催ほしたのであつた。世間には新人会は私の勧めに依りて成り少くとも当初は私の指導に依りて盛んになつたと伝はつて居るけれども、事実は全く相違して居る。局外から同情を寄せて多少の便宜をはかつてやつたことはある、運動の本質的な部分には私は何の関係も持たない。加之《しかのみならず》二、三年も過ぎて新人会が左傾すると、今度私等までを排撃の槍玉にあげるやうになる。何れにしても新人会は時代に目ざめた学生の自発的の発企になつたもので、教師だの先輩などに相談して出来たものではない。それに秀才揃ひであつたから他人に相談する必要もなかつたのであらう、またこれには二、三複雑なる理由もあるが、初めから成るたけ先輩に頼らずやつて往かうと云ふ方針でもあつたやうである。

第五　学生運動と社会主義運動との協合

新人会が起ると相前後して早稲田にも例へば「民人同盟会」とか「建設者同盟」とかいふやうな同種の団体が起つた。やはり時勢の影響である。而して新人会はこれ等の団体に刺戟されたことも事実であるが、それよりも彼等に影響を与へた方が大きい。要するに所謂学生運動は新人会の誕生を以てエポックを新にするものである。

併し学生運動は社会主義に依りて魂を吹き込まれるまでは、どんなにその運動に熱を帯びて来ても、要するにお上品な有閑階級の高踏的蠢動《しゆんどう》に過ぎなかつた。学生も知見を広め視野を拡大するに連れて何時までも同じ処に留まるものではなかつたが、公然奮躍して社会主義にまで進出するには実は当時の社会状勢が許さなかつた。少くとも欧洲大戦勃発後の世界風潮の激変の影響をうくるまでは、日本に於て社会主義を云々することは頗る困難であつたのだ。

日本で社会主義といふものは明治初年来悪魔の如く云ひならされて来た、どんなものか判らずに唯不都合なものと一般に受取られて来た。こゝに多少の疑を起して真面目にこれを研究しようと志した若干の同志の集会はやつと二十年頃から始まるやうである。三十年代にはこれを社会的運動に具現しようとの企ても起つた。併し先きにも述べた様に、これ等の研究及び運動には学生は全然関係してゐない。謂はば支配階級の寵児たる学生社会は社会主義などに耳傾くるを必要としない階級であつたのである。されば帝大出身にして已に多少の令名を学界に馳せてゐた法学士河上肇君が千山万水楼主人の名を以て明治三十八年読売新聞紙上に「社会主義評論」を出したのは、或る意味に於て季節外れの産物であつた。あの時あれだけの議論を試みて大学の講壇を無遠慮に難詰した河上君の卓見には、私の今に敬服措く能はざる所、而して翌年一月単行本として公刊された『社会主義評論』は少くとも歴史的に貴重な一文献だと思ふけれども、当時の学生界には教授攻撃の鋭鋒を痛快がるだけであつて議論の本質たる社会主義に共鳴するものは殆んどなかつたのである。河上君が社会主義の先覚者として同志の間に重きを為すに至つたのは大正中期からの事であつて、明治末期には君を嗣《つ》ぐものは出て来なかつた様である。それ程社会主義は当時の社会から喰はず嫌ひされてゐたのである。

　その中に大逆事件(四十三年)となる。社会主義はますます評判がわるくなる。各大学の図書館に対し、社会主義の書物をかくし学生の閲覧に公開するなとの内命が下つたのもこの頃の事である。大正三、四年にいたり自由主義の擡頭につれ余程言論の取締りが寛大になつても、公然たる社会主義の講述はまだ許されなかつた。私が六、七年頃と記憶するが或る宗教団体の主催せる小さやかな公開講演会で社会主義の話をしようとしたら、早速官憲の故障にあひ、百方交渉の結果、演題を「社会主義の誤りと社会主義に就ての誤り」と改むることに依りて辛うじて許されたことがある。当日数名の警官が臨検して講演の全部を詳細筆記して帰つたことは言ふまでもない。

　そんな風な社会状勢の下に於て学生界が社会主義に接近するの容易ならざりしは想像にあまりある。併し純真なる学生、しかもいろいろな方面から強い刺戟をうけ社会主義の教説を受容するばかりに頭の準備の出来て居る学生が、何かしら機会があれば一朝にして豁然《かつぜん》として覚る所あり忽ち非常な熱意を以てこれに走るべきことも予見し得る事柄であつた。それに前にも述べたやうに、社会主義団体の方では頻りに学生界の方に目をつける、こゝに活動力の新源泉を見出さんと狙つて居る。斯くして欧洲大戦後二者の融合はもはや時の問題であつたと云つてい丶状勢となつた。

二者はやがて結びついた。何れから働き掛けたかは問題でない。たゞ私共は大正九年八月五日結成された「日本社会主義同盟」を新しい意味の学生社会運動の出発点として記憶するの必要がある。

附言 私は学生運動史の前奏曲を略述するにとゞめた。いよいよこれから学生運動の歴史が展開するのであるが、それは本文中にも述べた菊川忠雄君の『学生社会運動史』に能く書かれてある。この本ある以上別に私が新に書く必要がないのである。菊川君は学生運動史中の人物だ、この種の本の著者として最も適任である。その前史とも観るべき部分に至つては或は私の方が同君よりも幾らか能く知つて居るかも知れない。僭越ではあるが、私のこの稿を菊川君の著の序説のやうなつもりで読んでいたゞきたい。

猶ほ学生思想運動沿革については文部省から出したのもあるが、これはいさゝか杜撰《ずさん》の嫌があると思ふ。

〔『岩波講座　教育科学』一九三二年一二月刊〕

初出及び再録一覧

〔標題の下の数字は本巻収録ページ〕

米騒動に対する一考察　3

『中央公論』一九一八年九月（小特集「暴動事件の批判」）

のち『社会改造運動に於ける新人の使命』（文化生活研究会出版部、一九二〇年）および『吉野作造博士民主主義論集五　社会問題及び社会運動』（新紀元社、一九四七年）に収録。『新人の使命』に収録のさい題名を「民衆運動としての米騒動」に改め、次の小見出しが付された。「一　米騒動は何で起つたか／二　民衆運動の題目の変遷／三　此頃の民衆運動／四　従来の政府の怠慢／五　米騒動の教訓」。また「一」の冒頭に数行の書き足しがあるほか、「仲小路農相の訓辞の如きは白々しく事実を糊塗するの甚だしいものであつて、之を読んで予輩は言ふべからざる不快を感じた。民衆も恐らく却て反感を激成したかも知れない」のくだりを削除するなどの修訂が行われた。

民衆運動対策　8

『中央公論』一九一八年一〇月

のち『社会改造運動に於ける新人の使命』（前掲）および『社会問題及び社会運動』（前掲）に収録。『新人の使命』に収録のさい、次の小見出しが付された。「一　救済施設の無効／二　訓練の機会を与へよ／三　選挙権の拡張」。

青年学生覚醒の新機運　12

『中央公論』一九一九年一月

過激思想対策　16

『中央公論』一九一九年五月（小特集「世界的大勢力たらんとする過激思想対応策」）

のち『社会改造運動に於ける新人の使命』（前掲）および『社会問題及び社会運動』（前掲）に収録。『新人の使命』に収録のさい題名を「過激思想対応策」に改め、次の小見出しが付された。「一　過激思想とは何ぞや／二　労働者の支配／三　直接行動／四　国際主義／五　非国家主義／六　その対応策」。なお、何ヶ所か圏点（○ △ 、など）が付され、字句の若干の修訂が行われた。

労働不安の世界的流行に覚醒《めざめ》よ　24

『中央公論』一九一九年七月

のち『社会改造運動に於ける新人の使命』（前掲）および『社会問題及び社会運動』（前掲）に収録。『新人の使命』に収録のさい題名を「労働問題の世界的性質」と改め、次の小見出しが付された。「一 労働不安の伝播／二 労働運動の世界的性質／三 世界的協働の新趨勢」。

労働運動の人道主義的指導 29

『中央公論』一九一九年七月（臨時増刊「労働問題」号）

のち『社会改造運動に於ける新人の使命』（前掲）および『社会問題及び社会運動』（前掲）に収録。『新人の使命』に収録のさい、次の小見出しが付された。「一 功利的道徳観に傷けられざる自然の本性／二 労働問題と人道主義／三 労働者の独立団結権と階級闘争／四 驚嘆に値する白耳義の労働運動／五 従来の労働運動の反人道的傾向／六 労働運動者としての必要なる資格」。

労働運動に於ける政治否認説を排す 39

『中央公論』一九一九年八月

のち『社会改造運動に於ける新人の使命』（前掲）および『社会問題及び社会運動』（前掲）に収録。『新人の使命』に収録のさい題名を「労働運動と政治否認説」と改め、次の小見出しが付された。「一 政治問題より経済問題へ／二 政治否認説の起因／三 今日の政治学／四 今日の政治／五 我等の進むべき途」。なお、何ヶ所か圏点（○ △ 、）が付された。

労働代表としての高野博士の選定について 46

『中央公論』一九一九年一〇月

治安警察法適用の問題 50

『中央公論』一九一九年一〇月

労働運動に対する予の態度 53

『中央公論』一九一九年一一月

のち『社会改造運動に於ける新人の使命』（前掲）および『社会問題及び社会運動』（前掲）に、前掲「労働運動の人道主義的指導」の「七 補遺」として収録。

日本社会主義者同盟 58

『中央公論』一九二〇年九月

のち『社会改造運動に於ける新人の使命』（前掲）および『社会問題及び社会運動』（前掲）に収録。『新人の使命』に収録のさい冒頭部分に若干の字句の修訂が行われた。

権利の主張と実行の責任 61

『中央公論』一九二〇年一〇月「巻頭言」

我国労働運動の一大欠陥 63

『中央公論』一九二一年七月

プロレタリアートの専制的傾向に対する知識階級の感想 66

『中央公論』一九二一年九月（小特集「プロレタリアートの専制的傾向に対するインテリゲンツィアの偽らざる感想」）

神戸労働争議の側面観 72

『中央公論』一九二一年九月

労働運動と所謂外部の煽動　82
『中央公論』一九二一年九月

如何にして今後の労働問題に処すべき　84
『中央公論』一九二二年四月「巻頭言」

過激社会運動取締法案を難ず　87
『中央公論』一九二二年四月
のち『斯く信じ斯く語る』(主張と閑談第三輯、文化生活研究会、一九二四年)に収録。
なお、文中に部落差別にかかわる語が比喩的に使われている箇所があるが、本選集の文献的性格から原文のまま収録した。

現今労働運動に対する私の立場　96
『文化生活』一九二二年四月
のち『斯く信じ斯く語る』(前掲)に収録。

我国労働組合の対政治思想の近況　103
『中央公論』一九二三年一月

我国に於ける唯物論者の三傾向　110
『文化生活』一九二三年三月
のち『問題と解決』(主張と閑談第五輯、文化生活研究会、一九二六年)に収録。このとき文末に若干の字句の修訂が行われた。

水平運動の勃興　120
『中央公論』一九二三年四月

「極右」「極左」共に謬想　128
『中央公論』一九二三年四月(小特集「極左極右排斥論」)

両者の正しい関係と間違つた関係　133
『中央公論』一九二三年六月(夏季増刊「知識階級と無産階級」号。小特集「知識階級と無産階級の相互抱合論」、本選集ではこれをサブ・タイトルとした。)

早稲田の騒動に顕はれた反動思想の擡頭　138
『解放』一九二三年七月

学園の自由と臨検捜査　147
『中央公論』一九二三年七月(小特集「共産党結社嫌疑検挙事件の厳正批判」)

『国際労働会議と日本』序文に代へて　152
『国際労働会議と日本』一九二四年四月一五日刊(朝日新聞社、浅利順四郎・関口泰共著)
のち『公人の常識』(主張と閑談第四輯、文化生活研究会、一九二五年)に収録。このとき題名を「国際労働問題——『国際労働会議と日本』序——」と改め、次の小見出しが付された。「労働問題の国際的特質／労働対策決定の必要／所謂赤化脅威に就て／赤化宣伝対抗策」。

失職者問題と思想善導問題　158
『中央公論』一九二五年一月「巻頭言」

無産政党問題に対する吾人の態度　161
『中央公論』一九二五年一〇月（署名「野古川生」）
のち『現代政治講話』（文化生活研究会、一九二六年）に収録。ついで『日本無産政党論』（一元社、一九二九年）に「無産政党問題に対する私の態度」と改題して巻頭に収録。『吉野作造評論集』（岡義武編、岩波文庫、一九七五年）に原題で収録。

無産政党問題追記　168
『中央公論』一九二五年一〇月（署名「野古川生」）
のち『現代政治講話』（前掲）および『日本無産政党論』（前掲）の「無産政党問題に対する吾人（私）の態度」（前掲）の末尾に「追加二則」と題して収録。

労働組合法制定の最大難関　170
『中央公論』一九二五年一一月（署名「野古川生」）
のち『現代政治講話』（前掲）に収録。

共同戦線論を評す　173
『中央公論』一九二五年一一月（署名「野古川生」）
のち『現代政治講話』（前掲）、『日本無産政党論』（前掲）に収録。『日本無産政党論』所収にさいし、本文はそのままだが最後の小見出し「共同戦線論の最近の運命」が削除された。

学生間に於ける社会科学研究の問題　177
『中央公論』一九二五年一二月「巻頭言」
のち『公人の常識』（前掲）に収録。

単一無産政党の前途　180
『中央公論』一九二五年一二月（署名「野古川生」）
のち『現代政治講話』（前掲）、『日本無産政党論』（前掲）に収録。

学園の自由と警察の干渉　189
『中央公論』一九二六年一月「小題雑感数則」のうち。
のち『日本無産政党論』（前掲）に収録。

農民労働党の禁止　192
『中央公論』一九二六年一月「小題雑感数則」のうち。
のち『日本無産政党論』（前掲）に収録。

労働農民党に対する希望　194
『中央公論』一九二六年四月
のち『日本無産政党論』（前掲）に「労働農民党の成立及之に対する希望」と改題して収録。

思想は思想を以て戦ふべしといふ意味　203
『中央公論』一九二六年五月
のち『問題と解決』（前掲）に収録。また『古川余影』（川原次吉郎編集発行、一九三三年）に「思想は思想を以つて」と改題して収録。

英国炭坑争議と我国小作問題　207

『中央公論』一九二六年七月
のち『古い政治の新しい観方』(文化生活研究会、一九二七年)に収録。

学生大検挙に絡まる諸問題 212
『中央公論』一九二六年一〇月
のち『日本無産政党論』(前掲)に収録。

無産階級の陣営に於ける内部闘争 225
『中央公論』一九二七年二月
のち『日本無産政党論』(前掲)に収録。

無産政党の無力 229
『中央公論』一九二七年九月
のち『日本無産政党論』(前掲)に収録。

無産諸政党は近き将来に共同戦線を張るだらうか 232
『中央公論』一九二七年一一月
のち『日本無産政党論』(前掲)に「無産諸政党は近き将来に於て共同戦線を張るだらうか」と改題して収録。

無産党議員に対する国民の期待 237
『中央公論』一九二八年四月「巻頭言」
のち『日本無産政党論』(前掲)に収録。

無産党の対議会策 239
『中央公論』一九二八年五月
のち『日本無産政党論』(前掲)に収録。

起り得る四五の問題についての私見 248
『中央公論』一九二八年五月(小特集「共産党検挙と労農党解散」事件」、本選集ではこれをサブ・タイトルとした。)
のち『日本無産政党論』(前掲)に「三月十五日事件に関し起り得る四五の問題についての私見」と改題して収録。

大学に対する思想弾圧 256
『中央公論』一九二八年六月
のち『日本無産政党論』(前掲)に収録。

合同問題側面観 263
『中央公論』一九二八年一一月
のち『日本無産政党論』(前掲)に収録。

無産党合同論の先決問題 270
『中央公論』一九二八年一二月
のち『日本無産政党論』(前掲)に収録。

国民社会主義運動の史的検討 279
『国家学会雑誌』一九三二年二月

日本学生運動史 290
『岩波講座　教育科学』(第一五冊)一九三二年一二月二〇日刊

〈解説〉社会運動の臨床診断

今井清一

はじめに

長谷川如是閑は「吉野作造博士と彼れの時代」で、次のように吉野作造を位置付けている。大正年代の半ばに発展した「日本のブルジョア政治は、そこでは一方において、自己の資本主義的機構の完成のために封建形態を清算する急迫の必要を感じ、他方において、同時に尖鋭化されて来た階級闘争に対して、資本主義の自己修正を余儀なくされることを感じなければならないのであったが、前者が比較的明確に当時の政治意識に上った割に、後者においては茫漠たるものであった」。そのため「彼れらのデモクラシーの意識は……資本主義政治の最終の到達点たる社会民主主義との妥協の傾向には触れ得なかった」。こうした大正時代の政治の欠陥を充たしたのが、吉野を前衛の一人とするデモクラシーの政治理論家で、デモクラシーが「プロレタリア運動との有機的関連において進展するものであるという認識の下に、社会主義運動や労働運動と歩調を合せたものであった」。吉野は「理論においても、厳重にデモクラットの限界を守っていた」が、吉野らにとっては、「政治の「観念」よりは、政治の現実がその関心であった」。「氏が労働団体や労働政党に顧問として働かねばならぬ責任を感じたのも、そうした現実政治への実践的効果を期待してのことであって、必ずしもプロレタリア運動を目標としてのそれであったとは思われないのであった。氏の関心はどこまでも当面の現実政治であった」と。

だがデモクラットの道も多難であった。日本の政党は米騒動の後にようやく政権の座についたが、デモクラットが期待したように、民衆の権利を認めてこれを政党政治の中に取り込もうとはしなかった。普選運動も成果をあげず、労働運動が擡頭すると、政府は露骨な弾圧にのりだし、その発達を妨げた。封建的な特権勢力を支える政治機構の改革も不徹底であった。ロシア革命とソ連の影響が東アジアに広がり、日本でも共産主義運動が発足すると、政府は新たな治安立法の制定に乗り出し、特権勢力などの反動的な動きも活発になった。デモクラットはジャーナリズムと結んで普選・軍縮・社会改革などを民衆に訴えた。一九二三年の関東大震災の前後になると産業と労働の発達に国際的圧力も加わって、政府も労働運動を無視できなくなり、国際労働会議の労働代表の選出を労働組合の選挙によるなど、体制の中にとりこむようになった。大震災の下で労働運動家や社会主義者が権力に加えて民衆の攻撃にもさらされると、労働運動の主流は議会政策や改良的政策を利用して合法的な活動分野を広げる方向へと進んだが、他方では資本主義の変革を求めて大衆を階級闘争に結集しようとする左派も勢力を伸ばし、無産階級運動の分裂が始まった。そうしたなかで男子普通選挙法がようやく成立するが、それは治安維持法との抱き合わせであった。成立したばかりの無産政党はブルジョア民主主義を推進する任務も負わされたが、警察は厳しい監視の目を光らせ、共産主義の影響が見られると容赦なく弾圧の鞭をふるい、尖鋭化した学生社会主義運動は治安維持法適用の小手調べとされた。既成政党は普選の実施をおそれて、妥協と泥仕合とを繰り返して世論の非難を浴びたが、無産政党も分裂して伸び悩んだ。「板挟みになったデモクラシー」の状況を前に、デモクラットはそれぞれの道へと分かれて行くが、吉野はさきの指摘のように、デモクラットとして議会政治と社会民主主義の路線を守ったといえよう。

本巻には一九一八(大正七)年から一九二八(昭和三)年までの間に発表された社会運動と無産政党に関する評論

四九編と、これに関連する一九三二(昭和七)年の論文二編を収めた。評論四九編のほとんどは雑誌『中央公論』に時論として執筆されている。詳しくいうと時論に三二編、小特集ないしは特集中に八編、また巻頭言が五編である。時論欄は吉野が執筆の中心になったころ「評論」から「時論」となった。本巻の最初の評論は一九一八年九月号の小特集「暴動事件の批判」中の一編であるが、この号から吉野は「時論」を単独で執筆する。「時論と思潮」(中沢臨川が分担)、「時評」と名を代えた時もあるが、吉野の執筆は一九二四年二月の朝日新聞社入社までつづく。その後は「時論」がなくなるが、朝日退社から暫くした一九二五年九月号から復活する。そして「時評」「社会時評」と名を変え、本巻の最後の評論が載った一九二八年一二月号を最後としてこの欄がなくなる。

ほかには二編が雑誌『文化生活』、一編が『解放』に発表されており、一編は知人の著書の序文である。一九三二年の論文は『国家学会雑誌』と『岩波講座 教育科学』とに掲載されている。

この時期は、吉野が最も活発に評論活動を展開した時代であった。この時論は、吉野の現実政治に対する言論活動の場で、政治問題や国際問題、社会問題などを含めて通例四項目ほどが取り上げられた。社会運動と無産政党に関する評論もそのうちの一編で、なかには「小題小言」としてまとめた中の一項のこともある。ただこの時論も、小特集も、巻頭言も、時々の問題についての発言で、具体的ではあるが、必ずしも系統的ではなく、問題の背景や展開を他の項目でふれている場合もある。

この時論は『中央公論』編集長の滝田樗陰(哲太郎)が吉野の口述筆記にあたっていたが、その場に立ち会った同誌記者の木佐木勝は、二人が「あらかじめその月の時事問題について内容の打合わせをし、題目の選定をし、時に樗陰が問題の引き出し役をつとめていた観があり、そのためにこそ樗陰自ら筆記に当ったとも言える」と評した(『木佐木日記一』一九一九年八月九日の項追記)。そして滝田の死去直後の一九二五年一一月二五日には「「巻頭言」と「時評」だけは『中央公論』の伝統的立場と主張を代表して吉野博士が、多年執筆してきたものだけに、いわば『中央公論』の看板だから、編集部が新陣容になってもこの欄だけは不動のものとして存続することにした」と書いている。

本巻には、評論と論文五一編を発表順に収録した。解説の都合から区分すると、ほぼ次のようになろう。

最初の一二編は、一九一八年から二〇年までに書かれ、そのうち八編は『社会改造運動に於ける新人の使命』(文化生活研究会出版部発行、一九二〇年一一月)に収録されている。黎明会の時代で、第一次世界大戦後に高揚した民衆運動の評価とそれに対応する社会改革のプログラムが論じられている。

これに続く一六編は、一九二一年から二四年までに書かれ、神戸労働争議を含めて日本の労働運動とその諸傾向をおもにとりあげているが、政府の社会運動弾圧に関するものが数編ある。関東大震災以後のものは二編だけである。

それに続く二一編は、『中央公論』の時論が復活してからこの欄がなくなるまで、すなわち一九二五年九月から二八年末までの評論で、おもに無産政党について論じられているが、学生社会運動に対する警察の弾圧と大学における研究の自由をとりあげたものもある。前者の無産政党論はすべて『日本無産政党論』(一元社、一九二九年八月)に収録され、後者のほとんどは同書の「附録　学生と思想犯」に収められている。

一九三二年に書かれた二つの論文は、満州事変で激変した情勢の下での吉野の見通しを示している。

この時期の『中央公論』に吉野は「民本主義・社会主義・過激主義」(一九一九年六月号)と「我が国無産政党の辿るべき途」(一九二七年一月号)の二大論文を載せ、それぞれ『新人の使命』と『日本無産政党論』の中心的な論文となっているが、これらは本選集第二巻に譲り、この巻にはおもに時評的なものを収録した。

この解説では、これらの時論が書かれた当時の社会状況とそれに対する吉野の態度を中心に述べることとする。

一　黎明会時代の「民衆運動対策」

第一次世界大戦の中で一九一七年にはロシアに二回の革命がおこり、まず帝政が倒れ、ついでボルシェヴィキがソヴィエト政権を作ったが、翌一九一八年の夏には米騒動がおこって日本全国を揺るがした。

吉野は一九一一年九月に留学中のウィーンで食料品の値上がりに反対する労働者のデモを見て、その整然さに感心し、民衆運動に関心を寄せていた。帰国直後には「民衆的示威運動を論ず」(本選集第三巻所収)を書き、自発的な要求に基づく民衆的示威運動は代議政治の欠点を補う点で積極的な意義をもつとし、これに対して民衆政治を発展させるには選挙権を拡張し選挙区を公平に分配し、社会政策で「下層階級の生活の安固」を計り、民衆に政治問題を明らかに示して正義の声を理解して響きあうような政治教育が必要だとしていた。

「米騒動に対する一考察」に始まる一連の評論は、人道主義的正義感から資本家や政府の覚醒を求め、圧迫された民衆の権利を保障するためのプログラムを提示する。まず、物価騰貴による生活の圧迫に対して民衆運動が起こるのは世界普通の現象で、米騒動は日本の政治が貴族富豪の階級を偏愛して民衆の声に耳を傾けなかったためでもあるとして、民衆の法律的権利の承認、「下層階級の自由解放」、選挙権の拡張の必要を説いた。民衆の要求は至当で、結束も強いが、暴動となると目茶苦茶になるので、合理的な解決の道を開かねばならぬとした。

九月末には最初の政党内閣である原政友会内閣が成立し、一一月には第一次大戦がデモクラシーのための戦争を掲げた連合国の勝利で終わった。吉野の社会的活動は活発になった。「国体擁護」を看板とする浪人会の暴行を吉野が「言論自由の社会的圧迫を排す」(本選集第三巻所収)で批判すると、浪人会の挑戦で有名な立会演説会が開かれ、一二月には吉野と福田徳三とを中心に自由主義擁護の共同戦線団として黎明会が結成された。その大綱にも「戦後世界の新趨勢に順応して国民生活の安固充実を促進すること」とある。吉野の指導をうけた東京帝大法科の学生は、吉野を囲む麻生久らの卒業生も加えて新人会を作り、麻生と棚橋小虎とは友愛会に入った。吉野は青年学生の間に国家社会を批評的に観察する態度が強まったことに注目した。本巻巻末の「日本学生運動史」の「第四 デモクラシー時代」はこの間の内幕にふれ、菊川忠雄著『学生社会運動史』以来の通説を訂正し、吉野の気持ちを伝えている。

一九一九年一月にはパリで講和会議が開かれ、六月にベルサイユ講和条約が調印された。ベルサイユ条約の第一三編労働はいわゆる国際労働条約で、国際労働機構(ILO)の設置と労働組合の自由・最低賃金制・八時間労働など国際労働九原則を宣言し、毎年国際労働会議を開いて労働条件の改善をはかることを決めた。日本全権の態度は消極的で、日本の現状では欧米諸国と同一の制度を採用するのは適切でないと強く主張し、今後作られる労働規定では産業状態に著しい差異のある国の特殊事情を相当に考慮するとの除外例を認めさせた。折から世界的に労働不安が広がっており、この条約は労働者をボルシェヴィズムの影響から防ごうとする意味ももっていた。八月末に開かれた友愛会の第七周年大会では、麻生らの努力もあって協調主義的な団体から本格的な労働組合へと進んだ。鈴木文治会長の独裁制が理事の合議制に変わり、国際労働九原則に沿った主張が決められ、名称も大日本労働総同盟友愛会と改められた。吉野は高野岩三郎、森戸辰男、櫛田民蔵(以上東大)、北沢新次郎、内ケ崎作三郎、安部磯雄(以上早大)、堀江帰一(慶大)、河上肇、佐々木惣一(以上京大)、今井嘉幸(代議士)とともに評議員に推薦された。この名称は翌年の大会で「大」が削られ、その翌年に日本労働総同盟となる。

吉野にとって、労働運動は労働者にも人間としての生活を保障すべきだという人道主義に基づく普遍的なものであった。資本家の横暴を是正して労働者に平等対等の地位を要求するが、階級闘争そのものが目的ではない。これはむしろ国家社会への責任に答えるものだとした。だが「労働者階級の言動には僕の観る所に拠ると人道主義的の分子が頗る欠如して居る」という一句に対して、田舎で働く一労働者の「人はまず人道主義は現在の社会の階級的区別及び其の存在に対してどう解釈するかを決めてから」言ってもらいたいという投書が『我等』に載った。それへの回答が「労働運動に対する予の態度」である。過激思想に対しても、労働者の支配、直接行動、非国家主義などの点で批判したが、ボルシェヴィズムはロシアのように国家組織が実質的に弱く資本家や支配階級の盲目的利己心が横行して労働者の希望達成の見通しがないところで生まれたので、「堅実なる国家主義に特別なる執着をもっている日本国民」には不向きであるが、これを防ぐには政府および資本家の覚醒が必要だとした。

普通選挙論に代わって急激に擡頭した政治否認説、すなわち直接行動によって資本家の支配を打破しようとする革命的労働運動にも反対した。国民生活を無視した頑迷な資本家や政党による議会政治や国家的な利己心を丸出しにした国際政治には反対するが、政治そのものを否認するのは当たらない。「我々は全人国家の理想に立つが故に資本家階級も労働者階級も自由なる発言権を有する有機体其の物に最高の権能を認めたい」。労資協調主義を主張するわけではないが、多数を占める労働者が優勝の地位を占めつつ、少数の資本家階級も十分の発言の機会を有する有機体を作り上げる必要がある。そのために両者が説得と政治を武器にしてそれぞれにふさわしい地位を確立して有機体としての国家を作ることが期待されたのである。

吉野はまた労働問題が世界的な性質をもっていることにも注目する。一国の労働条件が改善されても他国の労働条件が旧態のままでは、その国が経済競争で不利になり、労働運動も打撃をうける。そこで労働運動は国際的に協働しようとする。日本は労働条約で除外例を認めさせたが、これに甘んじて労働問題の解決を怠るべきではない。欧米の労働運動は、世界的な精神にめざめ、協力して侵略的支配階級に挑戦しようとし、苛酷な「対独講和条件に対する共同の反対運動」も起こっている。「国と国との対立観を基礎としての議論が勝つか、労働階級と資本的階級の横の対立観を基礎としての議論が勝つか」が問題だとした。吉野自身は国家の段階での解決に期待していたと見られる。

さきの国際労働条約は、第一回の国際労働会議を一九一九年一〇月にワシントンで開会することを定めていた。各国の代表は政府代表二名と使用者代表、労働側代表各一名である。政府代表と使用者代表は問題なく決まったが、労働側代表の選定は紛糾した。条約では労働者を最もよく代表する団体が存在する場合にはこれと協議することとしていたが、日本政府は労働組合を公認していないことを理由に、道府県ごとに労働者の了解を得られる適当な方法という条件をつけて工場・鉱山の代表者を選定させ、これに官営工場と友愛会・信友会など五労働団体の代表を加えて労働者代表選出の協議員会を作らせたが、工場長、技師長など使用者に近いものが大半を占めた。友愛会の鈴木文治らは協議員の選出方法に異議を唱えて協議員会を退席し、反対運動に立ち上がった。協議員会は九月一八日に代表に本多精一、第一補欠に高野岩三郎、第二補欠に桝本卯平を選出したが、本多は労働団体が了解しないと知って代表を辞退し、高野もことわった。

そこで政府は高野の親友の矢作栄蔵東大教授と北沢新次郎早大教授と吉野に頼んで労働団体の了解と高野の説得を依頼した。『日本労働年鑑・大正九年版』には政府もある種の譲歩をなすべき態度を示したとある。吉野日記によれば、吉野は九月二二日に大学の同期でもある農商務省の四条隆英工務局長から電話で、友愛会理事会への働きかけを頼まれた。「四条君の依頼にて動くは本意に非ざれども友愛会のために重大の場合」として自動車で行ったが、帰宅後こんどは矢作博士から高野博士の説得を頼まれ、大局のため奮起を求めた。「午前四時に至りてついに承諾の意を表せられたり。列席者犬塚農商務次官、四条局長、矢作博士、北沢君なり」とある。高野も労働団体の了解が得られると思い込んで九月二三日に代表委員の受諾を回答した。「労働代表としての高野博士の選定について」はこの段階の執筆である。第一回労働会議に日本の労働者が発言権を放棄すべきではないというのが吉野の大前提で、政府の不当の処置にはあくまで反対の態度を採るべきだが、労働代表を送る点では断じて破壊的であってはならぬとしたのである。

だが友愛会は幹部会で協議員会を認めず、それが選出した代表は高野博士といえども認めないとの態度を崩さず、福田徳三、櫛田民蔵、森戸辰男らも強く反対した。高野は二六日に農商務省に承諾撤回を伝えたが、吉野は翌日「農商務省に或る要求を提出し之に対する相当の解答を求むる事によりて形勢を緩和すべきの策を立て」、矢作博士と犬塚次官を訪ねた。交渉は矢作・森戸と犬塚次官との間で続けられたが、二九日に不調に終わった。『日本労働年鑑』は内務省が妥協説に反対し、英国の準備委員会でも労働代表の資格承認を保証してきたので、労働団体との妥協は必要ないとの意見が勝ったと観測している。吉野は同じ一〇月号の小特集に書いた「高野博士と友愛会」の文末に九月三十日附記として「昨夜半、意外にも高野博士は一旦決めた奮起の意思を更に再び翻すの已《やむ》を得ざる所以を公表された。而して其の理由は、友愛会との協定を見なかった為だという。……この双方の態度に、予は甚だ不満であるけれども、何れも純乎たる誠意に出ずる争いなので、局外より如何ともする事ができない」と書いている。

吉野のいう「或る要求」は、友愛会機関誌『労働及産業』一一月号によると、「当局は今回の労働代表委員選出に関し政府の採りたる態度に不穏当の点ありたる事を認め将来労働団体を尊重し委員の選出に関しては先ず労働団体と協議すべき事を約す」ほか一項で、これを犬塚が政府従来の方針どおり拒絶したのである。

この問題で高野の辞退を最も強硬に主張したのは、福田徳三であった。福田は九月二〇日の労働者大会で「世界は欺くべからず」という題で講演した。「この度ワシントンに開かれる労働大会は、各国の資本家と各国の労働者とが寄って、今迄世界に於いて出来て居なかったことを新たに行おうという会議」で、それには「労働者の強い勢いが之を余儀なくするにあらざれば、出来ないからこそ、彼の会議を開くのであ」る。したがって問題の中心は、日本の「労働者が、この度始めて、而も政府者が之を欲せざるにも拘わらず、労働者という地位に立って、自己に信頼する一代表者を世界の檜舞台へ送り得ることになった其一事です、コレが実に至大至重の意義を持って居る」。しかるに日本の政府が治安警察法第一七条を撤廃もせず、労働者を無視した選出方法をとったことは世界の労働者を侮辱し世界を欺くもので、その非を改めさせることが日本の労働者の責任だとした(福田『暗雲録』)。吉野が国家の政策を改善することに重きをおいていたのに対して、福田は国家を超えた労働者の団結が果たす役割に注目していたのである。

この問題は尾を引いた。さきにふれた「日本学生運動史」には、黎明会は「初次の国際労働会議の代表問題に関して会員中に尖鋭なる対立を生じ、終に隔意なき協議を遂げた上で大正九年の夏解散したのであった」とある。一九二〇年六月には広く社会主義者の大同団結を図ろうとする日本社会主義同盟の結成計画が始まった。吉野は、すべての改造論が厳しい弾圧を受けている現状では、社会主義者の大同団結は急務であるが、根本の人生観が違うのでは、限られた範囲でしか共同運動ができない、多少とも永久的な組織を作るには少なくとも二つの集団にならなければならないとした。民衆の良心に訴えて社会の改革を図るか、階級闘争によって社会を変革するか、どちらを選ぶかが問題だとしたのである。関係者は厳しい監視の中で運動をすすめ、一二月九日に懇談会を突然創立大会に切り替えて日本社会主義同盟を結成する。吉野はさきの「日本学生運動史」の結びでは「私共は大正九年八月五日結成された「日本社会主義同盟」を新しい意味の学生社会運動の出発点として記憶するの必要がある」と評価している。八月五日は学生団体代表者も加えた三〇人の発起人が創立準備会を作り趣意書と規約草案を発表した日である。

二　社会運動の諸潮流に直面して

一九二〇(大正九)年三月に始まった戦後恐慌と続く総選挙で政友会が絶対多数を獲得して普通選挙法案が否決されたことは、労働組合の普選熱を冷却させ、かわって直接行動論が擡頭した。この年一〇月の友愛会大会では議会政策か直接行動かの論争が白熱し、サンディカリズムが進出した。

こうした情勢の中で、友愛会幹部の棚橋小虎が機関誌『労働』一九二一年一月号でサンディカリズムを批判して「労働組合に還れ」と呼びかけ、四月の足尾銅山争議で麻生久が直接行動に反対して妥協させたことは、労働者の間に知識階級排斥運動を引き起こした。これが「プロレタリアートの専制的傾向」として問題にされた。吉野は、労働者の知的発展によって知識階級が実権の地位を労働者に譲らんとしつつあることを評価するとともに、両者の関係を患者と医者にたとえ、医者は必要だが、知識階級が労働者の人間的要求に耳を傾けるのを怠り、抽象的理論や自分の狭い経験に基づく意見を強制したようなことはないかと注意した。

この年は関西地方の大企業を中心に大争議が続いた。中でも神戸の三菱・川崎両造船所の争議は団体交渉権の獲得をめぐる労資の一大決戦であった。資本家は頑として労働者の要求を拒否し、官憲の弾圧も加わって労働者は惨敗した。「神戸労働争議の側面観」は、官憲と資本家とが労働者の立場に無理解でその権利を認めようとしないことが労働問題解決の障害になっていると批判する。他方で労働者の団結力は見事で案外よく訓練されているが、下層の警官と罷業の仲間入りをしない労働者を敵視したのは誤りで、寛容の精神をもって彼らも味方に引きこむべきではないかと忠告する。

またこの争議に外国の金が入っていると当局が疑っているようだが、それは労働者は外部の扇動がなければ動くものではないという偏見に基づく途方もない誤りだとする。俗受けしそうな非難を当局が広げようとするのに警告したのである。

おりから社会主義者の近藤栄蔵が上海でコミンテルン代表から運動資金を受け取り帰途で失態を演じて警察に露見するという事件がおこった。近藤は社会主義者たちにそっぽを向かれたが、暁民会に協力を求めて形だけの反戦ビラを張って検挙され、当局は暁民共産党として宣伝した。

この事件をきっかけにして過激社会運動取締法案が立案され、一九二二年の議会に提出された。吉野は、この立案の理由とされた外国からの社会主義者への資金供与はいうにたりない、いわゆる危険思想は威圧しても目的を達せられないで、かえって民衆の激昂を招くに過ぎないとした。急進主義者がこの法案への反対運動に反対していることからも分かるように、苛酷な政府の取締りは急進主義の跳梁と直接行動派の流行を生み出すだけだ。こうして生まれた躁急な労働運動者は目的のためには手段を選ばずで、異論を極度に圧迫するようになるとした。そして「聞く所に依ると、該案は司法省の発案に係るとか」。「司法官が法律を立案し之が通過を迫るの情弊」は三権分立を乱すもので、軍閥の二重外交を抑えるとともに司法閥の謹慎を要求せねばならぬと批判した。この法案には新聞や知識人の反対運動が広がり、衆議院で審議未了となった。だがこの時点では社会主義団体も労働組合も反対運動には消極的で、反対運動に立ち上がるのは翌年のことである。

この年の夏には第一次日本共産党が秘密裏に結成され、山川均が『前衛』に「無産階級運動の方向転換」を載せ、「大衆の中へ」と「政治闘争へ」と呼びかけた。社会主義運動が政治運動に復帰する動きを示したのである。こうした動きをうけて一九二三年一月に発表されたのが「我国労働組合の対政治思想の近況」である。

労働者の普選熱を冷却させたのは、現下の政治の極度の腐敗と労働運動に無理解な官憲の不当な取締りとサンディカリズム・ボルシェヴィズムの宣伝で、これらは労働者に官憲を敵とし政府を憎み、支配階級を憎悪させた。政治において尊重すべきは諧調的精神であるが、こうしたことは労働者を徹頭徹尾闘争的精神に燃え立たせ、政治的手段を捨てさせたとする。

だが、今日は対露非干渉運動のように、今までの議会政治とはちがった政治の復権の動きがある。政治運動では、集団を結束統制して秩序ある活動をとって目的を達成することが必要となる。「只其団体的結束と統制的協同とをば、個々の問題についての一時的連結の主義の上に置くか、根本的精神の全般的且恒久的共感の主義の上に置くか、これらは……遠からず解決を迫らるる問題である」。そして今日の労働運動の大勢は「安価なる議会万能主義者」でも「軽佻なる議会政治否認派」でもなく、「政治的手段に依って無産階級独裁の目的を達せんとするに在る様だ」と論じた。共産主義派が政治運動に転じたのを評価し、それが議会とどう関わるかに注目したのである。

吉野はこの段階では階級闘争をめざす社会集団が民主主義的な政治改革に一定の役割を果たすことに注目するようになった。そして国家が力で抑圧することは、こうした集団をいたずらに闘争にかりたてるだけだとし、闘争的な集団も政治によって目的を達成しようとするような諧調的関係を作り出すべきだとしたのである。

理想主義、人道主義の立場よりする社会運動家の評価も変わってくる。これは「我国に於ける唯物論者の三傾向」に示されている。

一九二二年三月三日に全国水平社が京都の岡崎公会堂で創立大会をあげてから部落解放運動は急激に進展したが、吉野は「一度僕の紹介で本欄の読者に見《まみ》えたことのある千虎俚人君」より寄せられたとして「水平運動の勃興」で詳しく運動の経過とその広がりを紹介した。そして現代日本における最も真剣な民衆運動の一つであると言えると評価し、それが経済的解放に成功するために労働運動と提携する傾向があるとする。

「千虎俚人」は『中央公論』一九二二年一〇月号の時論欄に法学博士の肩書で初登場し、「東欧最近の擾乱に於ける正邪対立関係の紛更」を寄せている。吉野は「全く時論を欠くも毎号の体裁を傷うの嫌ありとて、編輯主幹の切に談じ込まるるにより、同心の学友千虎俚人に嘱して次の一編を得た。暫く匿名の儘とするも、彼亦論壇学会の一奇才」と紹介している。だが文中にはまさに吉野の労働運動に対する意見が出てくる。「僕が東欧問題をかりてこんな理屈を捏ねるのは、識者階級の労働問題などに臨むに方り此種の紛更があるだろうと思うので、原則的に労働問題に好意を有するもの必ずしも現実の労働運動の同情者でない場合のあり得る所以を暗示したい為である。昨今の中央公論の全体の調子、殊に時論欄に於いては、時々労働運動などに手厳しい鋒鋩を向ける様だが、それは想うにその理想主義の立場から、労働運動の名に於いて行わるる善悪一切の行動をその儘受け容るるに堪えないからであろう」。何らかの理由で他人の言に託したい場合に使ったペンネームであろう。

「所謂水平運動」についても、四月号の「小題小言」の中で、これには相当の理解ももち、一種の文化的意義も認めるとする半面、「彼らの運動に同情し之を尊敬することは、必ずしも直ちに彼らの為す総ての行動を是認することにはならない」として、糾弾について批判的な態度をとっている。そこであげられている事例についての詳説はさけるが、部落解放運動と警察との関係の理解が不十分なようだ。

つづいて『中央公論』の五月号に吉野は「朝鮮人の社会運動に就て」(本選集第九巻所収)を載せた。そこでも「無産階級解放運動がしっかりした底力を持って擡頭しつつあるは頗る注目すべき現象」だとした。

三　関東大震災前後

社会運動の発展に対抗して、反動的勢力の擡頭も顕著になった。一九二三(大正一二)年五月には早稲田大学の軍事研究団事件が起こった。「早稲田の騒動に顕はれた反動思想の擡頭」は、軍事研究団の結成が学校と軍閥によるまずい芝居だとしながらも、当日会場に押しかけた文化連盟の仕打ちも同様に下らないとし、自由とか改革とかを叫ぶ人々のために軽挙を遺憾とするとした。労働運動にしても小作運動にしても水平運動にしても、その主張の本体については、少数の頑迷者流を除いてはさして異議はないが、昨今の運動は度を超えて過激の色彩を濃くしたために、反動者流が臆面もなく横行するようになった。他方で自由改革を主張する側では分化が進み、従来のような結束が減ったとする。ただ分化が進んだこと自体は本来喜ぶべきことで、反動が起こったからといって昔の機械的連合に戻るべきではないとする。こうした反動思想の将来は、日本ではヨーロッパとちがって、カトリックのような深い根底がないから、それほど強くはなるまいとする。反動思想をもっぱら改造論者の不謹慎に対する反発というような心理と行動《ビヘービア》の次元で考えて構造の問題としてはとらえられていない。天皇制の自由主義的改革もはげしく排撃する国体論の役割をどう考えているかという疑問も出るが、これは改めて考えよう。

この事件をきっかけに六月五日に第一次共産党事件の検挙が行われ、同大学の佐野学・猪俣津南雄両教授の研究室捜索事件がおこった。「学園の自由と臨検捜査」はこの問題を論じている。

この年九月一日には関東大震災が起こった。その渦中で成立した第二次山本権兵衛内閣は、衆議院に基礎をもたないものの、大物政治家をそろえた人材内閣で、男子普通選挙の即行を声明する一方で、共産主義運動に対する治安立法の制定を準備した。懸案だった国際労働会議の労働代表の選出方法も、労働組合の互選に改め、行政レベルでは労働組合を認める方針を打ち出した。だが一二月の虎ノ門の摂政狙撃事件で山本内閣は倒れ、かわって枢密院議長の清浦奎吾が貴族院中心内閣を作ると、第二次護憲運動がおこった。一九二四年六月には総選挙で第一党となった憲政会を主軸に加藤高明護憲三派内閣が成立し、政党内閣の慣行がようやく成立した。一九二五年には普通選挙法が貴族院と枢密院の妨害に会い、治安維持法と抱き合わせでようやく成立する。

関東大震災直後のきびしい言論弾圧の中で、吉野は朝鮮人虐殺事件の真相究明に尽力し、亀戸事件や甘粕事件を鋭く批判した。翌一九二四年二月には東大教授を辞職して朝日新聞に入社したが、「五カ条の御誓文」批判と枢密院批判とが清浦内閣に問題にされ、不起訴になったものの、朝日退社に追い込まれた。吉野は東大法学部の講師となり、新聞雑誌研究所創設のためという理由で特に研究室を与えられた。朝日新聞社入りから一九二五年秋までの評論は極めて少ない。『中央公論』に時論執筆を再開するのは一九二五年の九月号からで、最初は「野古川生」の署名で、翌年から「吉野作造」となる。この間に滝田樗陰が亡くなったこともあって、口述筆記ではなく、吉野自身の執筆となった。

吉野の朝日新聞在社中に書いた文章は、本巻では浅利順四郎・関口泰共著『国際労働会議と日本』に寄せた「序文に代へて」だけである。さきに問題となった第一回国際労働会議では日本は八時間労働条約案に除外例を盛り込ませたものの、未批准のままで、労働代表の選出方法と併せて国際的にも非難を浴びていた。一九二二年六月に成立した加藤友三郎内閣では第一回労働会議の政府代表だった鎌田栄吉が文相となったこともあって、国内でも批准を要求する世論が起こった。その先頭に立ったのが国際労働事務局の浅利と朝日新聞の関口とであった。こうした中で第二次山本内閣が国際労働会議の労働代表の選出方法を改めると、総同盟は国際労働会議否認の方針を改め、鈴木文治を労働代表候補に推した。その結果鈴木が当選して第六回国際労働会議の労働代表となった。労働代表が始めて規定どおりに選出された。このエポック・メーキングな事件を記念してこの本が朝日新聞社から刊行されたのである。

この文章で吉野は第二インターナショナル、すなわち社会民主主義派の立場を一貫してとってきたとし、第三インターナショナル、つまりコミンテルンの所謂赤化宣伝に対抗するにはこの立場をおいてないとした。そして同時に世間で所謂赤化脅威が非常に恐ろしいもののように想像し「我国の官民がボルシェヴィズムの威力を不当に怖がっている態度を遺憾とする」「思想は思想を以て闘うの外はない」とした。これが国際社会主義運動に対する吉野の基本的な立場である。

一九二五年の夏には社会局が「現に存在する労働組合は其儘之を公認する」という方針で労働組合法案、いわゆる社会局原案を発表した。だが農商務省などは反対で、行政改革のための行政調査会の幹事会で改められ監督主義的なものになった。労働組合側は反対にまわった。吉野は、産業興隆のためには労働組合を一定の型にはめこもうという労働問題に対する根本的な無理解が「労働組合法制定の最大難関」だとした。翌年初めの議会ではこの労働組合法案は審議未了に終わったが、懸案の治安警察法の第一七条が削除され、その代わりに公益企業や軍事工場の争議に対する強制調停を定めた労働争議調停法が制定された。

この時期には小作争議も激増したが、地主層は大日本地主協会を作り、法廷戦術に出た。農民組合は耕作権の確立を求めた。一九二六年には小作法草案が作られたが、実現しなかった。「英国炭坑争議と我国小作問題」が書かれたのはこの年である。農民運動に関する論文はこれだけで、意外に少ない。

労働運動をはじめとする社会運動の合法的な活動範囲が若干ながら拡がり、国際労働会議での活動や団体協約や団体交渉権をかちとる道も開かれた。しかし労働者の団結権などの基本的権利は獲得されないままで、第二インターナショナルの立場を確立するような条件は作られなかったのである。

四　多元的無産政党の構想

山本内閣が普選即行を声明すると、無産政党の結成が問題となったが、労働運動では左右両派の対立が深刻になった。大震災の体験は、大衆から遊離した少数者の運動に反省を迫った。一九二四(大正一三)年二月の総同盟大会は大衆的運動をめざし改良的政策も積極的に利用するとの方向転換を宣言した。総同盟主流は議会政策をはじめ上記のような合法的なチャネルを拡大して労働者の権利・利益を伸ばし労働組合の立場を強めようとした。これが右派である。これに対して資本主義とこれを支える権力の変革をめざす左派は労働者大衆の階級的自覚を高めて階級闘争に結集しようとし、労働組合の指導権を争った。一九二五年五月には総同盟は左派を除名し、左派は日本労働組合評議会を結成した。政治的に見ると、前者は天皇制を構成する政治社会の専制的な仕組みを逐次民主化してゆくことで天皇制の自由主義的改革を図ろうとし、後者は政府の反動政策に反対する大衆闘争を積み重ねることで天皇制の変革をめざす自覚的な運動を強めようとする意味合いをもっていた。これは政府の政策の使いわけに見合うもので、両者は戦術面では鋭く対立したが、目標は大きく重なり合っていた。

これと前後して日本農民組合の提唱で無産政党組織準備会が作られ、全国的一大無産政党の樹立をめざした。総同盟では地方的無産政党を結成する方針をとり、九州民憲党や足尾鉱民党を作ったが、単一無産政党を要望する声に圧倒された。だが準備委では綱領規約をめぐり総同盟派と評議会派とが鋭く対立した。評議会案には無産階級的指導精神を徹底させるため「枢密院・貴族院・参謀本部・軍令部の改造」「軍備縮小」といったブルジョア的観念に基づく要求は掲げないという項目もあったが、総同盟案にも「元老、参謀本部、貴族院、枢密院の廃止」とある（『日本労働年鑑・大正一五年版』）。内容のちがいよりも左右両派の論戦の間に険悪な空気が生まれたのである。

吉野は急いで無産政党を作ることには反対であった。無産政党は議会では妥協も必要で堕落の虞れもある、無産階級はこれに加入するのではなく、民衆的監督に徹すべきだ。無産政党は門戸を広くして人材を集め、既成政党に属さない労働代表議員ができたら、これを中心にクラブを作り、政党に発展させたらよい。労働組合を無産政党の踏み台にするのは、セクト的反目をつよめるだけだとした。小市民を含めた広い層の結集を望んだのである。

無産政党準備委が一〇月に評議会派の大幅譲歩で単一無産政党にようやくまとまったが、総同盟は評議会側への疑念は拭えないとして準備会を脱退した。斡旋役の日本農民組合は評議会も自発的に脱退させて、一二月一日に農民労働党が結成された。だがその晩に若槻内相が治安警察法によって禁止を命令した。綱領の裏面に伏在する共産主義的主張が安寧秩序を乱す虞れがあるという理由である。吉野は総同盟の脱退は予言通りだが、農民労働党の禁止は全く意外で遺憾だとする。

農民労働党が結社禁止を命じられると、日農を中心に再起が計画され、評議会など左翼四団体を除き、総同盟を含めて一九二六年三月五日に労働農民党が無事結成された。

大山郁夫らの単一無産政党主義の主張は、ますます激化しつつある支配階級の攻勢に対抗するには、無産階級の一大共同戦線を張る必要があるというにあった。これに対して吉野は無産運動に根本的に相容れない二派があるのに、これを無理に一つにしようとするのは永遠の混乱を招くだけだとし、とくに左派が強引な宣伝活動で組織を乗っ取ろうとするのを嫌っていた。別々に政党を作っても、目的の範囲を限定すれば、両派の協議に基づいて立派にかつ有効に共同戦線を張ってゆくことができる。これが真に無産階級の政治的活動を統一して効果をあげる方法だとした。

労働農民党ができると、吉野は政党は「経綸」を樹立し代表者選出の準備をすることは必要だが、純然たる「政治」は代議士に任せるべきだとした。無産階級者の一部には、民衆が直接に支配権をにぎるべきだという徹底民主主義の政党観があるが、実際にはロシアのように反対の極端にある独裁政治をまねく危険があるとした。共産派に対する批判である。これは民衆の訓練ができるまでの暫定的政治様式だと弁護する者もあるが、それは永遠の将来まで期待できないと論じた。代議士中心の政党と民衆の監督という考え方が生きている。ただ民衆の判断力を伸ばすという点については、民間の識者の積極的かつ自由闊達な活動を望むに止まり、市民団体を作るというような組織的な対策はとくに論じられてはいない。

労働農民党では左翼四団体に対する門戸開放問題をめぐって抗争がつづき、一〇月に総同盟は脱退した。吉野は農民労働党の禁止直後から安部磯雄ら穏健派とともに独立労働協会を作って小市民層を含めた民衆政党の構想を練っていたが、総同盟が労働農民党を脱退すると、安部、堀江帰一と相談して「民衆を基礎とする堅実なる新政党」の結成を呼びかけ、一一月に新党組織準備会を開いた。社会民衆党は一二月五日に結党式をあげ、中央執行委員会議長に安部磯雄を選んだ。ところが総同盟で反幹部派の麻生久らはこれに不満の中間派を集めて日本労農党の結成に踏み出し、総同盟も第二次分裂をとげた。日本労農党は一二月九日に結党式をあげ、書記長には三輪寿壮がなった。労働農民党は大山郁夫を委員長に左翼無産政党として再出発した。こうして労働農民党は三つに分裂し、ほかに日本農民党や上述の地方無産政党も加わって、四分五裂となった。

吉野は社会民衆党の生みの親の役割は果たしたが、同党には参加せず、自由な立場に立った。吉野は労働農民党の分裂にはそうなるべき情勢があったが、社会民衆党と日本労農党の分立には多分に不純なものを感じるとした。だが一方、麻生には「所謂中間派結束は必要であり、之れ無くんば本当の大衆結束は出来ぬと存じます」と書き、他日の合同に期待をかけていたようである(麻生久宛書簡、一九二六年一一月二四日付)。

普通選挙法と治安維持法とが成立すると間もなく護憲三派の提携が破れて加藤内閣は総辞職し、加藤が憲政会単独で第二次内閣を作った。ついで加藤の死で若槻内相が内閣を引き継いだが、加藤も若槻も議会の解散をさけたから、政界はスキャンダルの応酬にあけくれ、議会は日比谷座と嘲けられた。一九二七年の春に金融恐慌がおこると、若槻内閣は枢密院の攻撃で総辞職し、田中義一政友会内閣ができた。野に下った憲政会は政友本党の主流と結んで民政党を結成し、政友・民政の二大政党の時代を迎えた。

その年の秋には最初の普選による府県会議員選挙が全国的に行われ、無産政党から二八名が当選した。「無産政党の無力」はその直前に書かれたもので、一般大衆は既成政党に不平満々なのに無産政党が失敗を続けるのは、「少数青年読書階級の空想的共鳴を得ればい丶」と考えているからだと評した。この選挙では無産政党の同士争いで多くの当選を逃した。「無産諸政党は近き将来に共同戦線を張るだらうか」はそのための条件として、まず自己の「正義」を教育の名で押しつける独尊的絶対主義の放棄をあげ、さらにフェア・プレーの精神と無産政党の少数幹部による専制組織の廃止が必要だとした。

一九二八年の二月には最初の普選による総選挙が実施された。田中内閣の激しい選挙干渉は非難をうけ、政友会はわずか一名の差で第一党となった。無産政党は選挙協定を作ったものの、労農党の違反をきっかけに乱立状態となり、当選者は社民四、労農二、日労一、九州民憲一で、計八名にとどまった。

吉野は、無産党議員に対しては、既成の二大政党の一方と積極的な関係を結ぶことに反対し、キャスティング・ヴォートをにぎる地位を巧みに利用すべきだとしたが、今度の特別議会では不当な選挙干渉をおこなった現内閣打倒のために民政党の内閣不信任案を支持すべきだとした。「政治」は臨機応変にとする持論を示したのである。無産政党がキャスティング・ヴォートをにぎった議長・副議長の決選投票では、無産党議員団が独自説と合流説とでもめ、議長の決選投票では社民以外の四議員が棄権したため政友会の元田肇が当選した。だがつづく副議長の決選投票では八議員とも野党候補に投票して革新党の清瀬一郎を当選させた。民政党提出の内閣不信任案も一致して支持したが、鈴木内相の辞職で小会派の明政会の態度が曖昧になり未決におわった。

五　学生検挙事件への対応

この時期には学生運動が急激に発展した。各大学・高校に社会科学研究会が作られ、一九二四(大正一三)年九月にはその全国組織として学連(学生社会科学連合会)が作られた。だが教育の分野には政府に加えて枢密院・貴族院などがきびしい監視の目を光らせていた。政府ではまず高校の社会科学研究を禁止して社研に解散を命じ、ついで中等学校以上の学生に軍事教育を実施し、現役将校を配属する方針を決めた。学生の間には軍教反対運動がまきおこった。

吉野はいちはやく「高等学校思想団解散問題」(『文化の基礎』一九二五年一月)を書いて学生の社会思想研究団の解散命令はあまりに時節外れだと、かつて社会主義研究の先駆者だった岡田良平文相を揶揄した。そして学生の社会問題研究は一知半解たるを免れぬが相当に深いものがあり、相当の敬意を払って指導すべきだとし、校長教授の怠慢を責めた。そして思想の発展には自由が必要で、官憲の思想取締は思想の進歩を停滞させると批判する一方で、民間思想家にも思想的活動は宣伝と偏狭を避け、教育的かつ寛容でなくてはならぬとした。この点は「思想は思想を以て戦ふべしといふ意味」でも再論されている。

一九二五年一二月には軍事教育反対運動に関連して京都帝大と同志社大学の学連所属の学生が検挙され、これには手続き上の違反もあって、学生もいったん釈放されたが、翌年一月には再検挙がおこなわれ、学連のテーゼ・教程作成の協議に治安維持法を初適用して学生三十余名が起訴された。

吉野は、学生は治安維持法と出版法に問われているが、これらの法律条文はかねて問題があるとされてきたもので、直ちに学生を不逞と見るべきではないとし、官憲の大騒ぎを批判する。その一方で社会科学研究会では「研究並びに普及に対する挑戦」と呼んで非難しているが、法にふれるのはやむを得ない犠牲として甘受して自分たちの従来の立場を赤裸々に公表して世間の批判を求めるべきではないか。そうして初めて治安維持法そのものの適否が世間からも反省されるのではないかと論じた。治安維持法には大いに疑義があるとしても、現実にそれが施行されている以上、事実を明らかにしてその適用範囲を明確にした方がよいとしたのである。これをただ不当な弾圧だと攻撃するだけでは、危険思想を危険な手段で実現しようとする大陰謀に仕立てあげようとする検察当局の思う壺にはまる惧れのあることも考慮されたのであろう。吉野は、国体論をふりかざした「危険思想」攻撃も、一枚板の権力による弾圧ではなくて、政府の諸機関やこれに影響力をもつ諸勢力の動きが重なり合って生まれたものだと見て、それぞれの問題点を考察する。場合によっては、出方次第で広がるのを防ぎとめることもできそうだという希望的観測も窺われる。

一九二七(昭和二)年初頭には「無産階級の陣営に於ける内部闘争」が書かれた。吉野は、かねて文部当局の研究自由圧迫に反対する共同戦線を張ってきた学者評論家の間に亀裂が生じたことに着目する。文部当局の取締手段を非とする点は変わらないが、学生たちの「懐抱する思想と現に為しつつある行動を聞くに及んで」立場が分かれた。これらの学生は研究の自由を盾に当局の圧迫を防ごうとするが、研究の分野ではコミュニズムの矛で異説を蹴散らそうとするとの批判が生まれたとする。学連事件に対して当初は広範な救援活動が展開されたが、やがて一九二六年一二月に共産党が再建され、「結合の前の分離」を説く福本イズムの影響が強まるなかで関係学生たちは尖鋭な「理論闘争」へと突き進んでいった。それはちょうど労働農民党が分裂した時期に当たっていた。

普選による最初の総選挙の直後には三・一五の共産党検挙につづいて、労農党外二団体に解散命令が出された。ここでも吉野は、共産主義には賛成できないが国権による抑圧には反対する、だが現に治安維持法が存在する以上労農党が日本共産党によって動かされているのでは厄運を招くのは致し方ない、労農党は日本共産党との関係を明らかにすることが必要だと論じた。ただし政府が抑圧の手を不当に伸ばし、とりわけその手が学校取締に及ぶとなると議論は別だとする。

果たしてこの事件で多数の学生が検挙されると、「大学に対する思想弾圧」が始まり、東大の新人会や各大学の社会科学研究会が解散され、河上肇らが大学から追われた。吉野はとりわけ大学教授の地位の自由について論じて、教授の処分が大学と学生の実情を知らぬ、的をはずれた措置だときびしく批判した。そして処分さるべき「不良教授」を選ぶのに、大学の意見を聞かないばかりか、元老級の老先輩、貴族院あたりに多い反動団体の傀儡たる政客の一団、検事及び警察、主に政友会の政党員の意見を参考にした嫌いがあるが、「水野〔錬太郎〕文相の聡明早くこゝに気付き実際の処分をその甚しきに到らしめなかった」とする。ここにも上記の考え方が出ている。吉野は東京帝大の古在由直総長の思想対策の調査嘱託を頼まれ学生問題の顧問役だったが、新人会の学生が教室使用願にハンをもらいに行くのも吉野講師だった。そこでの吉野の具体的な考え方は「東京帝大に於ける左傾学生の処分に就て」(『中央公論』一九二八年一二月号)にある。

三・一五共産党検挙で労農党が解散させられたあと無産政党はさらに四分五裂した。大山郁夫らの指導部は「百度解散、百度結党」をスローガンに新党準備会を結成したが、反幹部派の労農派グループは合法的な無産大衆党を結成し、鈴木茂三郎が書記長となった。社会民衆党、日本農民党、日本労農党、無産大衆党、新党準備会の戦線となったのである。

吉野はこの段階では、これらの政党が合同して左右両翼になることを期待して、問題点を検討した。「合同問題側面観」では、各党の状況を検討して左翼は無産大衆党、右翼は社会民衆党を中心とするものになろうと観測し、その障害に指導精神の不明確と党派的因循をあげる。「無産党合同論の先決問題」では、無産政党には一党支配の一元政党主義もあるが、日本の実情では多数党並立を認めたうえで、「民主主義の基礎の上に立つ合理的提携乃至合同」で全体の力を強めるしかないとした。

最後に満州事変後の一九三二年に書かれた二編の論文にふれよう。一九三一年九月に満州事変が起こると、さきの左翼の流れを引く全国労農大衆党は一時は対華出兵反対闘争を起こしたが、政府の圧迫で活動できなかった。ナショナリズムが高まるなかで、社会民衆党では赤松克麿書記長が日本国民大衆の生存権確保のため満蒙権益を擁護しその社会主義的管理を図るとする決議を成立させた。翌年一月の大会には赤松は社会民主主義から国民社会主義に転向する新方針を提出する。「国民社会主義運動の史的検討」はその直前に書かれた。

「議会主義は其の本質に於いては各種の言論の自由を尊重しその道義的競争の結果として優者に政権を託する制度であり、又斯かる趣旨を実現せしむるものとしては考え得べき殆ど唯一の制度だとされて居るから(勿論改善の余地は多々あるが)、之を絶対に否認することの当然の帰結はクーデターに依る政権争奪の公認でなければならぬ」。これをプロレタリアがやれば共産主義で、それを真正面の敵とする国民社会主義が支持するとすれば、ファシズムに外ならぬ。国民社会主義と軍部と反動的国家社会主義との三派連携も予想される。吉野はこれに期待できないとして、社会民衆党と全国労農大衆党の間に合同の機運がきざしていることに注意を向けた。吉野はこの合同のために熱心に奔走しており、両党から国民社会主義者が脱党したのち、七月二四日の両党合同による社会大衆党として結実する。社会大衆党は一九三〇年代中葉には政界のダークホースとなり、ファシズム派と反ファシズム派がせりあう舞台となった。

巻末の「日本学生運動史」にはすでに幾度かふれたが、「民本主義鼓吹時代の回顧」(本選集第一二巻所収)とならぶ自伝的な学問史でもある。教授の難解らしい講義を詰め込みさえすればよかった官吏養成所としての大学から、やがて自由討究と自由批判の気風が生まれ、就職難も加わって学生運動が生まれてくる。こうした学問の発展過程を意義づけたこの小史は、「危険思想」を理由に大学自治に干渉しようとする元老級の大先輩に対する反論にもなっている。

ファシズムの嵐が吹きすさぶ中で、吉野は議会主義と学問研究の自由とを説きつづけたのである。

■岩波オンデマンドブックス■

吉野作造選集 10　社会運動と無産政党

1995年 9月19日　第1刷発行
2016年 6月10日　オンデマンド版発行

著　者　吉野作造《よしのさくぞう》

発行者　岡本　厚

発行所　株式会社　岩波書店
〒101-8002　東京都千代田区一ツ橋 2-5-5
電話案内　03-5210-4000
http://www.iwanami.co.jp/

印刷／製本・法令印刷

ISBN 978-4-00-730428-6　　Printed in Japan